Maria Schmid
Helga Schmoll gen. Eisenwerth

Ginkgo

Ginkgo

Ur-Baum und Arzneipflanze — Mythos, Dichtung und Kunst

Herausgegeben von

Maria Schmid, Jena

Dr. Helga Schmoll gen. Eisenwerth, München

mit 24 Farbtafeln und 108 Abbildungen

WVG

Wissenschaftliche Verlagsgesellschaft mbH Stuttgart
1994

Herausgeber und Autoren

Dr. Wolfgang Caesar
Deutscher Apotheker Verlag, Stuttgart

Prof. Dr. Rudolf Daber
Museum für Naturkunde
der Humboldt-Universität Berlin,
Hauptabteilung Paläobotanik

Dr. habil. Helga Dietrich
Institut für Spezielle Botanik
der Friedrich-Schiller-Universität Jena

Prof. Dr. Heide Eilert
Lehrstuhl Neuere deutsche Literaturwissenschaft
der Universität Leipzig

Dr. Erasmus Hultzsch, Jena
Mitbegründer der Arbeitsgruppe
„Freundeskreis Ginkgo" in der DDR 1981

Atsuko Kato, Fürth
Malerin und Graphikerin

Maria Schmid
Kunsthistorikerin, Städtische Museen Jena, Romantikerhaus

Dr. Helga Schmoll gen. Eisenwerth
Kunsthistorikerin, Oberkonservatorin a. D., München

Prof. Dr. J. A. Schmoll gen. Eisenwerth
Lehrstuhl Kunstgeschichte,
Technische Universität München

Abbildungen auf dem Bucheinband

Vorderseite: Ginkgoblatt, Naturselbstdruck von Peter Heilmann, Mainz, stark vergrößert; Schriftzeichen des Wortes „ginkyo" oder „ginnan" (japanische Aussprache) bzw. „yin-hsing" oder „yin-xing" (chinesische Aussprache), Tusche, geschrieben von Atsuko Kato, Fürth.

Rückseite: Gingo biloba, Linolschnitt mit Typo, 76 × 56 cm, von Josua Reichert (geb. 1937, lebt in Haidholzen).

Die Deutsche Bibliothek — CIP-Einheitsaufnahme

Ginkgo : Ur-Baum und Arzneipflanze ; Mythos, Dichtung und Kunst /
hrsg. von Maria Schmid ; Helga Schmoll gen. Eisenwerth. —
Stuttgart : Wiss. Verl.-Ges., 1994
ISBN 3-8047-1379-3
NE: Schmid, Maria [Hrsg.]

Printed in Germany
Einbandgestaltung: Atelier Schäfer, Esslingen
Satz und Druck: Karl Hofmann, Schorndorf

Inhaltsverzeichnis

Faszination „Ginkgo"

Eine Einführung von Maria Schmid

Ginkgo-Stadt Jena

Dieses Buch entstand in Vorbereitung einer Ausstellung zum Thema „Ginkgo". Den Ausgangspunkt für die Beschäftigung mit diesem Phänomen, das verschiedene Wissenschaftsbereiche und Interessengebiete einschließt, bildete die Kunst: zum einen die Forschungen der Münchner Kunsthistorikerin Helga Schmoll gen. Eisenwerth zum Ginkgo-Motiv im Jugendstil, zum anderen die symbolhaften Ginkgo-Bilder der in Fürth lebenden japanischen Künstlerin Atsuko Kato.
Bei der Wahl Jenas als Ausstellungsort lag es aus verschiedenen Gründen nahe, die Konzeption zu erweitern. Es war an die naturwissenschaftlichen Studien Goethes in Jena zu denken, an seine interessierte Anteilnahme bei der Neueinrichtung des Botanischen Gartens 1794, an den aus der Goethezeit stammenden stattlichen Ginkgobaum am Fürstengraben, schließlich auch an Goethes Schrift „Versuch, die Metamorphose der Pflanzen zu erklären" von 1790.
Darin geäußerte Gedanken bildeten die Grundlage des Gesprächs zwischen Goethe und Schiller nach einer Sitzung der Naturforschenden Gesellschaft in Jena im Juli 1794. Im Jahr der 200. Wiederkehr der freundschaftlichen Begegnung der beiden Dichter läßt sich die 1815/19 im „Gin(k)go-biloba"-Gedicht formulierte Deutung des Zwei in Einem gleichnishaft auch auf diese Freundschaft übertragen.
In Jena befindet sich außerdem ein Archiv zur Kulturgeschichte des Ginkgo, das der Nestor der Ginkgo-Freunde im Osten Deutschlands, Erasmus Hultzsch, seit Jahrzehnten aufbaut und thematisch auswertet. Hultzsch gehört zu den Mitbegründern des „Freundeskreises Ginkgo", der sich 1981 in der DDR als Arbeitsgruppe der Gesellschaft für Natur und Umwelt im Kulturbund zusammenschloß. Dieser Freundeskreis befaßte sich mit der Erfassung und Pflege vorhandener und der Pflanzung neuer Bäume. 1984 fand die erste Arbeitstagung in Weimar statt, wo sich im Goethe-Nationalmuseum schon seit den siebziger Jahren Veranstaltungen und Forschungsarbeiten dem Thema Ginkgo in Zusammenhang mit Goethe widmeten. Nach einer Tagung in Jena 1986 traf man sich zum letzten Mal 1989 in Dresden, in einer Stadt der Ginkgoalleen, denn bereits gegen Ende des 19. Jahrhunderts wurde dort der Ginkgo in größerer Zahl als Straßenbaum gepflanzt.
Die museale Spezifik des Romantikerhauses in Jena mit Romantiker-Gedenkstätte und Kunstsammlung legte schließlich eine interdisziplinäre Ausstellungskonzeption nahe, die im Sinne der Frühromantik Mensch und Natur, Künste und Wissenschaften zusammenführen kann und Welten unter einem friedlichen Symbol verbindet.
Wir fragten, wie wir uns der „Faszination Ginkgo" nähern können, umweht doch immer noch etwas Geheimnisvolles diesen Begriff trotz umfassender wissenschaftlicher Forschungen und Erkenntnisse.

Der Wunderbaum — Mythos und Realität

Die chinesische Medizin kennt die unterschiedlichsten Indikationen von Extrakten aus Ginkgonüssen, von Pflastern und Tees aus Ginkgoblättern seit Jahrtausenden. Aber weltweit trat Ginkgo biloba als Arzneipflanze erst in den 60er Jahren unseres Jahrhunderts seinen Siegeszug an. Seitdem werden Ginkgopräparate auch in westlichen Ländern in großem Maße therapeutisch angewandt, und viele Menschen verbinden mit dem Ginkgoblatt die Zuversicht, daß ihnen geholfen werden kann. Erweckt doch die unvergleichliche Lebenskraft des Baumes allein schon Vertrauen. Dieses „lebende Fossil" wuchs schon zur Zeit der Dinosaurier auf unserem Planeten und fand während der Eiszeiten im fernen Osten Überlebensnischen. Dort lernten die Menschen im Laufe der Jahrtausende seine besonderen Eigenschaften kennen.

So gibt es Ginkgobäume, die nach Feuersbrünsten wieder grünten. Es wird sogar berichtet, daß sie vor Feuer geschützt haben, indem sie ihr im Stamm gespeichertes Wasser versprühten. Lassen sich solche Berichte auch wissenschaftlich nicht nachvollziehen, so ist doch das jüngste Ginkgo-Wunder von vielen Augenzeugen und von der Weltöffentlichkeit wahrgenommen worden: Ein Jahr nach dem Atombombenabwurf auf Hiroshima kam von dort die Nachricht, daß trotz der verheerenden Brände Ginkgobäume wieder Leben zeigten.

In der trostlosen Trümmerlandschaft keimte für die von der Katastrophe gezeichneten Menschen damit neue Hoffnung.

Atsuko und Kunihiko Kato suchten die Ginkgos von Hiroshima ebenso auf wie die uralten Bäume in Tempelbezirken und Burgen ganz Japans. Sie brachten Fotos und die Berichte von Mythen und Geschichten der Baumveteranen mit. In Tokyo wie in anderen Großstädten der Welt erweist sich der Ginkgo inzwischen als idealer Straßenbaum, da seine extreme Anpassungsfähigkeit und Resistenz auch der Luftverschmutzung trotzt. Die modernen Umweltprobleme lassen sich damit allerdings nicht lösen, und wir müssen uns fragen, ob der wunderbare Baum hier vom Menschen richtig eingesetzt wird, indem er Lücken in den Alleen schließt, wo vorher andere Bäume zugrundegingen.

Das Blatt der Liebenden — Symbolik und Poesie

Obwohl in Europa fossil nachweisbar, bleibt der Ginkgo mit der Aura seiner fernöstlichen Herkunft hier ein Exot. Seine solitäre Erscheinung in den europäischen Parks und Gärten erregt vor allem im Herbst die Bewunderung von Spaziergängern, wenn er sich mit seiner goldgelben Blätterpracht von allen seinen Nachbarn abhebt. Dann bückt man sich auch gerne nach den auffälligen Blättern und legt sie wie einen Talisman zwischen die Seiten von Briefen oder Notizzetteln, die man gerade bei sich trägt. Daß die Blätter tatsächlich als „Buchzeichen" zur Abweisung von Schädlingen benutzt wurden, ist in diesem Moment weniger von Interesse. Vermutlich sind es oft Goetheverehrer, die Blätter aufheben, hat doch jenes bekannte, Marianne von Willemer gewidmete Gedicht dem Ginkgoblatt endgültig einen poetischen Nimbus verliehen. Gleichnishaft steht es für die Vereinigung Liebender, für Freundschaft, für die Hoffnung auf ein friedliches Miteinander im persönlichen Leben und zwischen den Völkern.

Galt die Zuneigung Goethes, der ja nur jüngere Bäume kennen konnte, vor allem der symbolträchtigen Form des Ginkgoblattes, so waren es von alters her in China und Japan die uralten Bäume selbst, die verehrt wurden.

Die Zweihäusigkeit des Ginkgo entspricht dem dialektischen Sinnbild des östlichen Yin und Yang, des männlichen und weiblichen Prinzips, dem Maximum und Minimum, Freude und Leid, Leben und Tod.

Die uralten Bäume werden geschützt. Jahrhundertelang suchten Menschen bei ihnen Trost, Rat und Hilfe.

Sie nannten den Baum „Silber-Aprikose", als ihnen das volkstümliche „Entenfuß" nach der Blattform zu vulgär erschien, auch Elefantenohrbaum, Weiße Frucht, Mandelfrucht, beseeltes Ei oder Großvater-Enkel-Baum, indem sie auf die späte Fruchtbarkeit anspielten.

Der Name „Ginkgo" beruht auf einer fehlerhaften Transkription der im Japan des 17. Jahrhunderts gebräuchlichen Bezeichnung „ginkyo". Da es im Japanischen kein grammatisches Geschlecht gibt und da der einzelne Baum weiblich oder männlich sein kann, darf man im Deutschen „die" oder „der" Ginkgo sagen; dagegen ist „Ginkgo" in der neulateinischen Fachsprache ein Femininum, wie an der Endung des Artnamens „biloba" zu erkennen ist („der" Ginkgo biloba ist also grammatisch falsch). Die Verwirrung um den Namen dieses Baumes erfährt noch dadurch eine Steigerung, daß Goethe bei dem Druck seines Gedichtes (1819) aus unbekannten Gründen die Schreibweise „Gingo" wählte.

Ginkgo-Motive im Jugendstil und in der modernen Kunst

Nun wird dem „Weltenbaum", „der die Geheimnisse unermeßlicher Vergangenheit bewahrt", wie der englische Paläobotaniker A. C. Seward es formulierte, ein Buch gewidmet.

Verschiedene Aspekte des Phänomens Ginkgo kommen in wissenschaftlichen Beiträgen zur Sprache. Erstmals wird das Kunstmotiv „Ginkgo" in einem größeren Rahmen vorgestellt. Neben dem Ginkgoblatt als künstlerisch-ästhetischem Motiv wird der zeitgenössischen Kunst breiter Raum gegeben.
Bei den Nachforschungen stellte sich heraus, daß weder Baum noch Blatt zu den volkstümlichen, oft verwendeten Pflanzenmotiven gehören. Im historischen japanischen Kunsthandwerk kommt das Ginkgoblatt zwar vor, viel häufiger scheint es aber erst die moderne, für den Tourismus arbeitende Industrie aufzunehmen.
Sieht man von den Wettbewerben und Kunstausstellungen ab, die von der Firma W. Schwabe, Karlsruhe in den 80er Jahren organisiert wurden, ist das Thema „Ginkgo" auch in der zeitgenössischen Kunst nur gelegentlich anzutreffen.
Ergiebiger war die Suche nach dem Ginkgoblatt als künstlerisch-ästhetischem Motiv im europäischen Jugendstil. Die elegante, großlinige Blattform kam dem neuen Stilempfinden entgegen, und einige Künstler nahmen sie in ihr Formrepertoire auf.
Noch heute fehlt dem Ginkgo aber die Volkstümlichkeit manch anderer heimischer Pflanzen, obwohl er durch Arzneien, Baumpflanzungen und Umweltschutz sowie durch den kunstgewerblichen Schmuck in Anlehnung an Goethes Gedicht wesentlich bekannter geworden ist.
Als wir Künstler fragten, ob sie sich schon einmal mit dem Thema „Ginkgo" befaßt hatten, bejahten dies nur wenige. Das Interesse wuchs jedoch, als wir von den verschiedenen Aspekten berichteten, die geradezu künstlerische Äußerungen herausfordern.

Bei den jetzt vorliegenden Werken spielt das Blatt als Ausdrucksträger nicht mehr die ausschließliche Rolle. Vielmehr verbinden Künstler der verschiedensten Genre auch die unterschiedlichsten konzeptionellen Vorstellungen mit dem Begriff. Das Symbol, formale und inhaltliche Fragen, der persönliche Umgang mit dem Phänomen sind von Bedeutung. Das alte Sinnbild von Liebe und Freundschaft gehört ebenso dazu wie der Ginkgo als Hoffnungsbaum und -boot oder der meditative Umgang mit ihm.
Ginkgo ist heute vor allem auch ein mahnendes Zeichen. Der Baum erweist sich als kulturelle Aufgabe, hilft nachdenken — vielleicht auch handeln.

Danksagung

Für die freundliche Unterstützung der Ausstellung und des Katalogbuches danken wir

dem Thüringer Ministerium für Wissenschaft und Kunst, Erfurt, sowie der Stadt Jena

Lichtwer Pharma GmbH, Berlin
Intersan GmbH, Ettlingen
Dr. Willmar Schwabe Arzneimittel GmbH & Co., Karlsruhe
Hevert-Arzneimittel GmbH & Co. KG, Sobernheim
Kodak AG, Stuttgart

Wir danken den Leihgebern:
Goethe-Museum Anton-und Katharina-Kippenberg-Stiftung Düsseldorf
Staatliches Museum für Völkerkunde Dresden, Japanisches Palais
Stadtmuseum Weimar
Herbarium Hausknecht der Friedrich-Schiller-Universität Jena
Stadtmuseum München

Wir danken allen privaten Leihgebern und den Künstlern, die ihre Werke zur Verfügung stellten, ebenso allen Ginkgo-Freunden für Arbeitsmaterial, Auskünfte und Ratschläge.

Außerdem danken wir den Autoren und Fotografen — insbesondere Herrn Hannes Magerstädt, Riemerling, und Herrn Gerhard Weiß, München — sowie den Museen, die Fotos zur Verfügung stellten.

Der Wissenschaftlichen Verlagsgesellschaft mbH Stuttgart sagen wir Dank dafür, daß sie die Herstellung dieses Buches übernommen und ihm den Charakter eines Bildbandes gegeben hat.

Städtische Museen Jena
Maria Schmid
Romantikerhaus

Zur Paläobotanik des Ginkgo

Von Rudolf Daber

Artenreichtum zeugt von vielfältiger Entwicklung

Das erste fossile Ginkgoblatt wurde 1828 durch Adolphe Brongniart abgebildet und beschrieben, und es stammte aus dem Mansfelder Kupferschiefer. Merkwürdigerweise erkannte dieser bedeutende französische Forscher aber nicht die Zugehörigkeit dieses Blattfossils zum Ginkgo; wegen der Zartheit der Erhaltung im Kupferschiefer deutete er alle diese Funde als fossile Algen. Erst 1876, als man die jurazeitlichen Pflanzenfossilien von Spitzbergen untersuchte, erkannte man, daß das Taxon Ginkgo so alt ist, und stellte nun auch den Brongniart'schen Artnamen zur Ur-Ginkgo-Gattung Sphenobaiera. In der Folgezeit lernte man noch viele fossile Ginkgogewächse kennen, so z. B. Baiera mit 100 Arten, Ginkgo mit 80 Arten, Ginkgoites mit 67 Arten und Sphenobaiera mit 48 Arten.
Die Ginkgo-Geschichte beginnt vor etwa 280 Millionen Jahren, und was den Ginkgobaum so exotisch-reizvoll für jeden Betrachter macht, ist, daß etwas von dieser so fern zurückliegenden Zeit im Ginkgoblatt und im Blütenstand, der eigentlich gar kein Blütenstand ist, lebend für uns sichtbar ist.
Wie schön wäre es, die ausgestorbenen Samenfarne (Pteridospermen) der Steinkohlenzeit oder die Bennettiteen der Trias-, Jura- und Kreidezeit noch lebend vor uns zu sehen, aber das geht leider nicht. Im Falle des Ginkgo aber geht es: Das aufgabelnde und in vielen Blattadern dachübergipfelnd die Blattspreite bildende Ginkgoblatt, das seine zwei Hauptaderstränge in den Blattstiel sendet, wo sie sich (außer im Keimblatt) aber nicht vereinigen (dies geschieht basipetal verschoben erst in der Rinde), zeigt uns etwas von der 100 Millionen Jahre lang andauernden Zeit (vor 360–260 Millionen Jahren), in der die am höchsten entwickelten Pflanzen alle stimmgabelförmig aufgabelnde Blätter hatten. Eigentlich müßte man beim Begriff Blatt schon zögern, denn in jener fernen Vergangenheit waren dies Gebilde, die noch befähigt waren, wieder Achsennatur anzunehmen und dann ihre männliche oder weibliche Fertilität zu entwickeln, große Pollenorgane oder eine Achse mit vielen Kupulen, in denen Samen saßen. Eine Knospe in der Achsel des Blattes gab es damals noch nicht. Zum Ende der Steinkohlenzeit setzte eine Entwicklung der Vereinfachung der Blattgestalt ein, sicherlich ein Prozeß der Effektivitätssteigerung beim Blattwachstum, und so entstand zum einen das fließbandartig wachsende Nadelblatt der Koniferen, nur noch an der Basis wachsend, und zum anderen das Ginkgoblatt, der Gabelwedel als zweigeteiltes Blatt am vielfach sich verästelnden Baum. Möglicherweise ist die vielfache Verästelung erst zusammen mit der Ausbildung von Kurz- und Langtrieben in der Trias- und Jurazeit entstanden.

Wie alt sind die Urahnen des heutigen Ginkgo wirklich?

Die allerersten Ginkgoblattfunde kennt man aus der Rotliegendzeit und der Kupferschieferzeit, und wie Abbildung 1 belegt, hatte der damalige Ur-Ginkgobaum (Sphenobaiera digitata) eine erstaunliche Variabilität des Blattes – eine Variabilität des Anfangs der neuen Entwicklung, so wie wir sie später nicht mehr kennen.
Es gab auch noch zahlreiche Parallelentwicklungen zum Ur-Ginkgo. Eine davon, die Trichopitys-Pflanze der Permzeit, ist durch Blätter und Achsen mit Samenanlagen bekannt. Letztere standen nicht aufrecht (atrop) wie beim

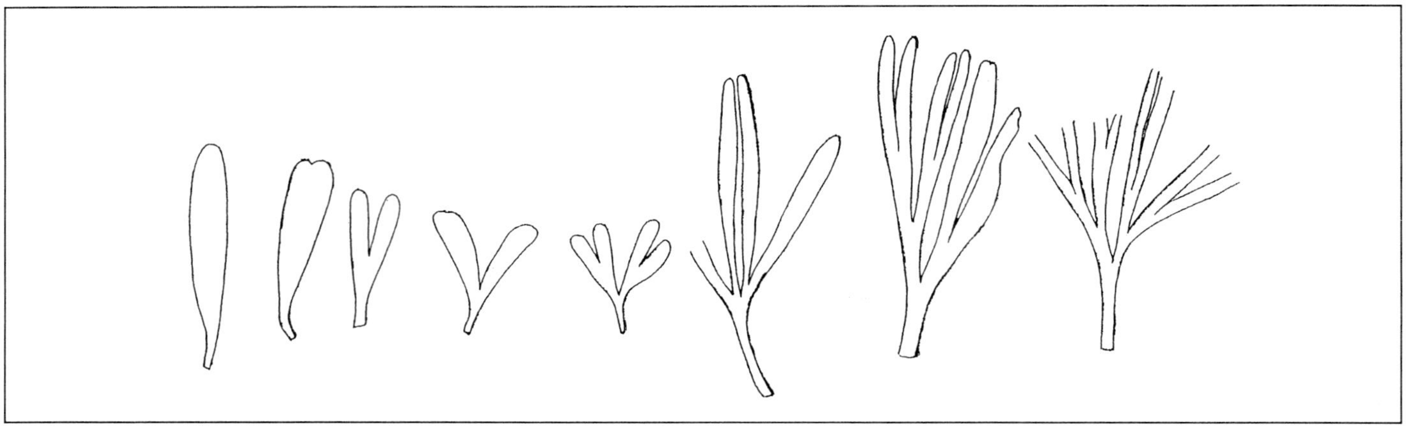

Abb. 1: Erstaunliche Variabilität der Blätter des Ur-Ginkgobaumes der Kupferschieferzeit: Sphenobaiera digitata. Neben zungen- bis nadelförmigen Blättern stehen zweigeteilte, vierfach geteilte und mehr als vierfach geteilte, in der Größe ebenfalls wechselnde Blätter. Spaltöffnungsapparate fanden sich sowohl auf der Unterseite als auch auf der Oberseite des Blattes. Gefundene Hölzer zeigen Jahrringe, was einen jahreszeitlichen Klimawechsel für die Kupferschieferzeit beweist.

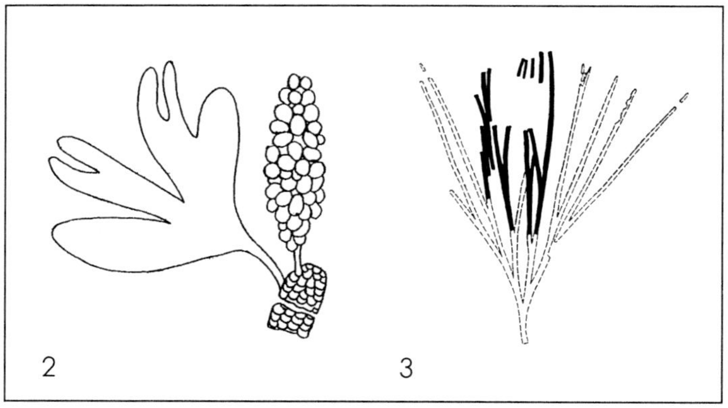

Abb. 2: Prof. Dr. S. Archangelsky veröffentlichte 1965 einen unterkreidezeitlichen Kurztrieb mit ginkgoartigen Blättern (Ginkgoites tigrensis) und einem weiblich-fertilen Trieb mit etwa 100 anatrop gestellten Samenanlagen.

Abb. 3: Filigrane Blätter von Sphenobaiera spectabilis, einem Ur-Ginkgo der unteren Jurazeit, gefunden in Ostgrönland und in einer geologischen Bohrung bei Frankfurt/O.

heutigen Ginkgo, sondern nach unten gerichtet (anatrop), was vermutlich ein wesentlicher Unterschied ist. Als man aber 1965 in Südamerika eine unterkreidezeitliche Ginkgoites-Art (G. tigrensis, Abb. 2) fand mit ebenfalls anatrop gestellten Samenanlagen — und nicht etwa wenige, wie heute, sondern über 100 —, wurde man nachdenklich und fragte sich, ob die fossil gefundenen Gattungen und Arten der Trias-, Jura- und Kreidezeit wirklich mit der rezenten Ginkgo biloba vergleichbar seien oder ob sie vielleicht einer ausgestorbenen Familie, den Karkeniaceen, angehörten.

Interessante Funde sehr fein aufgeteilter Ginkgoblätter hatte der englische Forscher Prof. Dr. T. M. Harris 1935 aus Grönland beschrieben, und genau die gleiche Art wie in Grönland brachte 1980 eine geologische Kartierungsbohrung bei Frankfurt/Oder aus den durchbohrten Unterjuratonsteinen zutage (Abb. 3). Es ist wirklich schade, daß diese Ur-Ginkgo-Art schon ausgestorben ist.

Bis 1989 war die Frage offen geblieben, ob die Gattung Ginkgo mit der heutigen Art Ginkgo biloba erst in neuester Zeit, etwa im Tertiär vor etwa 60 Millionen Jahren, entstand oder ob sie schon in der Jurazeit, der großen Zeit der Ginkgogewächse und der Dinosaurier, irgendwo auf der Welt entstand. Bis in die Tertiärzeit kennt man Ginkgoblattfunde von allen Kontinenten, auch aus Deutschland. Sogar im Pliozän kurz vor der Eiszeit war Ginkgo im Gebiet von Frankfurt a. M. vertreten, allerdings zum letzten Male in Europa. Die Hauptmasse der Ginkgoarten hatte sich aber seit der Kreidezeit nach Ostasien zurückgezogen. Dort überstand ja auch Ginkgo biloba die pleistozänen Vereisungszeiten, allerdings nur im Grenzgebiet der Provinzen Zhejiang und Anhui.

Es war kaum anzunehmen, daß China auch das Herkunftsland der Gattung Ginkgo in der Jurazeit sein sollte, denn damals herrschte in weiten Gebieten Chinas ein trocken-warmes Klima mit roten Böden und Salzbildungen. Aber dazwischen gab es auch Gebiete, in denen in der Jurazeit eine Torfbildung stattfand und nachfolgend Kohleflöze entstanden. Aus solch einem Gebiet, der Provinz Henan, beschrieben 1989 Dr. Zhou Zhiyan und Dr. Zhang Bole Ginkgo-Blatt- und -Blütenfunde mit aufrecht stehenden Samenanlagen. Sie beschrieben Stiele, an denen drei Samenanlagen aufrecht (atrop) standen, sie beschrieben die Blattform und die Spaltöffnungsapparate der Blätter und nannten ihre erste Ginkgo-Art der mittleren Jurazeit Ginkgo yimaensis. Auch bei dieser Anfangs-Art variierte die Blattform wesentlich stärker als bei der heutigen Ginkgo biloba.

Ginkgo biloba bietet noch immer Überraschungen

Japanische Forscher haben das Verdienst, mit der Abbildung abnorm geformter Blätter vom heutigen Ginkgobaum darauf aufmerksam gemacht zu haben, daß noch etwas von den alten Fähigkeiten, z. B. am Gabelwedel die Samenanlagen auszubilden, erhalten ist („o-ha-tsuki-ginnan", siehe S. 35). So kann am Blattrand eine Samenanlage ausgebildet sein. Normalerweise aber bildet Ginkgo biloba kleine Stielchen mit 2 Samenanlagen, von denen immer nur eine die Chance hat, reif zu werden. Den Namen Blüte verdient dieses Gebilde nun wirklich nicht, denn es ist nur eine samentragende einmal dichotom geteilte Achse, aber wer im Mai unter einem großen, alten, weiblicher Ginkgobaum die abgeworfenen Achsen mit Samenanlagen aufsammelt, wird auch einen erheblichen Anteil finden mit 3, 4 und 5 Samenanlagen, gleichsam eine Erinnerung an frühere Zeiten. Japanische Forscher beschrieben auch zu runden Tüten verwachsene Blätter, Blätter also, in denen sich die Determination der Achse mit der des Blattes mischte. Bisweilen kann man einzelne, sich vermaschende Blattadern entdecken. Es gibt also am rezenten Ginkgobaum noch Entdeckungen zu machen, und wenn auch in unserem Klima die Befruchtung der Eizelle durch die frei schwimmenden Spermazellen selten funktionieren will, bestätigen seltene Ausnahmen doch hin und wieder die Regel. Ob Ginkgo den Endpunkt seiner Entwicklung in unserer Zeit gefunden hat oder ob das Anpflanzen in vielen Ländern fern von China und Japan die alte Entwicklung doch noch einmal anregen könnte, neue Arten zu bilden und wie früher selbständig weite Gebiete Europas, Asiens, Nord- und Südamerikas zu besiedeln, weiß niemand zu sagen, aber verneinen möchte man es auch nicht.

(Nachdruck aus: Deutsche Gärtnerpost, Nr. 32/1991, S. 17: „Neues über die uralte Geschichte vom Ginkgo".)

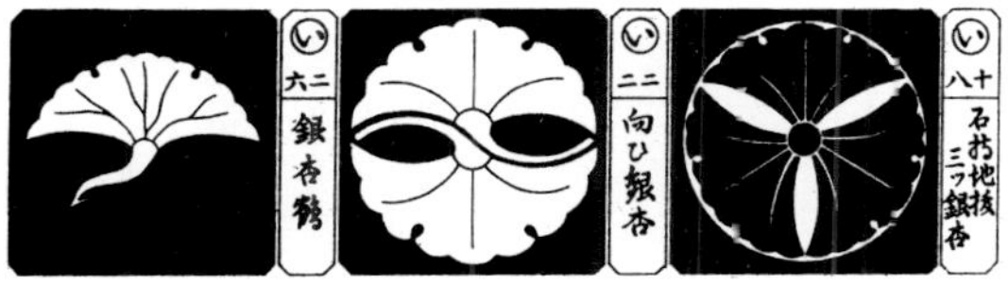

Ginkgo biloba —
ein Überlebensstratege im Pflanzenreich

Von Helga Dietrich

Kaum eine Pflanzenart ist derzeit so in aller Munde wie der Ginkgo bzw. „ya chio", „yin hsing", „maidenhair tree" oder „Goethe-Baum", wie einige seiner zahlreichen Namen in verschiedenen Kulturkreisen lauten.

Ein Baum, der Rekorde bricht, es zumindest aber auf beachtenswerte Leistungen bringt:

Er trotzt Feuer und radioaktiver Strahlung, er wehrt sich erfolgreich gegen pflanzliche und tierische Schaderreger, er ist evolutiv sehr alt, wie eine dreihundert Millionen Jahre währende Historie beweist, er kann als Individualbaum ebenfalls ein beträchtliches Alter von mehr als tausend Jahren erreichen, und er spielt seit gut einem Jahrzehnt eine führende Rolle bei der Entwicklung spezifischer Phytopharmaka für die Behandlung von zerebralen und peripheren Durchblutungsstörungen.

Was nun bedingt diese außergewöhnlichen Qualitäten? Welche Merkmale und Eigenschaften besitzt ein Gehölz mit solchen Fähigkeiten?

Ginkgo biloba ist ein sommergrüner Baum mit Lang- und Kurztrieben, der bis zu 30 (maximal 40) Meter Höhe erreichen kann.

In seiner Gestalt variiert er stark, wobei im männlichen Geschlecht die schlanke Säulenform, im weiblichen Geschlecht die ausladende Kronenform überwiegt. Aber immer wieder gibt es davon vielfache Abweichungen. Ein sicheres Bestimmen der Geschlechter nach der Wuchsform ist demnach nicht immer möglich. In Baumschulen mit einer hohen Vergleichsrate an Individuen schwört man auf eine Geschlechts-Identifikation nach der Gestalt und Größe der Knospenschuppen, vor allem im Frühling, vor der Blattentfaltung. Die meist abgerundeten, mit hell- bzw. rotbraunen Schuppen versehenen Blattknospen männlicher Bäume erwiesen sich als dicker und länger als die entsprechenden weiblichen. Wichtig ist aber dabei, daß immer nur die Blattknospen gleicher Sprosse, also entweder von Lang- oder Kurzsprossen, miteinander verglichen werden.

Die Borke junger Bäume ist graubraun, die älterer Exemplare schmutzig-braun und tief aufgerissen.

Die parallelnervigen, charakteristischen und als Andenken geschätzten Fächerblätter stehen an Langtrieben und Schößlingen wechselständig, ansonsten gebüschelt zu mehreren (2 bis 6) an den Kurztrieben. Die gabelnervige Blattspreite ist oft einmal oder auch mehrfach tief eingeschnitten, ein Merkmal, das zu dem Art-Epitheton „biloba" = zweilappig führte.

Diese Blätter sind intensiv grün, sowohl auf der Ober- als auch Unterseite kahl, leicht bewachst und lang (etwa 2 bis 9 Zentimeter) gestielt. Sie können bis zu 14 Zentimeter lang sowie bis zu 13 Zentimeter breit werden. Schößlinge vom Basisbereich des Stammes besitzen oft doppelt so große Blätter wie die Hauptäste des Baumes.

Die besonders auf der Blattunterseite unschwer erkennbaren Adern sind gabelig verzweigt.

Im Herbst färben sich die Blätter leuchtend hellgelb.

Ginkgo biloba ist eingeschlechtig, d. h., es treten entweder männliche oder rein weibliche Blüten auf. Diese sind in der Regel auf verschiedene Bäume verteilt, so daß man von Zweihäusigkeit (Diöcie) spricht. Sehr selten tritt aber auch der Fall auf, daß an einem älteren männlichen Baum plötzlich weibliche Blüten und Samen erscheinen (Einhäusigkeit = Monöcie).

Diese spektakuläre Ausnahme war beispielsweise im Sommer bis zum Frühwinter 1993 und auch 1994 an einem ca. 170 Jahre alten, männlichen Exemplar im Botanischen Garten Jena zu beobachten, das nachweislich nicht gepfropft ist.

Sehr oft wird nämlich in Baumschulen oder Park- und

Abb. 1: Sogenannter Goethe-Ginkgo im Botanischen Garten Jena neben dem Inspektorhaus.

Gartenanlagen eine künstliche Monöcie durch Aufpfropfen eines Astes des jeweils anderen Geschlechts manipuliert.

Die Blüten gehen aus den Achseln schuppenförmiger Nieder- oder Laubblätter hervor.

Die männlichen, kätzchenförmigen Blüten tragen an einer verlängerten Achse zahlreiche Staubblätter mit je zwei Pollensäcken, die weiblichen weisen am Ende eines langen, stielartigen Abschnittes gewöhnlich auch zwei (in seltenen Fällen 3 bis mehrere) Samenanlagen auf, die am Grunde von einer Achsenwucherung (= Cupula) umgeben sind (s. Tafel 2). Diese Cupula wird von vielen Botanikern als ein verkümmertes, umgewandeltes Fruchtblatt interpretiert. Sehr oft entwickelt sich aber nur eine Samenanlage zum Samen weiter.

Ginkgo blüht in Europa und Amerika im Monat Mai.

Die Bestäubung erfolgt durch den Wind. Der so auf die Samenanlage transportierte Pollen wird durch eine spezifisch gestaltete Öffnung (Mikropyle) in eine winzige, mit Flüssigkeit gefüllte Kammer (= Pollenkammer) geschleust, wo er bis zum Auskeimen ruht.

Die Befruchtung der Eizelle in diesen nackten Samenanlagen wird mittels beweglicher Spermatozoiden mit einem spiraligen Geißelband vollzogen. Diese Geißel weist, wie neueste Untersuchungen zeigen, eine typische 92 + 2-Substruktur auf. Die Spermatozoiden werden in den auskeimenden Pollenkörnern gebildet und ähneln denen der ebenfalls urtümlichen Palmfarne (Cycadatae, s. Abb. 5). Allerdings enthalten die Spermazellen von Ginkgo zahlreiche Plastiden und Golgi-Körper, die bei den Cycadeen bisher noch nicht nachgewiesen werden konnten. Würden sie hier generell fehlen, bedeutete dies einen signifikanten Unterschied zwischen beiden taxonomischen Großgruppen.

Interessant ist, daß die grundlegenden bestäubungsbiologischen Besonderheiten von Ginkgo bereits im letzten

Jahrzehnt des vorigen Jahrhunderts von dem Japaner Hirase entdeckt wurden. Die Pollenkörper, im Rasterelektronenmikroskop untersucht (s. Abb. 2 bis 4), sind von oblonger Form und variieren in ihrer Größe von 35 bis 38 µm in der Länge und 17 bis 20 µm in der Breite. Sie besitzen eine sulcate (bzw. mono- oder anacolpate) Apertur (= Öffnungsstelle für den Pollenschlauch) auf der distalen Seite.
Der Aperturenrand ist wallförmig gestaltet; die Oberflächenskulptur der Keimöffnung wirkt unregelmäßig striat, verrucat bis rugulat.
Die Skulpturierung der Ectexine auf der proximalen Pollenseite variiert ebenfalls stark von psilat bzw. schwach rugulat bis zu unregelmäßig foveolat.
Die Chromosomengrundzahl dieser evolutiv alten Sippe ist mit x = 8 erstaunlich niedrig.
Nicht überall und nicht zu allen Zeiten entwickeln sich zahlreiche, mirabellenähnliche, etwa zwei bis drei Zentimeter Durchmesser erreichende „Samen" an den weiblichen Bäumen, so daß es Jahre gibt, in denen offensichtlich keine Befruchtung eintritt. Die Ursachen dafür sind noch nicht erforscht. Aber auch wenn die Samenanlagen anschwellen und sich gelb färben, kann man zu diesem Zeitpunkt noch nicht definitiv feststellen, ob es sich bei diesen Gebilden nur um vergrößerte Samenanlagen oder bereits reife Samen mit entwickeltem Embryo handelt, da zwischen Bestäubung und Befruchtung Monate liegen können. Letztere wird oft erst nach dem Abfall vollzogen, vielfach sogar erst dann, wenn diese „Gebilde" auf oder in den Boden gelangen. Aus der einzigen Hülle der Samenanlage (= Integument) entwickelt sich eine äußere, dickfleischige Sarcotesta und eine innere sklerotisierte, also mit vielen Steinzellen ausgestattete Sclerotesta. Erstere verströmt beim Verwesen wegen des hohen Anteils von Butter-, Valerian- und Capronsäure einen intensiven, unangenehmen Geruch, weswegen weibliche Exemplare, vor allem in Europa, als Allee- und Straßenbäume meist nicht geschätzt werden. Die von der Sclerotesta umgebenen Embryonen, als „Nüsse" oder „Kerne" bezeichnet, gelten in vielen Ländern Asiens, vor allem in China und Japan, als große Delikatesse. Sie sind außerordentlich reich an Reservestoffen (s. u.).
Der Keimling besitzt nur zwei Keimblätter (wie viele Blü-

▷

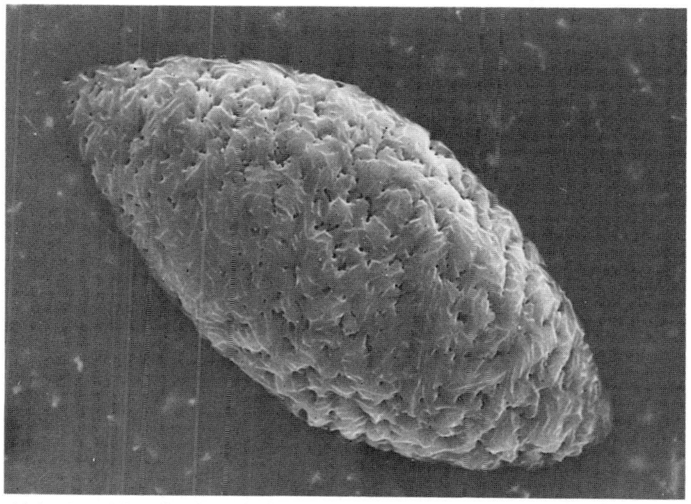

Abb. 2: Oberflächenskulpturierung der proximalen Pollenseite. Die Bildbreite entspricht ca. 35 µm.

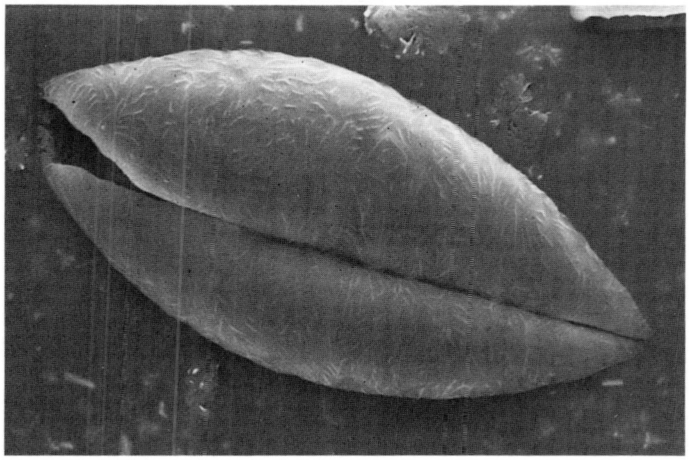

Abb. 3: Apertur auf der distalen Pollenseite. Die Bildbreite entspricht ca. 35 µm.

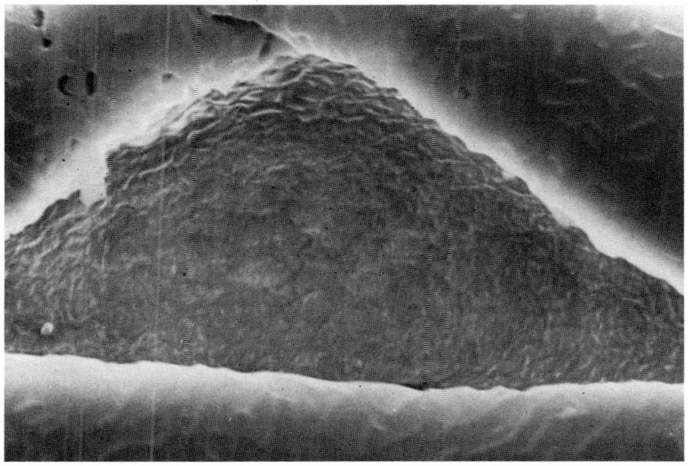

Abb. 4: Skulptur der sulcaten Apertur. Die Bildbreite entspricht ca. 15 µm.

Abb. 2–4: Pollen von Ginkgo biloba. Rasterelektronenmikroskopische Aufnahmen von H. Dietrich.

tenpflanzen), im Gegensatz zu den Koniferen (Nadelgehölze) mit mehreren bis zahlreichen Kotyledonen. Die Keimungsrate schwankt beträchtlich (zwischen etwa sechzig und null Prozent), vor allem in den außerasiatischen Regionen. So bleibt auch der Keimungserfolg in Mitteleuropa stets ungewiß. Trotzdem wird Ginkgo biloba vorwiegend generativ, also aus Samen, vermehrt.
Die Aussaat kann im Herbst des Erntejahres oder im darauffolgenden Frühjahr vorgenommen werden. Meist befreit man die Samen von der übelriechenden Sarcotesta und legt sie in Tonschalen oder Plastikbehältnisse mit feuchtem Substrat aus.
Das Optimum des Boden-pH-Wertes liegt im neutralen Bereich, also bei Werten um 7. Nach jahrelangen Erfahrungen zeigt sich aber auch, daß Werte zwischen 4,5 und 7,7 toleriert werden. Unter frostfreien Bedingungen erfolgt die Keimung der ersten Samen meist schon nach drei Wochen und setzt sich bis zum Frühjahr fort.
Große Keimungsraten erzielt man mit Samen von weiblichen Bäumen, in deren unmittelbarer Nähe ein blühfähiger männlicher Ginkgo steht. Hierbei ist logischerweise die Bestäubungswahrscheinlichkeit am höchsten.
Während ältere Ginkgobäume eine erstaunliche Widerstandsfähigkeit gegen andauernde, auch tiefergehende Bodenfröste besitzen, müssen junge Pflanzen im Frühjahr vor Spätfrösten geschützt werden, besonders auf schweren Böden.
Ginkgo läßt sich auch vegetativ über Stecklinge, die im Frühjahr geschnitten werden, vermehren. Allerdings benötigt man dazu viel Erfahrung und Fingerspitzengefühl. Die Anwachs-Erfolge fallen sehr unterschiedlich aus.
In den ersten Monaten wächst Ginkgo rasch. Er bildet meist einen einzigen Trieb aus, an dessen Achse mehrere Kurztriebe sitzen. Diese wachsen später zu Seitenverzweigungen heran. Nach etwa fünf Jahren kann Ginkgo etwa 2 bis 3 Meter Höhe erreicht haben. Danach wächst er — im Verhältnis zu manch anderen Gehölzen — langsam. Man rechnet im Gartenbau damit, daß er erst im Alter von etwa fünfzig Jahren seine endgültige Form zeigt und als stattlicher Baum gelten kann.
Von diesem inzwischen sehr beliebten Park- und Alleebaum gibt es durch Mutation und Auslese einige Formen, die auch als Sorten teilweise in den Handel kamen:
Bei der Sorte 'Laciniata' fallen vor allem die Blattränder auf, die vielfach eingeschnitten sind und wie ein federiger, gekrauster Fächer wirken.
Durch ihre hängende Schirmform ist die Sorte 'Pendula' leicht anzusprechen.
Einen extrem schlanken, fast an Säulenzypressen erinnernden Wuchs zeichnet die Sorte 'Fastigiata' aus.
Sehr selten ist die Sorte 'Aurea', deren Blätter immer, also nicht nur während der Zeit der Laubfärbung, schön goldgelb gefärbt sind.
Ähnlich gestaltet ist die Sorte 'Variegata', bei der die Blätter allerdings gelb-grün gestreift sind.
Erwähnt sei an dieser Stelle auch, daß Ginkgo für die Bonsai-Kultur außerordentlich geschätzt wird.
Bei der Behandlung spezifischer Merkmale von Ginkgo muß auch eine weitere Besonderheit alter Bäume erwähnt werden: Etwa in einem Lebensalter von 180 bis 200 Jahren bilden sie am Stamm oder an dicken Seitenästen sogenannte „chichi" (= „Brust", „Zitze"), stalaktitenähnliche Auswüchse, aus.
Untersuchungen am Holz dieser Auswüchse ergaben, daß seine Struktur derjenigen anderer Seitenäste ähnelt. Allerdings waren die Wuchsringe dichter angeordnet, und im Zentralbereich traten dunkelkolorierte Markflecken auf. Im axialen Bereich waren in einzelnen Zonen die Tracheiden als tote, langgestreckte Röhrenzellen mit lignifizierten Zellwänden irregulär orientiert oder sogar wirbelfömig arrangiert.
Darüber hinaus fand man zahlreiche Kristalldrusen. Diese Drusen wurden nach neueren Untersuchungen auch im übrigen Holz gefunden. Im Gegensatz zu Koniferenhölzern tritt aber jeweils nur eine Druse pro Ideoblast auf.
Das berühmteste Ginkgo-Exemplar mit chichi steht in Sendai in Japan. Bei einem geschätzten Alter von etwa 1250 Jahren gehört der Baum zu den ältesten lebenden Vertretern seiner Art überhaupt, besitzt darüber hinaus aber zahlreiche, oft meterlange chichi. Teilweise berühren sie den Boden, bewurzeln sich und bilden Nebenstämme (u. a. auch eine Form vegetativer Vermehrung bei Ginkgo!). Das Geäst des Sendai-Exemplars nimmt eine Fläche von rund 250 Quadratmetern ein (vgl. den Beitrag von A. Kato, S. 38).
Übrigens besitzt der zweihundertjährige „Goethe-Ginkgo" im Botanischen Garten Jena eine kleine, etwa 20 Zentimeter lange chichi in Augenhöhe auf der dem Fürstengraben zugewandten Stammseite.
Die Höhe dieses männlichen Exemplars, dem ein weiblicher Ast in Richtung Inspektorhaus aufgepfropft wurde, beträgt 18 Meter bei einem Stammdurchmesser von 1,25 m und 3,93 m Umfang in 1 Meter Höhe (Abb. 1).
Dieser Ginkgo zählt mit zu den ältesten Bäumen seiner Art in Deutschland. Er verdankt seinen Namen in der Be-

völkerung dem Umstand, daß er in der Zeit zwischen 1792 und 1794 gepflanzt wurde, also in einer Phase, in der sich Goethe intensiv um die Belange der Universität kümmerte und wiederholt in Jena weilte, so daß auch durch seine tat- und finanzkräftige Unterstützung der Botanische Garten nach Jahren der Stagnation in enger Zusammenarbeit mit dem engagierten Botanik-Professor Batsch zu einer „botanischen Anstalt" ausgebaut wurde. Die immer wieder geäußerte Meinung, daß Goethe diesen Baum persönlich gepflanzt habe, läßt sich durch keinerlei Dokumente belegen, also weder bejahen noch verneinen.

Zwei weitere Ginkgobäume befinden sich auf dem sogenannten „Mittelberg" des Gartens, zwischen Steingartenanlage und Ökologischen Gruppen gelegen. Bei diesen Exemplaren handelt es sich einmal um ein „Männchen" mit pyramidaler Krone (über 100 Jahre alt, 24 Meter hoch, 1,05 Meter Durchmesser und 3,14 Meter Umfang), zum anderen um ein gepfropftes „Weibchen" mit einer ganz breiten, ausladenden Krone (etwa 70 Jahre alt, 13 Meter hoch, 0,45 Meter Durchmesser bei 1,41 Meter Umfang). Hinsichtlich seines Wurzelsystems gilt Ginkgo eher als Flach- denn als Tiefwurzler.

Vor allem Untersuchungen durch italienische Wissenschaftler ergaben, daß bei Ginkgo eine vesikulär-arbuskuläre Mycorrhiza mit dem Pilz Glomus epigaeum vorliegt. Besonders auffällig war die Fülle intracellulärer Hyphen im Gegensatz zu den sehr seltenen intercellulären Hyphen.

Ginkgo wird auch als Nutzholzbaum in Asien geschätzt. Er liefert ein relativ hartes, sehr helles, fein gemasertes Holz, dessen Ligningehalt in den Tracheiden 35,8% beträgt und damit sehr hoch ist.

Im allgemeinen wird das gesamte Holz nicht von spezifischen Schädlingen befallen. Aus diesem Grunde wird es vor allem zu Gegenständen verarbeitet, bei denen diese Eigenschaft von Vorteil ist.

Es eignet sich als Bauholz sowie zur Herstellung von Möbeln, Schnitzereien und anderen Kunstgegenständen wie Lackarbeiten, Skulpturen und Schachfiguren. Auch in buddhistischen Tempeln wird Ginkgoholz gern eingesetzt.

Man pflanzt in die Nähe von Tempeln, aber auch von Wohnhäusern Ginkgobäume, da man ihnen nachsagt, daß sie Feuer und Unheil von den betreffenden Gebäuden abhalten würden. Die wasserdichte, hitzebeständige Borke wird teilweise zur Korkfabrikation genutzt.

In China ist es üblich, zwischen Buchseiten Ginkgoblätter zu legen, um Papierschädlinge fernzuhalten.

Immer wieder wird auch behauptet, daß Ginkgo völlig immun gegen Blattschädlinge jeder Art sei. Wenn auch die effektive Schädigung umstritten sein mag, ist doch festzustellen, daß zumindest eine Reihe von Pilzen (sowohl Asco- als auch Basidiomyceten) auf Ginkgoblättern nachgewiesen werden konnten wie Acremonium spec., Alternaria spec., Fusarium spec., Pestalotia spec., Pithomyces cf. chartarum, Harzia acremonioides, Epicoccum nigrum, Phyllactinia ginkgo, Glomerella cingulata, Xylaria longiana, Irpex lacteus, Oxyporus populinus, Trametes hirsuta, Trametes versicolor, Tyromyces chioneus, Cercospora spec. und Phymatotrichiopsis omnivorum.

In Asien, vor allem Japan, neuerdings auch in Europa und Amerika ist es üblich, die Blätter mit Metallegierungen aus Gold, Silber oder Kupfer haltbar zu machen und als Modeschmuck zu tragen.

Im alten China wurden Ginkgoblätter zeitweilig sogar als Zahlungsmittel eingesetzt.

Vielfache Verwendung finden auch die Samen. Unter dem Handelsnamen „pa-kewo" bzw. „bai-guo" (=„weiße Frucht") gelten die gerösteten Embryonen als Delikatesse. Sie enthalten bis zu 67% Stärke, etwa 15% Proteine, etwa 3% Fett, 1–2% Pentosane sowie 1% Faserstoffe und sind demzufolge nahrhaft und auch verdauungsfördernd. Sie werden aber auch ungeröstet gegessen. Man vergleicht den ungewohnten Geschmack mit harzig schmeckenden Kartoffeln oder Pistazien.

Die gefärbten Embryonen werden auch bei verschiedenen zeremoniellen und Volksfesten verspeist. Vor allem spielen sie bei Hochzeitsfeierlichkeiten eine bedeutende, rituelle Rolle.

Die fleischige Sarcotesta des Samens wird in der Volksmedizin breit eingesetzt. Sie wirkt angeblich gegen übermäßige Schleimbildung, bei Asthma, Husten, Reizblase, gegen Würmer, verringerte Spermienproduktion und Alkoholmißbrauch. Aufgrund des hohen Gerbsäuregehaltes wird sie außerdem bei der Lederverarbeitung verwendet.

Chinesische Frauen schätzen die zerstoßenen Teile auch als Waschmittel. Sowohl die Embryonen als auch die Sarcotesta werden in der Kosmetik zu vielfältigen Präparaten, vor allem gegen Faltenbildung, verarbeitet. Darüber hinaus werden auch die Embryonen neben den Blättern zur Phytopharmaka-Herstellung genutzt.

Man setzt diese Präparate bei starken Hustenattacken, als Wurmmittel und zu Entschlackungskuren ein. Chinesi-

sche Forscher postulierten neuerdings auch Erfolge in der Tuberkulose-Behandlung, einem leider wieder hochaktuell gewordenen Thema.
Mit dem wachsenden Interesse an Ginkgo stieg auch die Flut von Publikationen. Dabei trat wiederholt ein Problem auf, nämlich die richtige Schreibweise des wissenschaftlichen Namens. Außer dem korrekten „Ginkgo" wurden immer wieder auch Gingko, Ginko oder Gingo verwendet. Selbst Goethe hat den Namen unterschiedlich gebraucht.
Die Schreibweise „Ginkgo" geht auf Kaempfer in dessen Werk „Amoenitates exoticae" (1712) zurück und beruht auf einem Druckfehler. Linné (1771) übernahm das Wort als Gattungsnamen, der dadurch nach den Nomenklaturregeln Gültigkeit erlangte (vgl. den Beitrag von W. Caesar, S. 47).
Bei der früher in Japan gebräuchlichen Aussprache „ginkyo" bedeutet „gin" = Silber und „kyo" = Aprikose. Das Art-Epitheton „biloba" ist lateinisch und bedeutet „zweilappig". Als eingedeutschter Name wäre also „Zweilappige Silberaprikose" derjenige, der dem Originalnamen am nächsten kommt.
Weitere Trivialnamen, einige wurden bereits genannt, lauten: Fächerbaum, Fächerblattbaum, Mädchenhaarbaum, Entenfußbaum, Japanbaum, Japanischer Nußbaum, Japanischer Tempelbaum, Elefantenohrbaum, Vierzigtalerbaum oder Großvater-Enkel-Baum.
Ein weiteres umstrittenes Kapitel in der Ginkgoforschung stellt die systematische Eingruppierung dar. Gegenwärtig wird Ginkgo biloba von vielen Systematikern der Klasse Ginkgoopsida der Unterabteilung Coniferophytina (Gabel- oder Nadelblättrige Nacktsamer) zugeordnet (Abb. 5).
Vermutlich wird diese systematische Auffassung nicht aufrecht zu halten sein, da zahlreiche Abweichungen von den typischen Koniferen, demgegenüber aber gleichfalls zahlreiche Übereinstimmungen mit den Cycadophytina (Fiederblättrige Nacktsamer) bestehen.
Am ehesten wird man wohl der komplizierten, teilweise intermediären Merkmalskombination der evolutiv ur-

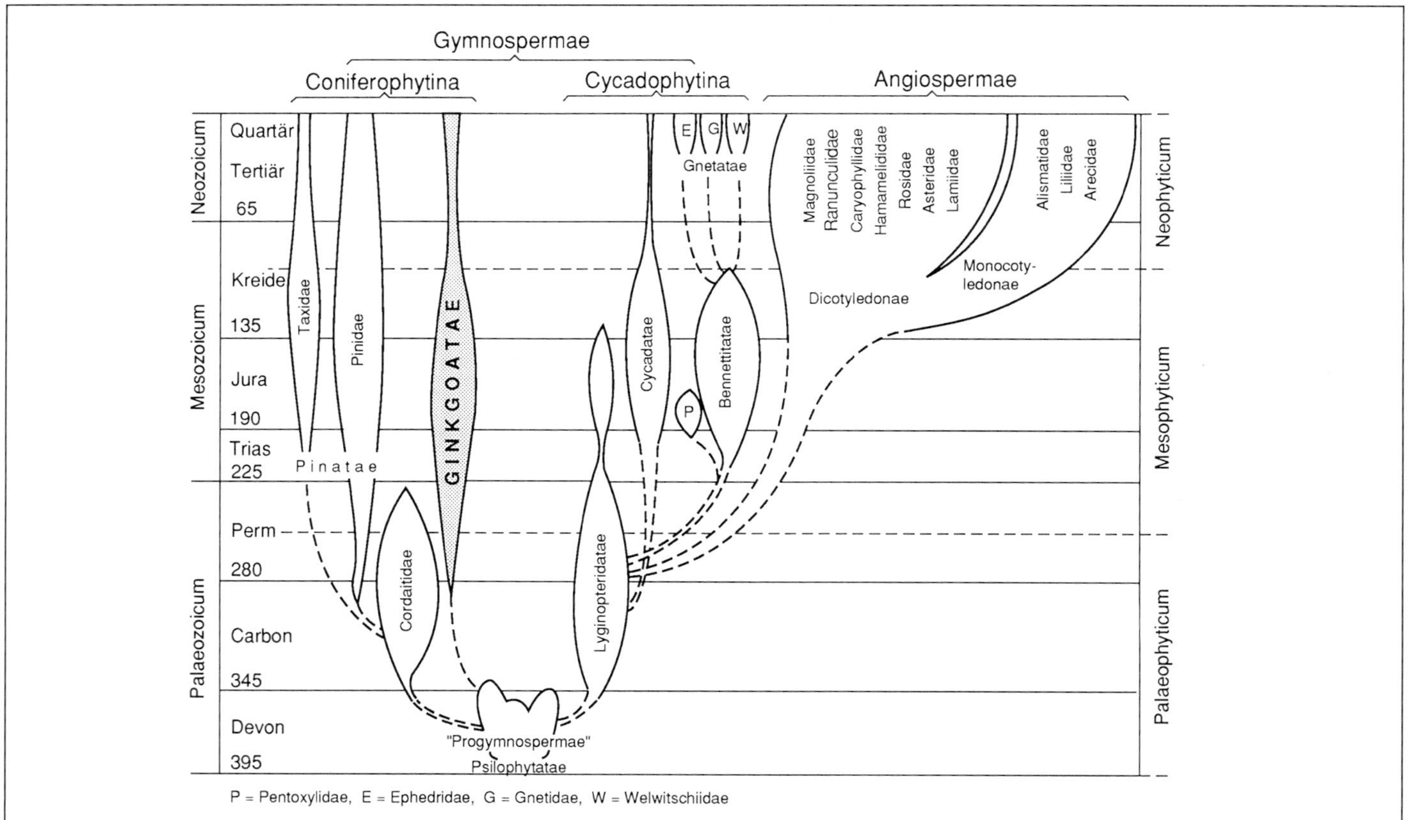

Abb. 5: Systematische Stellung der Ginkgogewächse (Ginkgoatae) Im Pflanzenreich: Sie trennten sich schon vor über 300 Millionen Jahren von den anderen Nacktsamern (Gymnospermae) wie den Nadelhölzern (Pinatae, links) und den Palmfarnen (Cycadatae).

Abb. 6: Titelbild des Buches von Kurt Lein über „Bäume und Sträucher im Wörlitzer Park" (5. Aufl., 1983), Ausschnitt. Unten ist ein blätter- und samentragender Ginkgozweig zu sehen. Der Landschaftspark von Schloß Wörlitz (in der Elbeaue zwischen Dessau und Wittenberg) wurde ab 1765 angelegt. Bereits 1798 wuchsen in ihm Ginkgobäume, die jedoch nicht bis heute überlebt haben.

sprünglichen Gruppe gerecht, wenn man sie als eigene Unterabteilung Ginkgophytina (Gabelförmige Nacktsamer) den anderen beiden Unterabteilungen Coniferophytina und Cycadophytina gleichrangig zur Seite stellt. Auch dieser Eingruppierungsvorschlag wird von einigen Systematikern gestützt.
Die nächsten Verwandten der Gruppe sind im Unterperm fossil nachgewiesen, reichen aber wahrscheinlich bis ins Oberdevon zurück. Die größte Formenfülle entfaltete sich im Erdmittelalter von der Trias bis zur Kreidezeit (Abb. 4). Zu dieser Zeit waren Ginkgo-Verwandte fast auf der ganzen Erdkugel verbreitet und besaßen nicht nur fächerförmige, sondern auch stärker gespaltene, tief eingeschnittene oder auch bandförmige Blätter. Man rechnet sie u. a. den ausschließlich fossil bekannt gewordenen Gattungen Ginkgoites, Baiera, Sphenobaiera, Arctobaiera, Eretmophyllum, Ginkgoidium, Phoenicopsis oder Trichopitys, aber auch der Gattung Ginkgo (z. B. G. adiantoides) zu. Vermutet wird, daß die Ginkgo-Verwandtschaft etwa zwanzig fossile Gattungen umfaßte.
Ginkgo biloba ist in rezenter Zeit allerdings die einzige, noch existierende Art dieser breit gefächerten systematischen Gruppe. Weitere Unsicherheiten bestehen darin, ob in heutiger Zeit noch natürliche Vorkommen von Ginkgo existieren oder ob die Art nur als vom Menschen gehüteter Parkbaum überleben konnte. Fundorte, von denen gelegentlich behauptet wird, daß es sich um natürliche Kleinareale der Art handelt, liegen in Südost-China, vor allem in den Provinzen Guangdong und Guangxi. Andere vermeintliche Funde von Wildvorkommen wurden aus den Provinzen Anhui und Zhejiang berichtet. Diese Anschauungen blieben aber umstritten und werden von manchen Sachkennern abgelehnt. Sie vermuten, daß nur die jahrhundertealte ostasiatische Tradition, Ginkgo als „Baum der Erkenntnis", als symbolischen Träger des philosophischen „Yin und Yang"-Prinzips (Dualismus) zu verehren, ihn an Tempeln, Gräbern, Alleen, Häusern und Hainen anzupflanzen sowie zu hegen, vorm Aussterben rettete.
Ungeachtet dessen, ob tatsächlich noch echte Wildvorkommen gesichert nachgewiesen werden können, was für die aktuelle Ginkgoforschung von größter Bedeutung wäre, oder ob die Art nur durch menschliche Betreuung überlebte, kann Ginkgo biloba als Paradebeispiel für ein „Lebendes Fossil" im Darwinschen Sinne gelten.
Von Zentralchina aus gelangte Ginkgo bereits im 11. Jahrhundert nach Nordchina und Japan, wurde dort verehrt und vermehrt. Um 1730 wurden die ersten Samen in Holland ausgesät und einige Jahre später als junge Bäumchen gepflanzt. In den achtziger Jahren des 18. Jahrhunderts wurde Ginkgo erstmals nach Nordamerika gebracht.
Ein Siegeszug, vor allem auf der nördlichen Halbkugel, begann! Heute säumen Ginkgobäume die Straßen von New York bis Berlin, Dresden, Köln, Basel, Seoul oder Brasilia.
Naturliebhaber, Dendrologen, aber auch Künstler trugen zur Popularisierung des Baumes und seiner Verbreitung bei. Memorialpflanzungen nahmen selbst Politiker vieler Länder vor. Ginkgo hat als ästhetisch ansprechender und wissenschaftlich interessanter Baum, der als Zeitgenosse bereits ausgestorbener Tiere und Pflanzen die Phantasie der Menschen beflügelt, die Herzen von Pflanzenliebhabern und Gehölzspezialisten gleichermaßen erobert!

Literatur

Arnold, G.: Mündliche Informationen zu Pilzbefall auf Ginkgo-biloba-Blättern (1993).

Daber, R.: 280 Millionen Jahre Ginkgo — Belegstücke zur Geschichte des Taxons Ginkgo L. aus den Sammlungen und Anlagen der Humboldt-Universität. In: 100 Jahre Arboretum Berlin (1879–1979), S. 259–279. Berlin 1980.

Dietrich, H.: Zur fakultativen Monöcie bei Ginkgo bilobq. — Botanikertagung, Bayreuth 1994, Tagungsband u. Poster.

Dietrich, H.: Ginkgo biloba — Silberaprikose. Ratschläge zur Anzucht und Vermehrung. Volkswacht Jena vom 29. 1. 1987, S. 8.

Favre-Duchartre, M.: Ginkgo an oviparous plant. Phytomorphology 8, 377–390 (1958).

Fontana, A.: Vesicular-arbuscular mycorrhizas of Ginkgo biloba L. in natural and controlled conditions. New Phytol. 99, 441–447 (1985).

Gothan, W., H. Weyland: Lehrbuch der Paläobotanik. 3. Aufl. Berlin 1973.

Hirase, S.: Etude sur la Ginkgo biloba. Note préliminaire. Bot. Mag. Tokyo 9, 239 (1895).

Hirase, S.: Sur le spermatozoïde de Ginkgo. Bot. Mag. Tokyo 10, 325–328 (1896).

Karstens, W. K. H.: Variability in the female reproductive organs of Ginkgo biloba L. Blumea 5, 532–553 (1945).

Kiermeier, P.: Zur Problematik stadtfester Gehölze: Ginkgo biloba. Das Gartenamt 33, Heft 4 (1984).

Klotz, G.: Lebende Fossilien im Botanischen Garten der Friedrich-Schiller-Universität. Reichtümer und Raritäten, Teil II, S. 44–56. Jena 1981.

Knaak, A.: Ginkgo — ein Baum, der allen Stürmen trotzt. Natur 2/92 (1992).

Krüssmann, G.: Handbuch der Nadelgehölze. Berlin/Hamburg 1972.

Michel, P.-F.: Ein Baum besiegt die Zeit. 4. Aufl. der deutschen Ausgabe. Ettlingen 1991.

Newcomer, E. H.: Pollen longevity of Ginkgo. Bull. Torrey Bot. Cl. 66, 121–125 (1939).

Newcomer, E. H.: The karyotype and possible sex chromosomes of Ginkgo biloba. Am. J. Bot. 41, 542–545 (1954).

Pulle, A. A.: Over de Ginkgo alias Ginkyo. Jb. Nederl. Dendrol. Vereenig. 15, 25–35 (1946).

Sahashi, N., J. Ueno: Pollen morphology of Ginkgo biloba and Cycas revoluta. Can. J. Bot. 64, 3075–3078 (1986).

Strasburger, E.: Lehrbuch der Botanik. 33. Aufl. Stuttgart/Jena/New York 1991.

Schultze-Motel, J.: Gymnospermae, in: Urania Pflanzenreich. Moose, Farne, Nacktsamer. 1. Aufl. Jena/Berlin 1992.

Yamazaki, T., M. Takeoka: Elektron-microscope investigations of the fine details of the pollen grain surface in Japanese gymnosperms. — Grana Palynol. 3, 3–12 (1962).

Die Heilkräfte des Ginkgo

Von Wolfgang Caesar

Historischer Überblick

Der Ginkgobaum gilt bei uns erst seit verhältnismäßig kurzer Zeit als Arzneipflanze, und auch in seiner ostasiatischen Heimat war er stets eher ein Lieferant von Nahrungsmitteln als von Arzneimitteln gewesen. Bis heute werden dort die sogenannten Ginkgonüsse als Delikatesse geschätzt. Es handelt sich dabei um die von der übelriechenden, fleischigen Außenschicht befreiten Samenanlagen, die im Herbst reifen und gewöhnlich geerntet werden, nachdem sie bereits zu Boden gefallen sind. Die in die „Nußschale" eingebetteten Kerne können roh oder gekocht gegessen werden, in der Regel werden sie jedoch vor dem Verzehr geröstet, wobei sie ein charakteristisches Aroma entwickeln.

Während Ginkgonüsse anderen als „Nuß" bezeichneten Nahrungsmitteln aufgrund ihrer Schale und des darin enthaltenen eßbaren Kerns ähneln, unterscheiden sie sich von ihnen dadurch, daß sie arm an Fetten (3%) sind; sie bestehen hauptsächlich aus Stärke (68%) und Eiweiß (13%).

Für Ginkgonüsse kennt die chinesische Medizin seit Jahrhunderten die unterschiedlichsten Indikationen, insbesondere Husten und Asthma, aber auch Bettnässen, Nervosität, Wurmbefall und sogar die Pocken. Allerdings waren Ginkgonüsse selten „das Mittel der Wahl", sie spielten also eher eine untergeordnete Rolle im Arzneischatz. Die naturwissenschaftlich orientierte Medizin konnte die therapeutische Wirkung bei den traditionellen Anwendungsgebieten bislang nicht belegen. Jedoch ergab eine In-vitro-Untersuchung, daß ein Extrakt aus den Samenanlagen das Wachstum von Tuberkelbakterien hemmt.

Obwohl Ginkgonüsse im amtlichen Arzneibuch der Volksrepublik China nicht aufgeführt sind, werden sie von den sogenannten Barfußärzten in China noch heute verwendet. Das gleiche gilt für Ginkgoblätter; die aus ihnen bereiteten Pflaster und Tees dienen in China als Mittel bei Asthma, Bluthochdruck, Ohrensausen und Angina pectoris.

Seit längerer Zeit schon werden Zubereitungen aus Ginkgoblättern in Frankreich bei venöser Insuffizienz eingesetzt. Doch gibt es hier ebenfalls keine klinischen Studien, die die Wirksamkeit dieser volksmedizinischen Anwendung belegen.

Auch in der Homöopathie werden Ginkgoblätter verwendet. Die Urtinktur bzw. ihre Verdünnungen können unter bestimmten Umständen bei Mandelentzündung oder Kopfschmerzen eingesetzt werden, je nach dem Arzneimittelbild, das der homöopathische Arzt feststellt [9].

Der weltweite „Siegeszug" des Ginkgo als Arzneipflanze begann erst nach dem Zweiten Weltkrieg: In den 60er Jahren stellte eine deutsche Forschungsgruppe fest, daß der nach einem bestimmten Verfahren gewonnene Extrakt aus Ginkgoblättern durchblutungsfördernde Eigenschaften besitzt. Seither werden Ginkgoblatt-Extrakte zur Behandlung körperlicher Leiden eingesetzt, bei denen Ginkgo früher nicht indiziert war:

- bei zerebralen Durchblutungsstörungen bzw. Hirnleistungsstörungen und
- bei peripheren Durchblutungsstörungen (insbesondere der Beine).

Die Extrakte setzten sich mit diesen Indikationen schnell auf dem Markt durch: 1992 hatten die verschiedenen Präparate, die mittlerweile in Deutschland auf dem

Markt sind, einen Umsatz von 370 Mio. DM (Endverkaufspreise); das entspricht einem Anteil von einem Drittel aller durchblutungsfördernden Mittel.

Inhaltsstoffe der Ginkgoblätter

Die arzneiliche Verwendung von Ginkgoblättern gründet sich vor allem auf zwei Stoffgruppen, die in ihnen enthalten sind (Tab. 1) [5]:

- ☐ Flavonoide und
- ☐ Terpenoide (Terpenlactone).

Flavonoide leiten sich vom Flavon (Phenylchromon), einer einfachen Verbindung aus drei Ringen, ab (Abb. 1). Sie sind sehr vielgestaltig und kommen in irgendeiner Form wahrscheinlich in jeder grünen Pflanze vor; besonders reichlich sind sie im allgemeinen in Arznei- und Gemüsepflanzen vorhanden.
In der Regel sind Flavonoide gesundheitsfördernd, doch gibt es auch Ausnahmen. So enthalten Ginkgoblätter in geringen Mengen die unerwünschten Biflavone (d. h. aus jeweils zwei Flavon-Einheiten zusammengesetzte Verbindungen) Ginkgetin und Bilobetin, die bei der Herstellung der Spezialextrakte großenteils entfernt werden (Abb. 1).
Mengenmäßig dominieren unter den Flavonoiden in Ginkgoblättern die therapeutisch besonders wertvollen Flavonolglykoside (oft fälschlich als „Flavonglykoside“ bezeichnet). Sie setzen sich jeweils aus einem Flavonol sowie ein bis zwei, manchmal auch drei Zuckerbausteinen zusammen (Mono-, Di- und Triglykoside).
Flavonole unterscheiden sich von den Flavonen dadurch, daß an das dritte Kohlenstoffatom (C3) kein Wasserstoffatom, sondern eine Hydroxylgruppe (OH) gebunden ist. In den Ginkgo-Flavonolglykosiden sind sie vor allem

Tab. 1: Die innerhalb der Phytotherapie offiziell anerkannten Wirkstoffe der Ginkgoblätter: Flavonoide und Terpenoide.

Gruppe	Substanzen
Flavonoide	
Flavonolmonoglykoside	Kämpferol-, Quercetin- und Isorhamnetin-3-O-glucosid Kämpferol-7-O-glucosid Quercetin-3-O-rhamnosid 3'-O-Methylmyricetin-3-O-glucosid
Flavonoldiglykoside	Kämpferol-, Quercetin- und Isorhamnetin-3-O-rutinosid 3'-O-Methylmyricetin- und Syringetin-3-O-rutinosid
Flavonoltriglykoside	Kämpferol- und Quercetin-3-O-[α-rhamnosyl-[1→2)-α-rhamnosyl-(1→6)]-β-glucosid
Acylierte Flavonoldiglykoside	Kämpferol- und Quercetin-3-O-α-(6'''-p-cumaroyl-glucopyranosyl)-(1→2)-rhamnopyranosid
Terpenoide	
Sesquiterpen	Bilobalid
Diterpene	Ginkgolid A, B, C, J und M

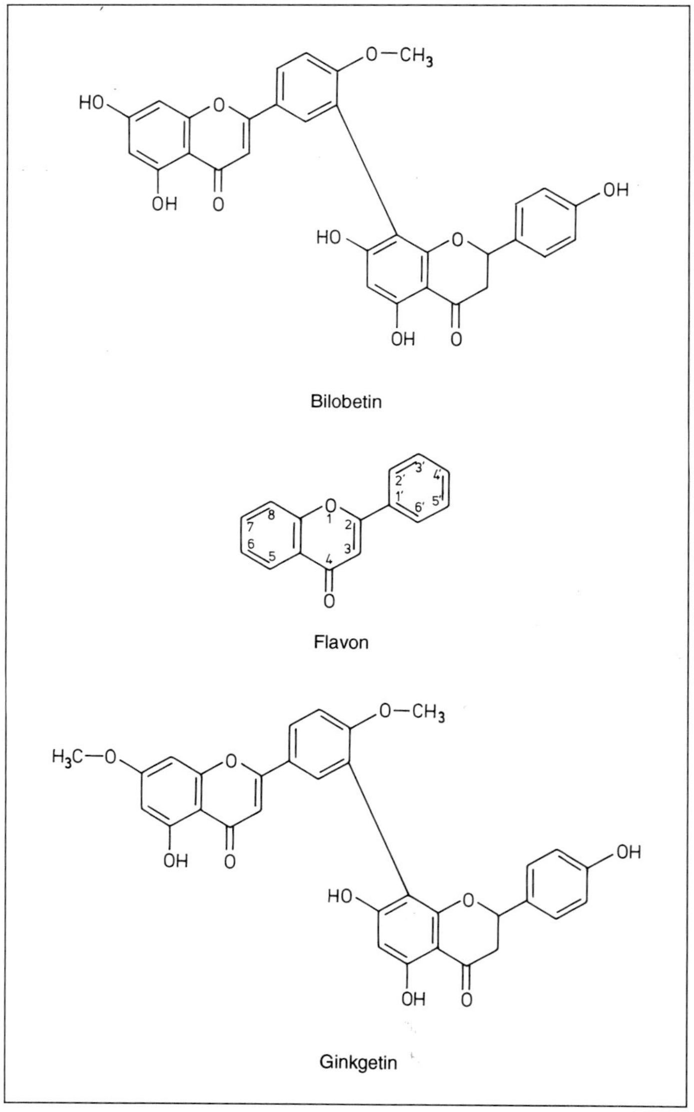

Abb. 1: Das Flavon als Grundbaustein der Flavonoide sowie die Biflavone Ginkgetin und Bilobetin.

mit Kämpferol, Quercetin und Isorhamnetin vertreten (Abb. 2). (Das Kämpferol ist übrigens nach Engelbert Kaempfer, dem Entdecker des Ginkgo, benannt, doch erfolgte diese Namensgebung schon Mitte des 19. Jahrhunderts im Zusammenhang mit der pharmakognostischen Erforschung anderer Pflanzen, nicht des Ginkgo.)
Die häufigsten Zuckeranteile dieser Verbindungen sind Glucose (Traubenzucker), Rhamnose und Rutinose (ein Disaccharid aus Glucose und Rhamnose), die in den meisten Fällen an das Sauerstoffatom am oben genannten C3-Atom der Flavonole binden (3-O-Glykoside).
Die Bindungen lassen sich durch Hydrolyse leicht lösen, was man sich in der Analytik zunutze macht: Die von den Zuckern abgetrennten Flavonole werden mit Hilfe der Hochdruckflüssigkeitschromatographie (HPLC) gemessen und die erhaltenen Werte auf die entsprechende Menge Flavonolglykoside „umgerechnet".
Als weitere Gruppe von Flavonoiden seien hier noch die im Pflanzenreich weit verbreiteten, aber aus therapeutischer Sicht relativ belanglosen Proanthocyanidine genannt. Ihre Konzentration im Ginkgoblatt beträgt 8 bis 12%, in den Spezialextrakten etwa 5%.
Zu den Terpenoiden im Ginkgoblatt zählen fünf Ginkgolide (A, B, C, J und M) und das Bilobalid. Es handelt sich um Substanzen, die bisher nur im Ginkgobaum gefunden wurden und ansonsten im Pflanzenreich zu fehlen scheinen. Ginkgolide setzen sich aus sechs fünfgliedrigen Ringen zusammen, die an mehreren Stellen aneinander gebunden sind und auf diese Weise einen Hohlraum umschließen. Aufgrund ihrer „käfigartigen" Struktur sind sie außerordentlich beständig. Ihr natürliches Abbauprodukt ist das Bilobalid, das — ebenso wie alle Ginkgolide zusammen — in einer Konzentration von nur 0,02% im Blatt enthalten ist (Abb. 3). Der Amerikaner E. J. Corey wurde 1990 u. a. für die Synthese der Ginkgolide mit dem Nobelpreis für Chemie ausgezeichnet [1].

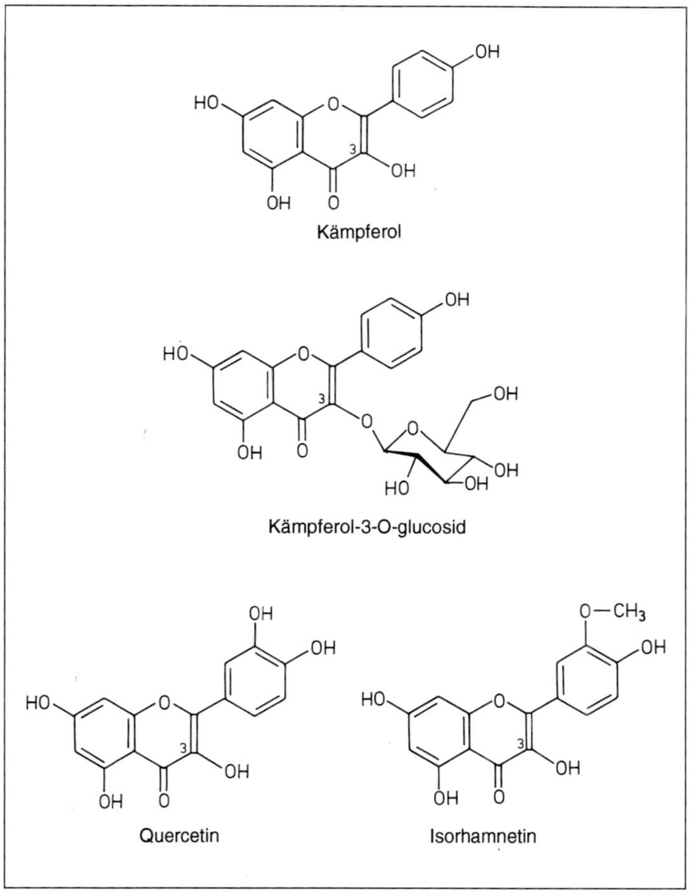

Abb 2: Die Flavonole Kämpferol, Quercetin und Isorhamnetin sowie das Flavonolglykosid Kämpferol-3-O-glucosid.

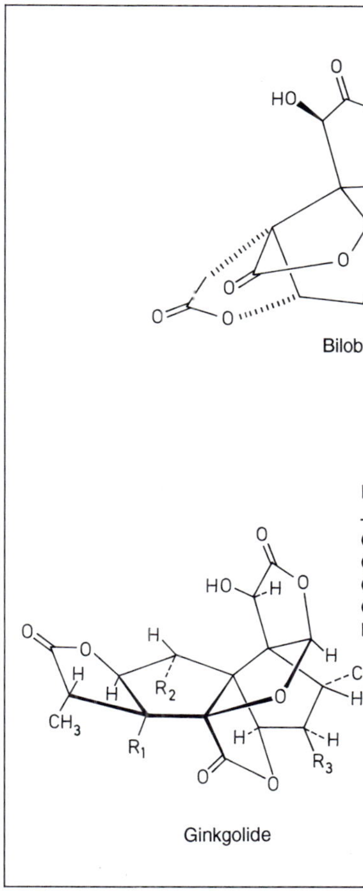

R_1	R_2	R_3	Ginkgolid
OH	H	H	A
OH	OH	H	B
OH	OH	OH	C
OH	H	OH	J
H	OH	OH	M

Abb. 3: Ginkgolide und Bilobalid sind Substanzen, die nur in Ginkgo biloba vorkommen.

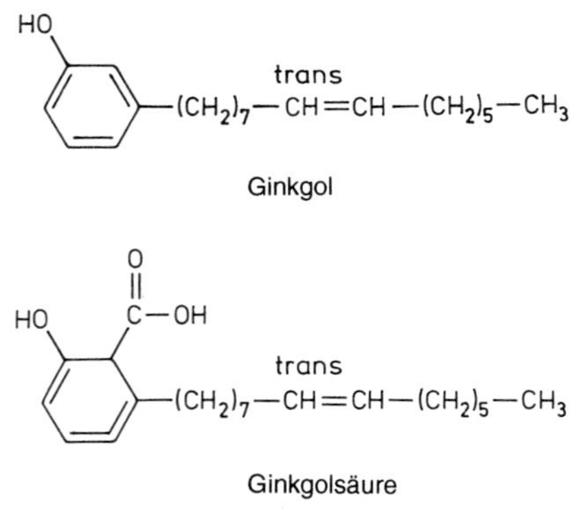

Abb. 4: Ginkgol und Ginkgolsäure.

Weitere Inhaltsstoffe von Ginkgoblättern sind der Tabelle 2 zu entnehmen. Als therapeutisch unerwünschter Bestandteil sei hier noch die Ginkgolsäure besonders erwähnt (Abb. 4). Sie leitet sich von dem Alkylphenol Ginkgol ab und kommt mit den nahe verwandten Substanzen Bilobol, Ginnol und Ginnon (von jap. „ginnan" = Ginkgosame) in der Außenschicht der Ginkgosamen in bedeutend höheren Konzentrationen als im Blatt vor. Wahrscheinlich tragen diese Substanzen aufgrund ihrer Toxizität zur erstaunlichen Widerstandsfähigkeit des Ginkgo gegenüber pathogenen Mikroorganismen und Insekten bei. Beim Menschen wirkt insbesondere die Ginkgolsäure stark hautreizend, so daß schon das Berühren von Ginkgosamen Entzündungen hervorrufen kann. Sie ist übrigens mit den Urushiolen im Lackbaum (jap. „urushi"; Rhus vernix) und im berüchtigten Giftsumach (Rhus toxicodendron) strukturverwandt.
Abschließend sei von den Inhaltsstoffen des Ginkgoblattes noch die Shikimisäure genannt, die in einer Konzentration von etwa 2% vorliegt. Sie ist im Pflanzenreich sehr häufig, weil sie in der Biosynthese vieler Pflanzen ein wichtiges Zwischenprodukt darstellt. Der Name „shikimi" stammt ebenfalls aus dem Japanischen und bedeutet Sternanisbaum (Illicium anisatum).

Tab. 2: Weitere Inhaltsstoffe der Ginkgoblätter (Auswahl).

Gruppe	Substanzen
Flavonoide	
Biflavone	Amentoflavon, Bilobetin, 5-Methoxybilobetin, Ginkgetin, Isoginkgetin, Sciadopitysin
Proanthocyanidine	Prodelphinidine, Procyanidine
Terpenoide	
Polyprenole	(zahlreiche, aus 14 bis 22 Isopren-Einheiten bestehende Stoffe)
Steroide	Sitosterol(-glucosid)
Derivate von Kohlenwasserstoffen	
Alkohol	Ginnol
Keton	Ginnon
Aldehyd	2-Hexenal (Blätteraldehyd)
Phenole	Ginkgol, Bilobol
Organische Säuren	(Hydro-)Ginkgolsäure, Shikimisäure, 6-Hydroxykynurensäure, Chinasäure, Ascorbinsäure (Vitamin C)

Pharmazeutische Qualität von Ginkgopräparaten

Pflanzliche Arzneimittel (Phytopharmaka) sind keine Reinsubstanzen im chemischen Sinne, sondern Vielstoffgemische. Dennoch gilt nach dem derzeitigen Arzneimittelrecht der Extrakt aus einer Pflanze rechtlich als ein Arzneistoff. Der Hersteller muß also für die Zulassung als Arzneimittel die Wirksamkeit und die Unbedenklichkeit des Extraktes, nicht aber seiner einzelnen Inhaltsstoffe nachweisen.
Präparate, die aus derselben Pflanze gewonnen wurden, können sich aufgrund der Qualität des verwendeten Ausgangsmaterials, aber auch aufgrund unterschiedlicher Herstellungsverfahren in ihrer stofflichen Zusammensetzung erheblich voneinander unterscheiden; hier sind die verwendeten Extraktionsmittel von größter Bedeutung.
Eine amtliche Vorschrift für die Zubereitung arzneilich verwendeter Ginkgopräparate besteht in Deutschland nicht, doch setzen zwei von der Kommission E des Bundesgesundheitsamtes (BGA) erstellte und kürzlich veröffentlichte Monographien neue Maßstäbe, an denen sich die Arzneimittelhersteller in Zukunft orientieren müssen. Die für Phytopharmaka zuständige Abteilung des BGA erkannte darin einerseits die Wirksamkeit von näher charakterisierten Spezialextrakten an, stellte aber andererseits die Wirksamkeit andersartiger Zubereitungen aus Ginkgoblättern in Frage [10]. Derzeit (1994) sind in Deutschland noch zahlreiche Ginkgopräparate auf dem Markt, die den Vorstellungen des BGA nicht entsprechen.

Da bei Ginkgoblättern die therapeutische Wirksamkeit bestimmter Inhaltsstoffe nachgewiesen werden konnte und diese somit als Wirkstoffe identifiziert sind, bietet sich zur Sicherung der pharmazeutischen und therapeutischen Qualität von Ginkgopräparaten die Standardisierung auf sinnvolle Wirkstoffgehalte an. Nur auf dieser Grundlage sind die empfohlenen Dosierungen der Präparate rational nachvollziehbar. Da in Ginkgoblättern auch toxische Substanzen identifiziert wurden, stellt das Fehlen dieser Stoffe im Fertigarzneimittel (bzw. eine niedrige, unbedenkliche Konzentration) ein weiteres wichtiges Qualitätskriterium dar.

Wie alle pflanzlichen Arzneimittel enthalten auch Ginkgoextrakte sogenannte Begleitstoffe, die zwar für sich allein wirkungslos oder nur schwach wirksam sind, aber im Zusammenspiel mit den eigentlichen Wirkstoffen zur Gesamtwirkung des Präparates ihren Beitrag leisten mögen (additiver Effekt). Die Wissenschaft ist noch nicht so weit fortgeschritten, um ein pflanzliches Präparat nur nach rationalen Kriterien beurteilen zu können; insofern kommt der praktischen Erfahrung immer noch ein gewisser Stellenwert zu, den die sogenannte Erfahrungsheilkunde besonders hoch ansetzt.

Seitdem Ginkgoextrakte als Heilmittel hergestellt werden, hat man versucht, ihr Inhaltsstoffmuster den therapeutischen Erfordernissen entsprechend zu verändern. Einen großen Fortschritt dieser Bestrebungen brachten die Spezialextrakte EGb 761 der Firma W. Schwabe, Karlsruhe, und LI 1370 der Firma Lichtwer, Berlin. Während Präparate auf der Basis von Vollextrakten in der Regel nur einen Gehalt von 2% Flavonolglykosiden aufweisen, sind die beiden Spezialextrakte auf 24 bzw. 25% standardisiert; sie garantieren zudem einen Gehalt von 6% Terpenlactonen (Ginkgolide und Bilobalid) und von weniger als 0,005% Ginkgolsäure.

Das Bundesgesundheitsamt hatte diese Spezialextrakte im Auge, als es den positiv bewerteten Extrakt durch folgende Inhaltsstoffe charakterisierte:

- 22 bis 27% Flavon(ol)glykoside,
- 5 bis 7% Terpenlactone, davon ca. 2,8 bis 3,4% Ginkgolide A, B und C sowie 2,6 bis 3,2% Bilobalid,
- unter 5 ppm (0,005%) Ginkgolsäuren.

Im Zuge der Herstellung von Ginkgo-Spezialextrakten werden verschiedene Lösungsmittel wie Wasser, Aceton (und das ähnliche Methylethylketon), Alkohole (Ethanol oder Butanol), Toluol und Dichlormethan in einer bestimmten Reihenfolge eingesetzt. Hierbei ist das Aceton-Wasser-Gemisch zur Gewinnung des Primärextraktes unentbehrlich, während die anderen Chemikalien zu dessen Reinigung und Aufwertung (Anreicherung der Wirkstoffe) dienen. Nach nahezu 20 Verfahrensschritten erhält man einen Trockenextrakt, der nur noch den fünfzigsten Teil des Ausgangsmaterials ausmacht (Verhältnis von Blatt zu Extrakt = 50 : 1). Damit die Patienten den Trockenextrakt bequem einnehmen können, muß er in geeigneten Darreichungsformen angeboten werden. Als solche haben sich Filmtabletten und Tropfen bewährt.

Indikationen von Ginkgo-Spezialextrakten

Ginkgo-Spezialextrakte sind aus der Sicht der phytotherapeutischen Therapierichtung bei Durchblutungsstörungen indiziert, die im Alter gehäuft im Gehirn (zerebral) und in den Gliedmaßen (peripher) auftreten (vgl. Abb. 5):

- Zerebrale Durchblutungsstörungen sind für den verminderten Stoffwechsel und schließlich für das Absterben von Nervenzellen verantwortlich; häufige Wiederholung führt zur sogenannten Multiinfarkt-Demenz.
- Die peripheren Durchblutungsstörungen betreffen insbesondere die Beine. Die Minderdurchblutung ist schmerzhaft und zwingt den Patienten beim Gehen zu häufigem Stehenbleiben („Schaufensterkrankheit"); in fortgeschrittenem Stadium führen die Durchblutungsstörungen zum Absterben von Gewebe (Nekrose), wodurch in besonders schweren Fällen eine Amputation erforderlich wird.
- Durchblutungsstörungen in Teilen des Gehirns (z. B. im Vestibulum = Vorhof des Ohrlabyrinths) sind (mit-) verantwortlich für Schwindel und subjektiv empfundenes Pfeifen, Rauschen oder Klingeln im Ohr (Tinnitus).

Während bei den ersten beiden Indikationen eine langfristige Behandlung von mindestens sechs bis acht Wochen erforderlich ist, um den individuellen Heilerfolg bewerten zu können, und die Therapie danach gegebenenfalls fortzuführen ist, sollte die Behandlung der zuletzt genannten Leiden mit Ginkgo-Spezialextrakten den genannten Zeitraum nicht überschreiten.

Am bemerkenswertesten unter den Heilkräften des Ginkgo ist seine neuroprotektive (die Nervenzellen schützende) und insofern nootrope (die Hirnfunktion erhaltende bzw.

1. Anwendungsgebiete
   a) Zur symptomatischen Behandlung von hirnorganisch bedingten Leistungsstörungen im Rahmen eines therapeutischen Gesamtkonzeptes bei dementiellen Syndromen mit der Leitsymptomatik:
   Gedächtnisstörungen, Konzentrationsstörungen, depressive Verstimmung, Schwindel, Ohrensausen, Kopfschmerzen.
   Zur primären Zielgruppe gehören dementielle Syndrome bei primär degenerativer Demenz, vaskulärer Demenz und Mischformen aus beiden.
   Hinweis:
   Bevor die Behandlung mit Ginkgo-Extrakt begonnen wird, sollte geklärt werden, ob die Krankheitssymptome nicht auf einer spezifisch zu behandelnden Grunderkrankung beruhen.
   b) Verbesserung der schmerzfreien Gehstrecke bei peripherer, arterieller Verschlußkrankheit bei Stadium II nach FONTAINE (Claudicatio intermittens) im Rahmen physikalisch-therapeutischer Maßnahmen, insbesondere Gehtraining.
   c) Schwindel, Tinnitus (Ohrgeräusche) vaskulärer und involutiver Genese.
2. Gegenanzeigen
   Überempfindlichkeit gegen Ginkgo-biloba-Zubereitungen.
3. Nebenwirkungen
   Sehr selten leichte Magen-Darm-Beschwerden, Kopfschmerzen oder allergische Hautreaktionen.
4. Besondere Vorsichtshinweise für den Gebrauch
   Keine bekannt.
5. Verwendung bei Schwangerschaft und Laktion
   Keine Einschränkungen bekannt.
6. Medikamentöse und sonstige Wechselwirkungen
   Keine bekannt.
7. Dosierung
   Soweit nicht anders verordnet:
   Tagesdosis:
   Indikation a:
   120 bis 240 mg nativer Trockenextrakt in 2 oder 3 Einzeldosen.
   Indikationen b und c:
   120 bis 160 mg nativer Trockenextrakt in 2 oder 3 Einzeldosen.
   Art der Anwendung:
   In flüssigen oder festen Darreichungsformen zum Einnehmen.
   Dauer der Anwendung:
   Indikation a:
   Die Behandlungsdauer richtet sich nach der Schwere des Krankheitsbildes und soll bei chronischen Erkrankungen mindestens 8 Wochen betragen.
   Nach einer Behandlungsdauer von 3 Monaten ist zu überprüfen, ob die Weiterführung der Behandlung noch gerechtfertigt ist.
   Indikation b:
   Die Besserung der Gehstreckenleistung setzt eine Behandlungsdauer von mindestens 6 Wochen voraus.
   Indikation c:
   Die Anwendung über einen längeren Zeitraum als 6 bis 8 Wochen bringt keine therapeutischen Vorteile.
8. Überdosierung
   Keine bekannt.
9. Besondere Warnungen
   Keine.
10. Auswirkungen auf Kraftfahrer und die Bedienung von Maschinen
   Keine bekannt.

Abb. 5: Anwendungsgebiete von Ginkgo-Spezialextrakten aus der Sicht des Bundesgesundheitsamtes, Kommission E [10].

bessernde) Wirkung. Ginkgo-Spezialextrakte werden deshalb in die Arzneimittelgruppe der Nootropika gestellt. Da sie Leiden lindern, die im Alter gehäuft auftreten, werden sie mit einem populären, aber unwissenschaftlichen Begriff auch als Geriatrika bezeichnet.

Pharmakologische Studien mit Ginkgo-Spezialextrakten

Die durchblutungssteigernde Wirkung der oben genannten Ginkgo-Spezialextrakte EGb 761 und LI 1370 ist in mehreren pharmakologischen Studien, die mit Zellkulturen (in vitro) oder Versuchstieren durchgeführt wurden, klar nachgewiesen worden [6, 8, 9]. Sie kommt teils durch die Erweiterung der Blutgefäße, teils durch die Verbesserung der Fließeigenschaften des Blutes zustande. Im einzelnen setzt die Wirkung der Extrakte u. a. an folgenden Punkten an (vgl. Tab. 3).

Tab. 3: Übersicht der pharmakologischen Wirkungen von Ginkgo-Spezialextrakten. (Nach [8], S. 25)

Rheologie

- □ Senkung der
  - — Vollblut- und Plasmaviskosität
  - — Erythrozytenaggregation
  - — Thrombozytenaggregation
  - — Fibrinogenwerte
- □ Steigerung der
  - — Erythrozytenflexibilität
  - — Leukozytenflexibilität

Inaktivierung von Sauerstoffradikalen

- □ Hemmung der
  - — Lipidperoxidation
  - — Radikalproduktion von Granulozyten
- □ Steigerung der Prostacyclinsynthese
- □ Beschleunigung postischämischer Reparationsvorgänge

PAF-Antagonismus

- □ Hemmung der durch den Plättchen-aktivierenden Faktor (PAF) induzierten
  - — Thrombozytenaggregation
  - — Ca^{2+}-Akkumulation
  - — zytotoxischen Ödeme
  - — postischämischen Zellschäden
  - — Leukozytenaktivierung

Neuroprotektion

- □ Hemmung zytotoxischer Ödeme
- □ Steigerung der Hypoxietoleranz
- □ Stoffwechselverbesserung der Nervenzellen unter Hypoxie und Ischämie

- Sie inaktivieren sogenannte freie Radikale, die als Auslöser zahlreicher chronischer Krankheiten — insbesondere auch Gefäßerkrankungen — bekannt sind. (Freie Radikale bewirken z. B. über eine Störung bestimmter Hormonfunktionen eine Verengung der Gefäße und fördern zugleich die Aggregation der Thrombozyten = Blutplättchen, so daß sich der Blutfluß verlangsamt.) Als sogenannte Radikalfänger in Ginkgopräparaten wirken vor allem die Flavonoide.
- Sie hemmen den Plättchen-aktivierenden Faktor (PAF), der ebenfalls für die Thrombozytenaggregation mit ihren gesundheitsschädlichen Wirkungen verantwortlich ist. Als sogenannter PAF-Antagonist (Gegenspieler des PAF) in Ginkgopräparaten ist vor allem das Ginkgolid B zu nennen.
- Sie senken die Aggregation der Erythrozyten (Rote Blutkörperchen) und steigern zugleich ihre Flexibilität.

Das Zusammenspiel der verschiedenen Wirkungen zeigt sich insbesondere bei Ischämie, einer oft vorübergehenden und räumlich eng begrenzten Unterbrechung des Blutflusses. Solche transitorischen ischämischen Attacken treten bei älteren Personen häufiger im Gehirn auf. Sie verursachen in den von dem blockierten Gefäß normalerweise versorgten Nervenzellen eine Hypoxie (Sauerstoffmangel), an der diese innerhalb weniger Augenblicke zugrundegehen können. Ginkgo-Spezialextrakte erhöhen jedoch die Toleranz der Zellen gegenüber Hypoxie, indem sie

- ihren Energiestoffwechsel auch unter Hypoxie längere Zeit aufrechterhalten,
- die Entstehung eines zytotoxischen Ödems, das bei Hypoxie durch das Einströmen von Kochsalz in die Zelle verursacht wird, hemmen bzw. seine Rückbildung beschleunigen,
- die freien Radikale, die bei der Wiederdurchblutung (Reperfusion) eines verschlossenen Gefäßes besonders zahlreich gebildet werden, „wegfangen" bzw. inaktivieren.

Ginkgo-Spezialextrakte steigern aber nicht nur die Überlebenschance der Zelle bei akuter Bedrohung. Wenn sie regelmäßig eingenommen werden, lassen sie den gefährlichen Zustand der Hypoxie — wegen der besseren Durchblutung der Gefäße — auch seltener eintreten.

Klinische Studien und Anwendungsbeobachtungen

Nicht nur pharmakologische, sondern auch klinische Studien, d. h. Untersuchungen, die mit Patienten durchgeführt wurden, sprechen dafür, daß die Leistungsschwäche des Gehirns durch Einnahme von Ginkgopräparaten erfolgreich behandelt werden kann [2–4, 7–9]. 1992 wurden 40 solcher Studien zusammengestellt; sie waren bis auf eine Ausnahme positiv ausgefallen, doch entsprachen nur acht von ihnen den strengen Kriterien einer guten methodischen Qualität. Immerhin war auch bei dieser engeren Auswahl der Therapieerfolg der Ginkgoextrakte bei den meisten Symptomen der Hirnleistungsschwäche deutlich sichtbar.
So wurde z. B. in einer multizentrischen, plazebokontrollierten Doppelblindstudie des Fachverbandes Deutscher Allgemeinärzte die Wirksamkeit einer Gabe von täglich

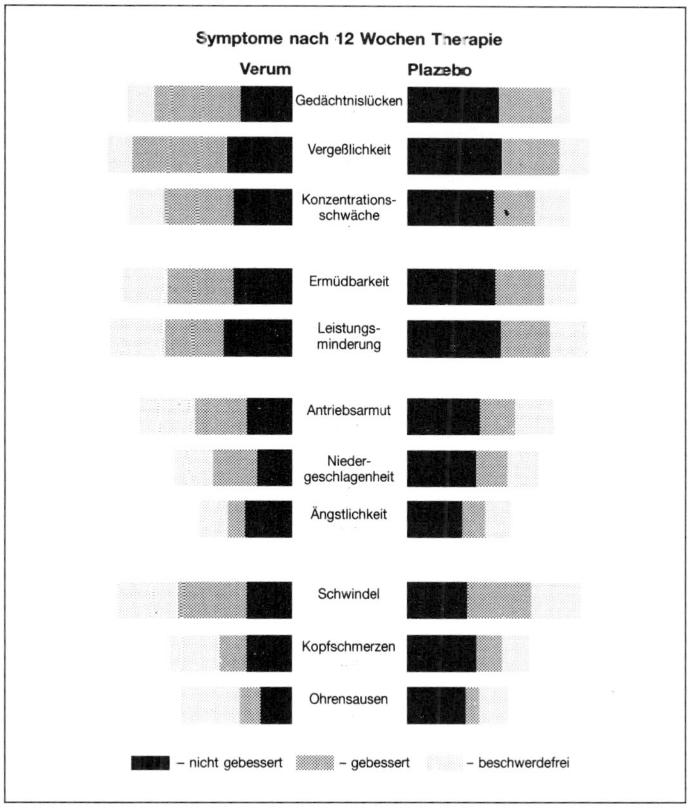

Abb 6: Typische Symptome von Hirnleistungsschwäche und ihre Änderung nach zwölfwöchiger Therapie mit einem Ginkgo-Spezialextrakt (links) bzw. Gabe von Plazebo (rechts). (Nach [2], S. 11)

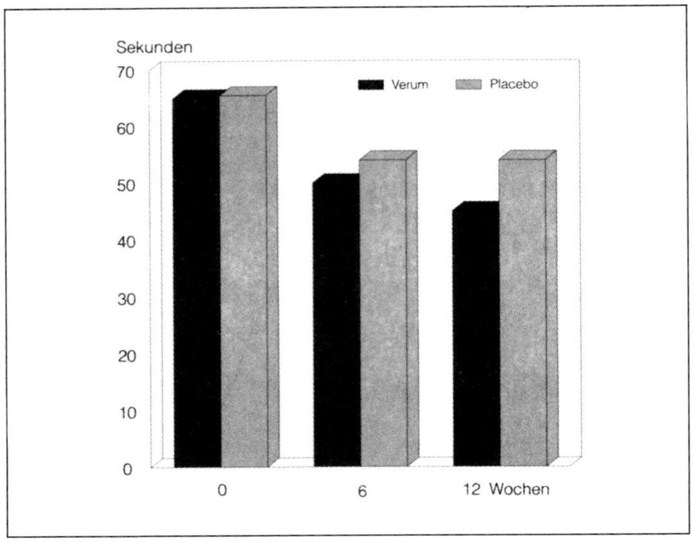

Abb. 7: Ergebnisse des Zahlenverbindungstests bei Patienten mit Hirnleistungsschwäche, die mit einem Ginkgo-Spezialextrakt behandelt wurden (Verum) bzw. ein Plazebo erhielten. Zum Vergleich: Ein gesunder Mensch benötigt für die Lösung der gestellten Aufgabe etwa 30 Sekunden. (Nach [2], S. 12)

150 mg Ginkgo-Spezialextrakt über eine Behandlungsdauer von zwölf Wochen an Patienten mit hirnorganischem Psychosyndrom geprüft ([2], S. 9–14). Die Veränderungen der Krankheitssymptome ist in Abbildung 6 wiedergegeben.
Die Leistungssteigerung des Gedächtnisses ließ sich insbesondere mit dem Zahlenverbindungstests beweisen:

Tab. 4: Therapieerfolg bei Patienten mit Demenz vom Alzheimer-Typ, Multiinfarkt-Demenz oder dem Mischtyp nach zwölfwöchiger Behandlung mit einem Ginkgo-Spezialextrakt. Die Bewertung wurde jeweils von den behandelnden Ärzten vorgenommen. (Nach [2], S. 42)

Art der Demenz	**Therapieerfolg** sehr gut	gut	mäßig	schlecht	Summe
Degenerative Demenz	867 30%	1424 48%	524 18%	120 4%	2935 100%
Mischtyp	895 26%	1735 50%	679 20%	147 4%	3456 100%
Multiinfarkt-Demenz	1036 27%	2068 49%	890 21%	193 5%	4187 100%
Alle Patienten	2798 27%	5227 49%	2093 20%	460 4%	10578 100%

Personen, die Ginkgo-Spezialextrakte erhielten, konnten die Aufgabe, 30 unregelmäßig über ein Blatt verteilte Zahlen in arithmetischer Reihe mit Linien zu verbinden, schneller lösen als die Vergleichsgruppe (Abb. 7).
Interessanterweise wirken Ginkgo-Spezialextrakte nicht nur bei der Multiinfarktdemenz, die eine Folge von Durchblutungsstörungen ist und daher auf die Wirkstoffe der Ginkgoblätter anspricht, sondern sie wirken auch bei der Demenz vom Alzheimer-Typ, die eine ganz andere Ursache hat (sogenannter „Kabelbrand im Gehirn"). Die Wirkungsweise ist hier noch nicht völlig geklärt, doch wird vermutet, daß dabei die Inaktivierung von Sauerstoffradikalen („Radikalfang") von entscheidender Bedeutung ist (Ergebnisse der Studie in Tab. 4).
Für die vom Bundesgesundheitsamt anerkannten Indikationen „periphere arterielle Verschlußkrankheit" (sogenannte „Schaufensterkrankheit") bzw. „Schwindel" und „Tinnitus" (Ohrensausen) liegen ebenfalls zahlreiche klinische Studien vor, die u. a. in [9] zitiert werden.
Ein Vorteil der Anwendung von Ginkgo-Spezialextrakten ist das seltene Auftreten unerwünschter Wirkungen („Nebenwirkungen"). So betrug die Rate bei einer Anwendungsbeobachtung an 10815 Patienten, die den Spezialextrakt LI 1370 erhielten, nur 1,69%, während verschiedene andere Nootropika, die einer Vergleichsgruppe gegeben wurden, eine Rate von 5,42% aufwiesen ([2], S. 42).

Was außerdem noch hilft . . .

Wenn auch der therapeutische Wert von Ginkgopräparaten außer Frage steht, so sollte man sich bei der Behandlung der oben genannten körperlichen Beschwerden nicht allein auf ihre Wirkung verlassen, sondern sie zusammen mit anderen Maßnahmen in ein „Therapiekonzept" einbauen. So kommt zum Beispiel bei Durchblutungsstörungen der Beine dem intensiven Gehtraining eine große Bedeutung zu. Entsprechend ist bei Hirnleistungsstörungen das regelmäßige Gedächtnistraining (z. B. Gehirn-Jogging) sehr wichtig. Zudem sollten insbesondere ältere Personen auf eine gesunde Ernährung, die Pflege sozialer Kontakte und eine aktive Lebensgestaltung achten.
Fazit: Ginkgoextrakt ist nicht als Allheilmittel, sondern als eines von mehreren Mitteln anzusehen, die helfen, auch im fortgeschrittenen Alter die Gesundheit zu erhalten.

Ausblick

Der Extrakt aus Ginkgoblättern ist ein recht junges Arzneimittel. In Form verschiedener Varianten und Präparate hat er sich in wenigen Jahren einen großen Markt „erobert", und parallel dazu wurden in ebenso rasantem Tempo die chemische Struktur und die Wirkungsweise seiner wichtigsten Inhaltsstoffe aufgeklärt. Besondere Bedeutung kommt den Spezialextrakten zu, deren Wirksamkeit 1994 durch die für Phytopharmaka zuständige Kommission E des Bundesgesundheitsamtes anerkannt wurde.

Weitere Forschungen könnten dazu führen, isolierte Ginkgo-Wirkstoffe in die Therapie einzuführen, die spezifischer und stärker wirken als der Extrakt. Möglicherweise sind die Ginkgolide und das Bilobalid auch brauchbare Modellsubstanzen für die Entwicklung synthetischer PAF-Antagonisten.

Literatur

[1] Sticher, O., A. Hasler, B. Meier: Ginkgo biloba — eine Standortbestimmung. Deutsche Apotheker Zeitung 131, 1827–1835 (1991).

[2] Hartmann, A., V. Schulz (Hrsg.): Ginkgo biloba: Aktuelle Forschungsergebnisse 1990/91. Münchener Medizinische Wochenschrift 133, Suppl. 1 (1991).

[3] Schulz, V., H. Schilcher: Schulmedizin bestätigt die Wirksamkeit eines Ginkgo-biloba-Spezialextraktes. Ärztezeitschrift für Naturheilverfahren 10, 789–801 (1991).

[4] Schulz, V., C. Fassold, W.-D. Hübner, D. Laudahn: Altersdemenz — Ginkgo-Spezialextrakte führend in der Therapie. Der Allgemeinarzt 14, 590–596 (1992).

[5] Hölzl, J.: Inhaltsstoffe von Ginkgo biloba. Pharmazie in unserer Zeit 21, 215–223 (1992).

[6] Oberpichler-Schwenk, H., J. Krieglstein: Pharmakologische Wirkungen von Ginkgo biloba-Extrakt und -Inhaltsstoffen. Pharmazie in unserer Zeit 21, 224–235 (1992).

[7] Herrschaft, H.: Zur klinischen Anwendung von Ginkgo biloba bei dementiellen Syndromen. Pharmazie in unserer Zeit 21, 266–275 (1992).

[8] Reuter, H. D.: Spektrum Ginkgo biloba. Aesopus Verlag, Basel 1993.

[9] Hänsel, R., H. Koller, H. Rimpler, G. Schneider (Hrsg.): Hagers Handbuch der Pharmazeutischen Praxis, 5. Aufl., Bd. 5: Drogen, E-O, S. 269–292. Springer-Verlag, Berlin u. a. 1993.

[10] Bundesgesundheitsamt, Kommission E (Phytotherapeutische Therapierichtung und Stoffgruppe): Monographie: Trockenextrakt (35-67 : 1) aus Ginkgo-biloba-Blättern, extrahiert mit Aceton-Wasser. — Monographie: Ginkgo folium (Ginkgo-biloba-Blätter). Bundesanzeiger S. 7361 vom 19. Juli 1994.

Ginkgobäume in Japan

Von Atsuko Kato

In Japan gibt es von Norden bis Süden viele alte Ginkgobäume. Sie sind als Naturdenkmäler der Präfekturen registriert und stehen unter Schutz, aber wir sahen auf unseren Reisen durch Japan auch riesige, bisher in die Listen nicht aufgenommene Bäume.
Oft stehen die Ginkgobäume auf Anhöhen in der Nachbarschaft von Tempeln und Gräbern, manche überragen die Ortschaften als Wahrzeichen. Sie werden wegen ihrer Lebenskraft und Wunderverheißung sowie als Wohnung von Geistern verehrt und gefürchtet zugleich.

Wie von alters her hohe Berge und Felsen, große Bäume und Wasserfälle im Volksglauben verwurzelt waren, hatten auch die Ginkgos Anteil am Wunderglauben der Menschen.
Elementare Wünsche verbanden sich mit dem Baum, Frauen baten um Milch zum Stillen der Kinder, Bauern erflehten Regen für den Reisanbau. Ginkgobäume gingen in die japanische Mythologie, in Geschichtsbücher, Volkserzählungen und Sagen ein. Uralte Bäume überlebten Naturkatastrophen, Feuersbrünste und Atombombenexplosionen. Sie berichten wortlos von verhängnisvoller Menschheitsgeschichte und mahnen für die Zukunft Wichtiges an, was wir Menschen nicht vergessen dürfen.
Auf der Insel Tsushima im äußersten Westen Japans steht in der Ortschaft Kin (Kamiagata-gun) ein großer Ginkgobaum, der über 1500 Jahre alt sein soll. Er hat den Blitzschlag und das Feuer von 1798, den Taifun von 1950 und mehrere Naturkatastrophen bis zum heutigen Tag überlebt. Man nennt diesen Baum deshalb „Tsushima no oyagi" (Baumveteran von Tsushima), und in einem alten Volkslied heißt es: „Der Ginkgobaum in Kin, der Baumveteran von Tsushima, hat einen Umfang von 35 hiro (Klafter)." Der Stamm wurde durch einen Blitzschlag getroffen, versengt und ausgehöhlt, aber die Lebenskraft des Baumes ist ungebrochen (s. Tafel 6).
Vor der Burg von Kumamoto auf der Insel Kyushu wächst ein Ginkgobaum, den der General Kato Kiyomasa (1562–1611) selbst gepflanzt haben soll. Die Burg wird wegen dieses Ginkgobaums auch Ginnan-jo (Ginkgo-Burg) genannt. 270 Jahre später brannte die Burg Kumamoto während des Satsuma-Aufstands (1877) nieder, ebenso der Ginkgobaum. Aber mehr als 100 Jahre danach wuchs ein Sprößling aus dem alten Baumstamm.

Abb. 1: Männlicher Ginkgobaum am Schloß von Kumamoto. Er soll vom General Kato Kiyomasa um 1600 gepflanzt worden sein.

Nun beträgt der Umfang des Baums 2,7 m bei einer Höhe von ca. 20 m (Abb. 1).
Über den Ginkgobaum von Tarumizu (Ueki-machi, Kamoto-gun, Präf. Kumamoto) erzählt man, er sei als Grabmal für die letzten Überlebenden des Hauses Heike (Taira) gepflanzt worden (um 1200). Der Baum überragt mit seiner Höhe von 42 Metern den Ort und steht auf dem Bezirk eines ehemaligen Tempels Ryuun-an (Drachen-Wolken-Klause). Unterhalb des Baumes befindet sich ein Amida-Schrein, in dem eine morsche, schiefe Buddha-Statue sitzt. An der Stammwurzel steht eine Gedenktafel des kaiserlichen Zeremonienmeisters Kosai mit einer Inschrift aus dem Jahre Tenbun 2 (1533) und eine fünfstufige Pagode. Eine Sage erzählt vom Schicksal des Baumes:
„Vor 200 Jahren lebte ein gewisser Masuda Monzaburo. Er beriet sich eines Tages mit den jungen Dorfbewohnern, ob man den Ginkgobaum fällen und daraus Brennholz machen solle. Am Abend schlummerte er ein und träumte, er stehe vor dem Baum, über den er tagsüber gesprochen hatte. Auf einmal erschien eine durchsichtig scheinende wunderschöne Frau aus dem Schatten der Gedenktafel von Kosai und sagte zu dem verwunderten jungen Mann: ‚Bitte lassen Sie den Baum nicht fällen. Er ist meine Wohnung. Bitte, ich bitte Sie!' Die Frau blickte ihn eindringlich an und verschwand dann in dem Baum. Was für ein seltsamer Traum! Als Monzaburo am Morgen erwachte, rannte er zum Baum und starrte ihn unentwegt an. Da tauchte eine kleine weiße Schlange zwischen den Ästen auf und blickte den unbeweglich Stehenden an. Die Frau im Traum war die Verkörperung der weißen Schlange. Der Ginkgobaum wurde nicht gefällt und überlebte."
In Shimonojo (Oguni-machi, Aso-gun, Präf. Kumamoto) gibt es auf einer Anhöhe einen weiblichen Ginkgobaum, dessen Alter auf über 1000 Jahre geschätzt wird. Seine Höhe beträgt ca. 25 Meter. Unter dem Baum steht eine alte fünfstufige Pagode, die vielleicht das Grab der Mutter des Burgbesitzers Kamifusanosuke Tsunetaka war. Der Ginkgobaum könnte als Zeichen ihres Grabes gepflanzt worden sein. Eine Sage berichtet jedoch, eine Adelige, die auf der Suche nach ihrem verbannten Geliebten durch das Land irrte, habe ihn am Grab ihrer unterwegs verstorbenen Amme gepflanzt. Die Dorfbewohner gaben ihm den Kosenamen „chikobu-san", was auf die stalaktitenförmigen Auswüchse Bezug nimmt („chi" bzw. „chichi" = „Milch", „weibliche Brust"; „kobu" = „Geschwulst", „Auswuchs"). Wenn Frauen an Muttermilchmangel leiden, beten sie zu dem Baum, schaben etwas von seinen „Zitzen" ab, lassen es in heißem Wasser ziehen und trinken den Sud, von dem sie angeblich mehr Muttermilch bekommen. Die Frauen, deren Wünsche glücklich erfüllt wurden, pflegten hier als Dank eine aus Stoff geformte Brust an den Baum zu hängen.
Der Ginkgobaum beim Kushida-Schrein in Kamikawabata-cho ist mit über 1000 Jahren der älteste Baum im Stadtteil Hakata von Fukuoka. Seine Höhe beträgt 30 m, sein Umfang 16 m. Er überlebte mehrere Unglücksfälle und Taifune. Die Menschen ehren und schätzen ihn als heiligen Baum, der nie altert. Auch ein Volkslied besingt ihn: „Wie wunderschön ist der Ginkgobaum von Kushi-

da. Nicht nur die Äste, sondern auch die Blätter gedeihen." Um den Naturgeist dieses Baums zu trösten und dem Baum ein langes Leben zu wünschen, veranstaltet man jedes Jahr am 12. März ein großes Ginkgobaumfest.

Auf ein Alter von über 1800 Jahren wird ein Ginkgobaum am Yatsurugi-Schrein, in Oaza Tatsuyashiki (Mizumakimachi, Onga-gun, Präf. Fukuoka) geschätzt. Er steht nahe dem Fluß Onga, hat eine Höhe von 22 m und einen Umfang von 9,7 m. Den Baum soll der mythische Kriegsheld Yamato-takeru-no-mikoto zur Erinnerung an eine Liebesbeziehung mit der Prinzessin Kinuta-hime gepflanzt haben.

Wir verlassen nun die Insel Kyushu und setzen auf die östlich benachbarte, durch zahlreiche Pilgerorte berühmte Insel Shikoku über. Dort gibt es sehr viele Tempel und viele stattliche Ginkgobäume. Wir beschränken uns im folgenden auf die östliche Präfektur Tokushima. Der größte und älteste Ginkgobaum steht im Nyuho-Schrein in Sebe (Kamiita-cho, Itano-gun). Sein Alter wird auf 1000 Jahre geschätzt, seine Höhe beträgt 30 m und der Wurzelumfang ca. 20 m. Unzählige „chichi" hängen herab, einige davon erreichen sogar den Boden (s. Tafel 5). Der Schrein hieß früher Kashiyama, aber seit 200 Jahren (seit der Ära Kansei) nennt man ihn Nyuho („Muttermilch bewahren"). Man glaubt, daß der heilige Ginkgobaum von alters her hilft, wenn eine an Milchmangel leidende Frau unerkannt einen Papierstreifen an eine seiner „Zitzen" anbringt.

Irgendwann verbreitete sich noch ein anderer Glaube: Wenn man die Priesterin in der benachbarten Klause „Icho-an" (Ginkgo-Klause) um ein Gebet an die Hauptgottheit der Klause, Kannon, bittet und ein Opferpapier an einer „Zitze" des Ginkgo anbringt, dann werde das Gebet erhört. So hingen bis in die 30er Jahre dieses Jahrhunderts zahlreiche Papierstreifen dicht nebeneinander an dem Ginkgobaum herab.

Auch der Ginkgobaum vom Tenjin-Schrein in Takagawara (Ishii-cho, Myozai-gun) mit einem geschätzten Alter von 900 Jahren, einer Höhe von 29 m und einem Umfang von 10,5 m wird wegen seiner besonders langen „Zitzen" sehr verehrt.

In Imayama gibt es einen 20 m hohen Baum in der Klause Jizo-an. Sein Umfang beträgt 5 m, er hat viele „Zitzen", und sein Alter wird auf ca. 500 Jahre geschätzt (s. Tafel 6). Dieser Baum gab angeblich in der Nacht fürchterliche Töne von sich. Die Dorfbewohner fürchteten sich vor ihm und sagten, daß man früh nach Hause gehen solle, wenn es dunkel wird, sonst gebe es Unheil. Außerdem verkündete eine alte Sage, daß ein Unheil geschehe, wenn eine der langen „Zitzen" den Erdboden erreicht.

Der Ginkgobaum am Ooji-Schrein in Nakajima (Ishii-cho) fing zwar durch einen Blitzschlag Feuer und brannte, lebt aber immer noch. Der Feldherr Nasu Yoichi, ein Gefolgsmann von Minamoto Yoshitsune, soll ihn aus Dankbarkeit gepflanzt haben, nachdem ihm in der Seeschlacht von Dannoura (1185) ein Meisterschuß gelungen war. Deshalb nennt man diesen heiligen Baum den Ginkgobaum des Yagami (des „Pfeilgottes").

Mitten auf einer Landstraße steht der Ginkgobaum des Tempels Torin-an mit einer Höhe von 20 m und einem Umfang von 4,2 m. Er ist über 450 Jahre alt (s. Tafel 6). Als man die Landstraße baute, bot das Dorf ein hohes Preisgeld für denjenigen an, der diesen Baum fällt. Aber alle fürchteten sich davor. So überlebte der alte Baum, und der Verkehr muß dem Baum ausweichen.

Im Torin-an wird ein großer buddhistischer Rosenkranz mit mehr als [illegible]000 Kugeln und einer Länge von ca. 19 Metern aufbewahrt. Er wurde aus den Zweigen des Ginkgobaumes geschnitzt. Zweimal im Jahr kommen die Dorfbewohner zusammen und drehen diese Kugeln, während sie die Sutren rezitieren.

Der „o-ha-tsuki-ginnan" genannte Ginkgobaum in Sakamoto (Katsuura-gun) trägt seinen Namen daher, daß die Samen „an den Blättern haften". Man deutet diese Mißbildung als eine Art Atavismus (Abb. 2).

Im Tempel Chokoku-ji (dem 19. heiligen Pilgerort von Shikoku) steht ein sehr gut gepflegter weiblicher Baum

Abb. 2: Blätter des „o-ha-tsuki-ginnan" von Sakamoto in Katsuura. An den Blättern haften Ginkgosamen. Dieses Phänomen tritt nur bei sehr wenigen Ginkgobäumen auf.

mit herrlichen Ästen. Seinetwegen hat man das „Drei-Ginkgoblätter-Emblem" auf dem Eingangsbalken des Tempels als durchbrochene Schnitzarbeit angebracht (s. Tafel 9); ebenso ziert es die Dachziegel. Der Tempel wurde vor 500 Jahren gebaut, als der Ginkgobaum bereits stand.

Von Shikoku fahren wir über die japanische Inlandsee nach Hiroshima auf der Hauptinsel Honshu. Weltbekannt wurden einige Bäume von Hiroshima, weil sie den Atombombenabwurf überlebten, obwohl ihre Stämme angebrannt und vom Feuer ausgehöhlt wurden.

Im Forschungsbericht „Die Atombombe und die Universität Hiroshima" steht folgender Bericht: „Die Ginkgobäume hatten unter den von der Atombombe geschädigten Pflanzen die stärkste Regenerationskraft und brachten bald viele neue Schößlinge hervor. Im ersten Monat entstanden Neurospora-Bakterien, und die angebrannten Bäume wurden ganz rot. Bei einigen Bäumen, die 2000 bis 3000 m vom Zentrum der Explosion entfernt standen, starben die Äste ab, aber im Herbst oder im Frühling kamen wieder viele neue Schößlinge aus den Stämmen hervor . . ."

So ein Ginkgobaum steht im Tempelbezirk Hosenbo in Teramachi, nur 800 m vom Zentrum der Atombombenexplosion entfernt. Der Baum hat die Atombombe überlebt, obwohl der obere Teil des Stammes an der der Bombe zugewandten Seite ausgehöhlt wurde (s. Tafel 7). Man sagt, der Baum habe auch den Tempel geschützt, der als einziger in dem Stadtteil nicht ausgebrannt ist.

Der dickste Ginkgobaum der Präfektur Hiroshima (9,6 m Umfang, 18 m Höhe) steht in Kamitakano (Takano-cho, Hiba-gun). Wegen seiner langen Auswüchse heißt er „chichi-sagari-no-icho" („Ginkgo mit herabhängenden Brüsten"). An zweiter Stelle hinsichtlich des Umfangs (7,8 m) folgt ein Baum im Dorf Tsutsuga (Yamagata-gun). Seine Höhe beträgt 48 m, sein Alter über 1100 Jahre. Nach der Sage kam einmal ein Kranich am frühen Morgen eines Neujahrstages angeflogen und setzte sich auf den Wipfel des Baumes. Der Vogel ließ etwas aus dem Schnabel auf den Boden fallen. Im Frühling wuchsen unter dem Ginkgobaum Reispflanzen. Einige Dorfbewohner erschlossen daraufhin den Sumpf zu Reisfeldern, und das Dorf wurde größer und reicher. In den folgenden Jahren, so erzählt man, kam der Kranich wieder, setzte sich auf den Wipfel des Baums und gab fröhliche Schreie von sich. Seither nannte man dieses Dorf „Tsuru-no-ga-no-mura" („Dorf mit dem Kranich-Segen"), was assimiliert wurde zu „Tsutsuga-mura".

Von den Ginkgobäumen der Tempel Higashi-hongan-ji und Nishi-hongan-ji in Kyoto ist der „sakasa-icho" („verkehrter Ginkgo") einer der interessantesten (Abb. 3). Sein Alter ist nicht bekannt, jedoch schätzt man, daß der Baum aus dem Jahr des Baus der Haupthalle des Nishi-hongan-ji, 1635, stammen könnte. Dieser Ginkgobaum überlebte die Großfeuer von 1788 und 1864.

Masashi Kamegawa schrieb: „Der verkehrte Ginkgobaum schützte wie ein Feuerlöscher die beiden Tempelhallen. Von alters her führt man Feuer zusammen mit Erdbeben, Blitz und Wasser als die vier Dinge auf, die uns in Schrecken versetzen. . . . Der Hongan-ji wurde von Sagimori in Kii nach Kaizuka in Izumi, dann nach Tenman in Osaka und schließlich 1591 von Toyotomi Hideyoshi (1536–1598) an den jetzigen Ort verlegt. Aber nach den Aufzeichnungen des Tempels brannten der Tempel, die beiden Hallen, die Begegnungshalle usw. durch ein Feuer am 20. 12. 1617, das im Badehaus ausbrach, fast aus. Im Januar 1788 ereignete sich noch einmal eine große Feuersbrunst in Kyoto und zog diesen Tempel in Mitleidenschaft; das Tor der Amida-Halle und die Empfangshalle brannten aus, aber die renovierten beiden Hallen wurden gerettet. Warum?

Wenn man das Tor zur Haupthalle passiert, sieht man einen Riesenbaum. Er ist der ‚verkehrte Ginkgobaum', der, anders als die anderen Bäume, nicht hoch in den Himmel ragt, sondern in die Breite schlägt. Man sagt, daß der Baum in die Breite wuchs, weil er als Setzling verkehrt gepflanzt wurde. Der Ginkgo schützt im allgemeinen vor Hitze und Kälte. An einigen Orten benützt man ihn als Wind- und Feuerschutz. Er enthält viel Wasser, deshalb sprühte der Baum beim Feuer von 1788 auf einmal Wasser, weil er unter extremer Hitze stand. Man schätzt sein Alter auf 300 Jahre. Wenn man dieser Schätzung glaubt, wurde der Baum nach der Verlegung des Tempels gepflanzt. Der Baum war beim Feuer in der Ära Genna (1617) noch ein junger Baum gewesen, deshalb konnte er noch kein Wasser sprühen. Aber beim zweiten Feuer, 1788, war er schon groß genug. Man nennt diesen Baum auch ‚mizufuki-icho' (Ginkgobaum, der Wasser sprüht). Er stellt eines der sieben Wunder des Tempels dar. Natürlich sprüht kein Ginkgobaum Wasser, aber die Menschen überlieferten diese Geschichte mündlich weiter. Vielleicht wollen unsere Vorfahren uns mit dieser Sage ans Herz legen, daß wir das Kulturdenkmal, das sie nach dem Feuer von 1617 mühevoll rekonstruiert hatten, gut schützen sollen."

Im Tempel Hida-kokubun-ji in Sowa-machi (Takayama,

Abb. 3: Der Ginkgobaum beim Tempel Nishi-hongan-ji in Kyoto heißt wegen seiner weit ausladenden Äste „sakasa-icho" („verkehrter Ginkgo"). Er überstand zwei Feuersbrünste.

Präf. Gifu) gibt es einen Ginkgobaum, über den die Sage folgendes berichtet: Als man in der Ära Tenpyo (729–749) einen großen Turm baute, schnitt der Baumeister die Stützpfeiler irrtümlicherweise zu kurz. Seine Tochter namens Yaegiku gab ihm die Idee eines Balkenwerks ein, und er vollendete den Turm. Je mehr sein Name berühmt wurde, desto mehr wollte er das Geheimnis unbedingt bewahren. Deshalb tötete er seine Tochter, vergrub sie im Tempelbezirk und pflanzte einen Ginkgobaum auf einen Erdhaufen. Dieser Baum lebt seit 1200 Jahren und ragt anstatt der früh verstorbenen Yaegiku in den Himmel. Es entstand der Glaube, daß auch dieser Baum den Frauen hilft, denen es an Muttermilch mangelt. Man nennt ihn auch „chichi-icho" („Brust-Ginkgobaum"). Dieser Baum hat eine Höhe von 37 m und einen Umfang von 10,2 m. Im Wurzelstamm werden ein großer und ein kleiner „Oya-ko-jizo" (Mutter-und-Kind-Schutzgott) verehrt. In der Haupthalle dieses Tempels hängt ein großer Lampion mit Ornamenten von Ginkgoblättern und Päonienblüten (s. Tafel 9).

Der Ginkgo ist der Symbolbaum der Präfektur Kanagawa. Am berühmtesten ist dort der tausendjährige „kakure-icho" („Versteck-Ginkgo") beim Schrein Tsurugaokahachiman-gu in Yukinoshita (Kamakura). Seine Höhe beträgt 30 m und sein Umfang 7 m. Als dieser Baum angeblich schon 20 m hoch war, wurde Minamoto Sanetomo (1192–1219), der dritte Shogun der Kamakura-Epoche, hier ermordet. So wird die Geschichte erzählt: Am 27. Januar 1219 nahm Sanetomo an einer Gratulationszeremonie beim Minister zur Rechten teil. In der Nacht schneite es sehr. Als die Zeremonie endlich ausklang und Sanetomo nach Hause gehen wollte, griff ihn Kugyo an, der Sohn seines verstorbenen älteren Bruders Minamoto Yoriie. Kugyo hatte sich als Frau verkleidet und sich hinter dem Ginkgobaum versteckt. Er erstach Sanetomo mit den Worten „Rache für meinen Vater!" Auf diese Weise soll der kakure-icho am Übergang der Herrschaft von den Minamoto zu den Hojo mitgewirkt haben.

Tokyo wurde schon oft von Natur- und Brandkatastrophen und Kriegen heimgesucht. Jedesmal nach Feuersbrünsten schlugen jedoch die Ginkgobäume wieder aus. Wegen seiner Resistenz gegen Luftverschmutzung und Autoabgase wurde der Ginkgo zuerst in Tokyo als Straßenbaum gepflanzt. Ginkgobäume prägen heute das Stadtbild von Tokyo mit, das Ginkgoblatt findet sogar als Emblem (z. B. auf dem Müllabfuhrwagen) Verwendung.

Die Großstädter finden im Schatten der Bäume Ruhe und empfinden mit dem Ginkgo den Wechsel der Jahreszeiten: „In Musashino leuchten Ginkgobäume und Ahorn — Oh, bald kommt der Winter!" schreibt Kuniichi Minemura.

Der größte und älteste Baum Tokyos ist der Ginkgo beim Tempel Zenpuku-ji in Motoazabu (Minato-ku). Seine Höhe beträgt 20 m, sein Umfang 10,4 m. Nach der Überlieferung wurde der Tempel von dem Mönch Kobo Daishi im Jahr 806 gegründet. Wenn der Ginkgobaum seit jener Zeit existierte, wäre er über 1160 Jahre alt. Eine andere Überlieferung erzählt, daß der Baum vom Stock des Mönches Shinran Shonin stamme. Als dieser 1229 den Tempel verließ, soll er seinen Stock in die Erde gesteckt und gesagt haben: „Wenn man die Sutren zitiert, wie schnell kann ein das Gesetz suchender Durchschnittsmensch Erleuchtung erlangen!" Daraufhin schlug der Stock Wurzeln, sproß und breitete seine Zweige und Blätter aus.

Während des Luftangriffs auf Tokyo im Mai 1945 brannte die Gegend aus, und der Ginkgobaum fiel dem Feuer zum Opfer. Nach dem Krieg blieb der verbrannte Baum noch eine Zeitlang stehen. Der Ausschuß für Kulturschutz nahm an, der Baum sei gestorben, und kündigte im Amtsblatt die Aufhebung des Denkmalschutzes an. Aber dieser Baum erwachte wunderlicherweise wieder zum Leben und ist seither wieder staatlich geschützt.

Über den „minashi-icho" („Ginkgobaum ohne Früchte") im Shiroyama-Park von Oyama (Präf. Tochigi) lautet die Sage so: Als 1591 Toyotomi Hideyoshi mit seinen Soldaten das Haus Hojo in Odawara überfiel, half die Familie Oyama den Hojo, die jedoch besiegt wurden. Auch die verlassene Burg Oyama fiel den Feinden in die Hände, weshalb sich die von der Welt enttäuschte Tochter des Burgherrn in den Brunnen stürzte. Die greise Amme fand die Prinzessin später im Brunnen und warf sich auch hinein, um ihr Schicksal mit dem der Prinzessin zu teilen. Der Zweig eines Ginkgobaumes, den die Prinzessin mit in ihr feuchtes Grab genommen hatte, schlug Wurzeln und wurde größer, aber die Seele der traurig in den Tod gestürzten Prinzessin hält ihn immer noch davon ab, Früchte zu tragen. Kleine schwarze Kieselsteine kommen aus dem Felsen. Man sagt, sie seien vom „Ohaguro" (einem Zahnfärbemittel) der Amme gefärbt.

Den hochragenden „nigatake-no-icho" beim Schrein Hachiman-gu in Sendai (Präf. Miyagi) sieht man schon aus der Ferne. Seine Höhe beträgt ca. 30 m, sein Umfang ca. 8 m. Der Sage nach bat Kobyakuni, die Amme der Kaiserin Shomu (701–756), einen Ginkgobaum auf ihr Grab zu pflanzen. Nach ihrem Tod wurde ein Ginkgo gepflanzt und wuchs riesig groß. Er wird auch als „chichi-icho" („Brust-Ginkgobaum") oder „uba-icho" („Ammen-Ginkgo") verehrt, ist weiblich und hat viele mächtige „Zitzen", „nyuchu" („Brustpfeiler") genannt. Der Umfang der größten „Zitze" beträgt 1,6 m, ihre Länge über 3 m.

Beim Tempel Chosen-ji in Kuji (Präf. Iwate) steht der größte Ginkgobaum Japans. Er ist männlich. Der Wurzelumfang beträgt 15 m, der Stammumfang 14,5 m und die Höhe 33 m. Sein Alter wird auf 1100 Jahre geschätzt (Abb. 4). Folgende Sage ist über den Tempel überliefert: „Der Chosen-ji hieß vorher Chokoku-ji. Der zweite Priester Chosan Mitsuden (Amtszeit: 1630–1662; damals herrschten die Shogune Tokugawa Iemitsu und Ietsuna) war bekannt wegen seiner Weisheit, Tugend und Askese.

Eines Nachts erschien ihm im Traum ein merkwürdig gekleideter Geist und bat: ‚Ich bin der Geist des Ginkgobaumes. Ich wünsche von ganzem Herzen, daß mein Baum nicht sinnlos gefällt wird. Ich bitte Sie, den tugendhaften Priester dieser Zeit, den Baum ewig zu schützen. Wenn möglich, bauen Sie bitte einen Tempel neben den Baum und verbreiten Sie die Lehre Buddhas für alle Zeiten.' Der Mönch wollte den Geist noch nach dem Ort fragen, doch dieser verschwand.

So machte er sich auf, den Baum zu suchen. Eines Tages hörte er einen merkwürdigen Vogel auf einem Baum schreien. Der Mönch hielt verwundert inne, denn die Stimme des Vogels war zu hören, ihn selbst konnte er jedoch nirgends sehen. So setzte er sich für eine Weile auf eine Wurzel des Baumes und verhielt sich ganz still. Plötzlich fiel ihm der Traum vom Baumgeist ein, und ihm wurde bewußt, daß jener Geist aus dem Traum in diesem Ginkgobaum hausen mußte. Wie der Geist gebeten hatte, verlegte Chosan den Tempel an diese Stelle und

Abb. 4: In der kleinen Hafenstadt Kuji im Nordosten Japans wächst dieser mächtige Ginkgobaum. In seinem Schatten steht ein kleiner Schrein des Fuchsgottes Inari.

Abb. 5: In dem Bezirk eines längst verschwundenen Tempels steht der Ginkgo „horyo-no-icho". Ein kleiner Schrein des Drachengottes von Yashiro setzt die Kontinuität der heiligen Stätte fort.

benannte den Ort ‚icho-zan' (Ginkgoberg) und den Tempel ‚Chosen-ji' (Lange-Quelle-Tempel)."

In Towada-machi (Kamikita-gun, Präf. Aomori) steht ein Ginkgobaum mit einer Höhe von ca. 30 m und einem Umfang von 13 m. Man nennt ihn nach einer Gottheit der Ainu „horyo-no-icho". Sein Alter wird auf 1000 Jahre geschätzt. Er steht beim Dorf Fuchizawa in der Nähe des ehemaligen Tempels Zensho-ji. Jetzt gibt es keine Spur vom Tempel mehr, aber an der Stammwurzel bringt ein dem „Yashiro Ryuo Daijin" („Drachengott von Yashiro") gewidmeter Schrein die vergangenen Zeiten in Erinnerung (Abb. 5). Man nannte den Baum wegen seiner „Zitzen" „ko-yasume-no-icho" („Ginkgobaum, der Kinder tröstet") und betete zu ihm.

Auch im nahegelegenen Shichinohe steht ein „Ginkgobaum, der Kinder tröstet". Er wurde angeblich von dem Mönch Hosshin Kokushi (1189–1273) gepflanzt, worüber die Sage vom „Goan-gawara" („Flußbett der fünf Klausen") berichtet:

Als Achtzehnjähriger war der Tempelgründer Hosshin Sandalendiener beim Burgherrn von Makabe. Als er an einem kalten Tag die Sandalen des Herrn in der Tasche wärmte, nahm dieser an, der Diener hätte darauf gesessen. Er schlug ihn ins Gesicht, woraufhin der Diener mit den Sandalen den Ort verließ.

In China wurde er ein tugendhafter Meister der Rinzai-Zen-Schule. Er erhielt den Namen Hosshin und gründete nach seiner Rückkehr in die Heimat Tempel, um Buddhas

Abb. 6: Dieser Ginkgobaum in Shichinohe wird auf ein Alter von über 700 Jahren geschätzt.

Lehre zu verbreiten. Als er 75 Jahre alt war, besuchte ihn sein ehemaliger Herr in der Klause am Fluß Kuraoka und wurde sein Schüler. Fünf Klausen, von denen vor kurzem noch die Grundmauern vorhanden waren, künden vom erfolgreichen Zen-Lehrer, der auch den Ginkgo gepflanzt haben soll. Das Alter des Baumes wird deshalb auf 710 Jahre geschätzt. Seine Höhe beträgt 26 m und sein Umfang 12 m.

Zu allen Jahreszeiten bietet der Baum einen herrlichen Anblick. Viele „Zitzen" hängen herab, einige Äste berühren den Boden und schlagen Wurzeln, so daß kleine Ginkgos an diesen Stellen wachsen. Die Lebenskraft des Baumes ist enorm (Abb. 6).

Hier, im Norden der japanischen Hauptinsel Honshu, endet unsere Reise zu den ältesten Ginkgobäumen, die sich in der Nachbarschaft von Tempeln, Schreinen und Burgen erhalten haben. Ihre außergewöhnliche Größe, ihr seltsames Aussehen und auch die Zähigkeit, mit der sie Katastrophen überstanden haben, regten die Fantasie des Volkes an und weckten in ihm Gefühle der Verehrung und des gläubigen Vertrauens zu diesen Baumriesen. Doch auch der Dichtkunst hat der Ginkgo vielfache Anregung gegeben, wie die folgenden 17silbigen (Haiku) und 31silbigen Gedichte (Tanka) zeigen:

いちょうふみて
しずかにあごの
げざんかな
与謝蕪村

„Icho fumi te
shizuka ni ago no
gezan kana."

„Vom Kloster herab
schreitet ein Tempelknabe gemächlich
über Ginkgoblätter."
(Buson Yosa, 1716–1783;
Übertragung von G. Dombrady)

こんじきの
ちいさきとりの
かたちして
いちょうちるなり
ゆうひのおかに
与謝野晶子

„Konjiki no
chiisaki tori no
katachi shite
icho chiru nari
yuhi no oka ni."

„Wie kleine goldene Vögelchen
fallen die Ginkgoblätter
in der abendlichen Sonne."
(Akiko Yosano, 1878–1942)

„An einem Herbsttag
sehe ich Ginkgo und Ahorn
in der Ferne."
(Mantaro Kubota, 1889–1963)

„Als ich an meinen Tempelbruder denke,
fallen gelbe Ginkgoblätter."
(Hekigoto Kawahigashi,
1873–1937)

„Auf den Fächer der alten Opfergabe
fällt ein Ginkgoblatt."
(Enomoto Kikaku, 1661–1707)

„Wenn der Wind in der Ferne heult,
fallen Ginkgofrüchte."
(Fusei Tomiyasu, 1885–1979)

„Nach dem Fallen der Ginkgofrüchte
höre ich den Wind."
(Teijo Nakamura, 1900–1983)

„Fallen die Ginkgofrüchte,
so bereiten sich die Götter
für ihre Reise."
(Torin, 1639–1719)

Engelbert Kaempfer, Entdecker des Ginkgobaums

Von Wolfgang Caesar

Ein Jahr bevor Goethe während seiner letzten Reise in die „Rhein- und Maingegenden" (1815) vom „geheimen Sinn" des Ginkgoblattes „kostete" und dasselbe als Liebessymbol dichterisch verherrlichte, hatte der Genfer Botaniker Augustin Pyramus de Candolle (1778–1841) eine wichtige Entdeckung über das reale „Liebesleben" der Ginkgobäume gemacht: Er hatte als erster die weiblichen Blüten dieses zweihäusigen Gehölzes gesehen und als solche erkannt [1, 2]. Ginkgo wurde zwar schon seit 1730 in Europa kultiviert, aber nur vegetativ vermehrt. Der Baum kommt erst im Alter von 20 bis 30 Jahren zur Blüte, und bisher waren nur die männlichen Blütenkätzchen beobachtet worden.

De Candolles Entdeckung lenkte die Aufmerksamkeit der Fachgelehrten wieder auf die erste in Europa gedruckte Beschreibung des Ginkgo [3] sowie auf das in London verwahrte Herbar jenes Autors [4, 5]. Und im selben Jahr, als Goethe sein Gedicht „Gingo biloba" drucken ließ (1819), veröffentlichte der Wiener Botaniker Joseph Franz von Jacquin (1766–1839) die erste ausführliche Abhandlung „Ueber den Ginkgo" [6], gewissermaßen das prosaische Gegenstück zu dem Gedicht.

Seither ist der Ruhm des Ginkgo stetig gewachsen, und naturgemäß fällt davon auch etwas Glanz auf seinen Entdecker — oder besser: Erstbeschreiber —, den Japanreisenden Engelbert Kaempfer. Vermutlich geschah es im Februar des Jahres 1691, daß Kaempfer zum erstenmal einen Ginkgo erblickte, und da Ginkgobäume in Japan nicht gerade selten sind, darf man als Ort dieses denkwürdigen Geschehens Nagasaki, Kaempfers damaligen Wohnsitz, annehmen. Die Umstände seien im folgenden ausführlich dargestellt.

Ausbildung zum Mediziner

Engelbert Kaempfer (1651–1716) war in der westfälischen Hansestadt Lemgo geboren und dort bis zu seinem 16. Lebensjahr in dem bildungsbeflissenen Milieu eines evangelischen Pfarrhauses aufgewachsen, hatte anschließend seine allgemeine Schulbildung u. a. auf den Gymnasien von Lübeck, Danzig und Thorn vertieft und 1674 in Krakau ein Medizinstudium begonnen, das er 1677 in Königsberg fortsetzte.
Bestandteil des Medizinstudiums war damals auch die Botanik, denn Pflanzen und pflanzliche Produkte stellten das Gros des Arzneischatzes, der sogenannten Materia medica. Der botanische Unterricht legte das Schwergewicht auf die Pflanzenmorphologie und -anatomie sowie auf die Kenntnis der gebräuchlichen Arzneipflanzen, ihrer pharmakologischen Eigenschaften und ihrer therapeutischen Anwendung, wobei die experimentelle Forschung noch keine Rolle spielte. Die Botanik war eine beschreibende Naturwissenschaft; wer in ihr etwas leisten wollte, mußte eine gute Beobachtungsgabe besitzen und den Fachwortschatz beherrschen, um seine Beobachtungen exakt wiedergeben zu können.

Fremde Länder

Kaempfer hatte sein Studium in Königsberg nicht mit der Promotion abgeschlossen, denn das verbot sich wegen der horrenden Unkosten der damals obligatorischen Promotionsfeierlichkeiten quasi von selbst. Aus nicht näher bekannten Gründen war er 168[illegible] nach Schweden gegangen, hatte dort in diplomatischen Kreisen verkehrt

und das Angebot erhalten, einen schwedischen Gesandten auf dessen Reise durch Rußland nach Persien als Sekretär zu begleiten. Kaempfer mag sich für diese außergewöhnliche Tätigkeit aus Verlegenheit, aus Abenteuerlust oder aus irgendwelchen rationalen Beweggründen entschlossen haben — wir wissen es nicht. Es besteht jedoch kein Zweifel daran, daß er die ihm übertragenen Aufgaben — er mußte z. B. die Route kartographisch aufnehmen — mit großem Eifer und Geschick erledigte und daß er den Erlebnis- und Bildungswert des Reisens voll auskostete; seine tagebuchartigen Aufzeichnungen legen davon ein beredtes Zeugnis ab [7].
Der Drang zur Erkundung fremder Länder und Völker nahm bei Kaempfer bald leidenschaftliche Züge an. In der damaligen persischen Hauptstadt Isfahan, dem Ziel der schwedischen Gesandtschaft, angekommen, lockte es ihn weiter nach Indien: Er knüpfte Kontakte mit der niederländischen Vereinigten Ostindischen Kompanie (VOC), die ein weitgespanntes Netz von Niederlassungen in Asien unterhielt, und trat als Chirurg in ihre Dienste. Nun sollten weitere acht Jahre vergehen, bevor Kaempfer — mit einer Fülle von eigenhändigen Aufzeichnungen und allerwärts gesammelten Kuriositäten im Gepäck — nach Europa zurückkehrte. Sein Dokumentations- und Forschungsdrang erstreckte sich in Asien auf nahezu alles, was er unterwegs wahrnehmen konnte; naturhistorische Phänomene interessierten ihn ebenso wie z. B. Landwirtschaft und Ernährung, Geschichte und Politik, Mythologie und Religion oder — das darf man von einem Mediziner erwarten — die endemischen Krankheiten der bereisten Länder.

Die lieben Pflanzen

Während seines Medizinstudiums hatte sich Kaempfer auch das Rüstzeug angeeignet, das ihn in Asien zu selbständigem botanischem Arbeiten befähigte. So nutzte er immer wieder Zeit und Gelegenheit, Pflanzen zu sammeln und zu herbarisieren, sie nach der Natur zu zeichnen, ihre Merkmale zu beschreiben sowie — nicht zu vergessen! — von den einheimischen Bewohnern Einzelheiten über ihre Nutzanwendung zu erfahren. Mit zwei Werken, die er in Asien konzipierte, ging er schließlich in die Geschichte der Botanik ein.
Der erste große Wurf gelang Kaempfer mit einer Monographie der Dattelpalme, einer Pflanze, die den Europä-

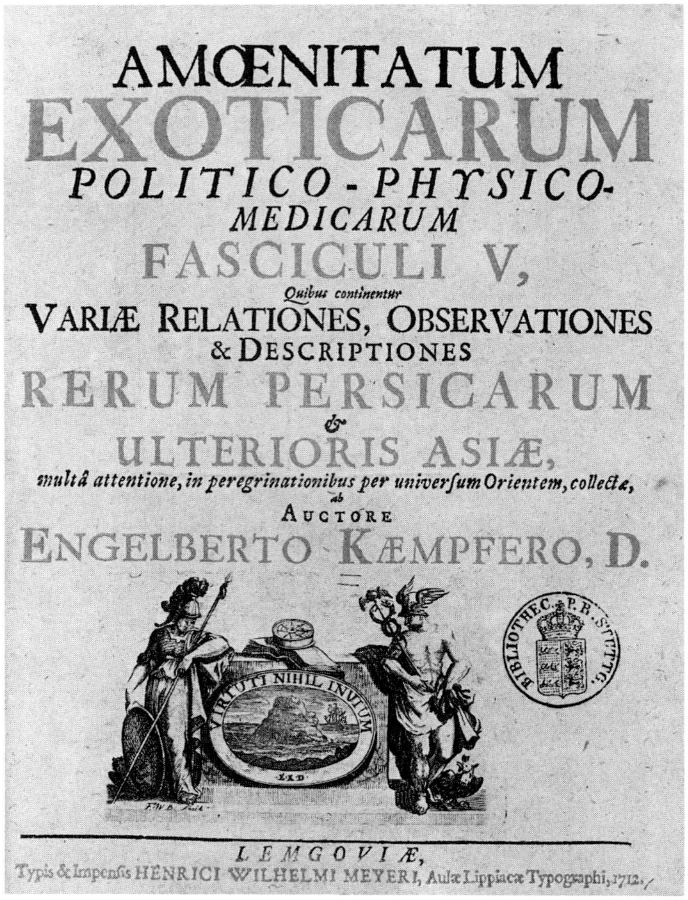
AMŒNITATUM
EXOTICARUM
POLITICO-PHYSICO-
MEDICARUM
FASCICULI V,
Quibus continentur
VARIÆ RELATIONES, OBSERVATIONES
& DESCRIPTIONES
RERUM PERSICARUM
&
ULTERIORIS ASIÆ,
multâ attentione, in peregrinationibus per universum Orientem, collectæ,
ab
AUCTORE
ENGELBERTO KÆMPFERO, D.

LEMGOVIÆ,
Typis & Impensis HENRICI WILHELMI MEYERI, Aulæ Lippiacæ Typographi, 1712.

Abb. 1: Titelseite der „Amoenitates exoticae" (1712) von Engelbert Kaempfer.

ern noch recht rätselhaft war, obwohl sie in der Bibel und im klassischen Schrifttum vorkommt, in der Ikonographie eine Rolle spielt und sogar auf europäischem Boden — als Mitbringsel oder durch Vermittlung der Araber — an einigen klimatisch besonders begünstigten Standorten Spaniens, Südfrankreichs und Italiens wuchs.
Kaempfer hatte die „Geschichte der Dattelpalme" zwischen 1687 und 1689 in Bandar Abbas am Persischen Golf verfaßt. In gründlich überarbeiteter Fassung bildet sie den vierten Teil des einzigen Buches, das Kaempfer zu Lebzeiten veröffentlicht hat, der „Amoenitates exoticae" (Abb. 1) [3, 8].
Der fünfte und letzte Teil dieser „fremdländischen Merkwürdigkeiten", wie man den Titel wohl übertragen darf, ist eine nicht minder zu schätzende Pionierleistung, nämlich die erste japanische Flora eines europäischen Autors [9]. Sie zeugt nicht nur von der Meisterschaft, sondern auch von der Entwicklung des Botanikers Kaempfer.

Bevor Kaempfer im September 1690 japanischen Boden betrat, hatte er den Schwerpunkt seiner botanischen Studien etwas verlagert. Zwar waren für ihn als Arzt Arzneipflanzen weiterhin von besonderem Interesse — er schrieb in Japan ja auch eine ausführliche Abhandlung über den Tee —, doch waren nun floristische Studien vorrangig. Ursache dieses Wandels war sicherlich die Kenntnis des „Hortus Malabaricus". Dieses großformatige, aufwendig illustrierte Werk, von dem seit 1678 fast jedes Jahr ein neuer Band erschien — insgesamt wurden es zwölf —, hatte erstmals die Flora einer bestimmten Region in Asien, nämlich des südindischen Kerala, zum Gegenstand [10]. Kaempfer war vom „Hortus Malabaricus" äußerst beeindruckt und hatte dessen Herausgeber, dem niederländischen Regierungskommissar A. van R(h)eede tot Drake(n)stein (1636–1691), 1689 eine Abschrift seiner „Dattelpalme" gewidmet [8]. Auch wußte Kaempfer, daß zur gleichen Zeit der VOC-Angestellte Eberhard Rumpf (Rumphius; 1627–1702) die Flora der Molukkeninsel Ambon akribisch durchforschte. Dies waren für ihn Vorbilder, denen er nacheiferte.

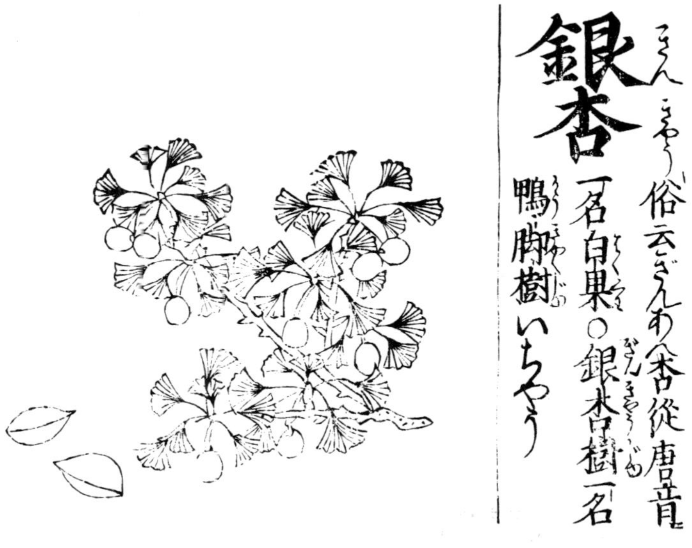

Abb. 2: Ginkgozweige mit Samen und den darin enthaltenen Kernen (unten links). Holzschnitt in der japanischen Bildenzyklopädie „kinmô-zui" (1666) [14]. Die beiden großen Schriftzeichen sind „ginkyô", „gin'an" oder „ginnan" (= Silberaprikose) zu lesen. Als Synonyme werden „hakukwa" (= weiße Frucht) und „ôkyakuju" oder „ichô" (= Entenfuß[baum]) genannt.

In Japan

In Japan angekommen, konnte Kaempfer freilich nicht sofort mit dem Studium der Pflanzenwelt beginnen. Die dortige Niederlassung der VOC befand sich auf einer nur 1,5 ha großen, direkt im Hafen von Nagasaki gelegenen Insel, die die Europäer nur höchst selten verlassen durften. Zwar zeichnete Kaempfer bereits im November 1690 einige Pflanzen, die hauptsächlichen Arbeiten für seine spätere „Flora Japonica" führte er jedoch erst von Februar bis Mai 1691 durch, als er mit dem Oberhaupt der VOC-Niederlassung im streng bewachten Konvoi nach Edo (Tokyo) an den Hof des Shoguns und von dort wieder zurück nach Nagasaki reiste.

Während die Japaner den Fremden im allgemeinen jegliche Information über das Land vorenthielten, hatten sie gegen das Botanisieren am Wegesrand nichts einzuwenden, und so konnte Kaempfer während dieser Reise in Ruhe einen „Catalogus Plantarum Japonicarum" schreiben [11]. Weiter stellte er das oben bereits erwähnte Herbar zusammen [4], fertigte Skizzen von Pflanzen und Pflanzenteilen an [12] und verfaßte die dazu passenden Beschreibungen [13]. Diese Arbeiten setzte er in Nagasaki fort, indem er seine Aufzeichnungen überprüfte und ergänzte, z. B. um Angaben bezüglich der Früch-

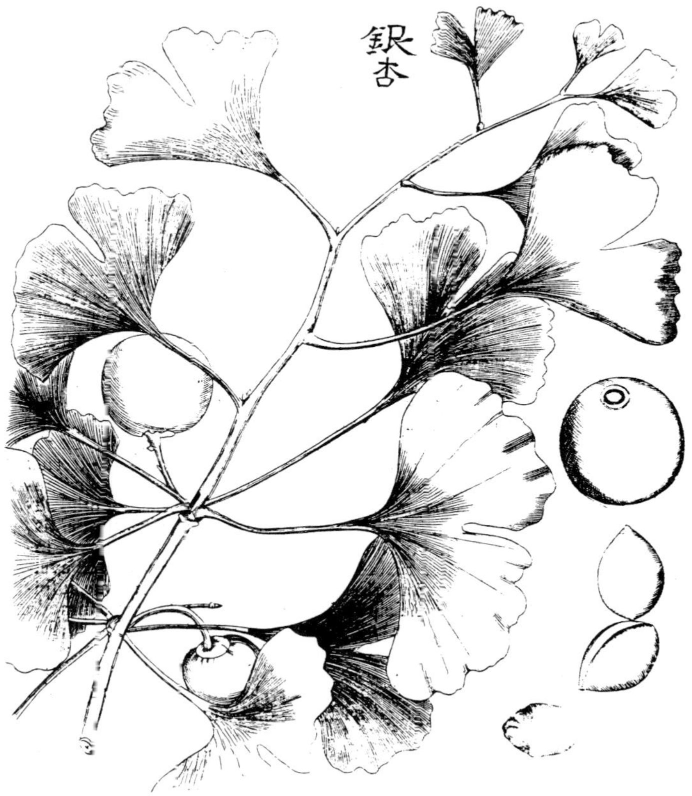

Abb. 3: Ginkgozweig mit Samen und den darin enthaltenen Kernen (unten rechts). Kupferstich nach einer Zeichnung von E. Kaempfer in den „Amoenitates exoticae" (1712).

Ginkgo oder Gín an, volkstümlich Itsjò.

Ein nußtragender Baum mit Venushaarfarn-ähnlichen Blättern.

Er erreicht die stattliche Größe eines Walnußbaums, hat einen langen, gradlinigen, dicken Stamm mit vielen Ästen und eine aschgraue, im Alter rauhe, rissige Rinde. Sein Holz ist leicht, weich und schwach, das Mark zart und schwammig.

Die Blätter sitzen wechselweise an den Zweigen, und zwar einzeln oder zu mehreren (drei oder vier) an einer Stelle; ihre Stiele sind ein Zoll bis eine Handbreit lang [etwa 2,5 bis 7,5 cm], an der Oberseite zusammengedrückt und gehen in das Blatt [die Blattspreite] über. Das Blatt ist anfangs schmal, wird aber nach einem kurzen Stückchen drei oder vier Zoll breit und ähnelt dabei dem Blatt des Venushaarfarns; sein äußerer Rand ist bogenförmig, unregelmäßig eingebuchtet und in der Mitte tief eingeschnitten; es ist dünn, glatt, unbehaart und von dunkelgrüner Farbe, wird aber im Herbst gelb, mit einem Stich ins Rotbraune; es ist streifenförmig von zarten Rippen durchzogen und hat ansonsten keine Fasern oder Nerven; das Blatt ist äquifazial [beide Oberflächen sind gleichgestaltet], aber an der Ansatzstelle oben eingetieft.

Im Spätfrühling erscheinen an den Zweigen der Krone ziemlich lange, hängende Kätzchen mit Blütenstaub.

An einem fleischigen, kräftigen Stiel, der ein Zoll lang ist und aus demselben „Schoß" wie die Blattstiele hervorkommt, hängt die Frucht; sie ist ganz rund oder länglich-rund, hat die Form und die Größe einer Damaszener Pflaume [Zwetschge] und eine unebene, mit der Zeit gelb werdende Oberfläche. Die Fruchthülle ist fleischig, saftig, weiß und recht herb; sie haftet sehr fest an der von ihr umschlossenen Nuß, so daß sich diese nicht herauslösen läßt, es sei denn, man läßt die Fruchthülle im Wasser faulen und drückt dann die Nuß heraus, wie man es auch bei der Betelnuß macht.

Die Nuß selbst heißt Ginnaù [Druckfehler, richtig: Ginnan] und ähnelt einer Pistaziennuß (insbesondere derjenigen, die die Perser „Bergjès Pistàï" nennen), ist aber fast doppelt so groß. Sie hat das Aussehen eines Aprikosenkerns und besitzt eine dünne, zerbrechliche, weißliche holzige Schale; darin liegt locker ein weißer, ungegliederter Kern, der die Süße der Mandel mit einem herben Geschmack verbindet und ziemlich hart ist.

Nach einer Mahlzeit gegessen, sollen die Kerne die Verdauung fördern und den vom Essen aufgeblähten Bauch wieder erschlaffen; deshalb fehlen sie niemals zum Nachtisch eines üppigen Mahles. Sie dienen auch als Zutaten zu verschiedenen Speisen, nachdem man ihnen durch Kochen oder Rösten ihren herben Geschmack genommen hat. Die Nüsse sind recht preiswert: Ein niederländisches Pfund [ca. 480 g] kostet etwa zwei Drachmen [ca. 7,5 g] Silber.

(E. Kaempfer, 1712, übersetzt von W. Caesar)

te, die er im Frühjahr nicht zu Gesicht bekommen hatte. Mit dem dazu erforderlichen Pflanzenmaterial versorgte ihn der Diener und Dolmetscher, den ihm die japanischen Behörden zugewiesen hatten. Derselbe verschaffte Kaempfer ferner ein für den sprachlichen Aspekt seiner Pflanzenstudien wichtiges Buch, das „kinmo-zui". Dieses von dem konfuzianischen Gelehrten Tekisai Nakamura (1629–1702) verfaßte und erstmals 1666 gedruckte Nachschlagewerk, das jedes Stichwort mit einem kleinformatigen Holzschnitt illustrierte, nennt über 300 Pflanzen — darunter auch den Ginkgo (Abb. 2) [4].

Späte Ernte

Nach zweijährigem Aufenthalt verließ Kaempfer Japan und kehrte über Leiden, wo er die medizinische Promotion nachhholte, 1694 in seine Heimat zurück. Er ließ sich dort auf einem Landgut nieder und wurde vier Jahre später Leibarzt des Grafen zur Lippe. Um einen Querschnitt seiner Aufzeichnungen aus Übersee zu publizieren, konzipierte er schließlich die „Amoenitates exoticae", in die er seinen oben zitierten Katalog japanischer Pflanzen, aber nur 30 seiner über 200 ausführlichen Pflanzenbeschreibungen mit den dazugehörigen Abbildungen aufnahm.

Die 1712 gedruckten „Amoenitates exoticae" fanden unter den gelehrten Zeitgenossen große Beachtung. Dies gilt insbesondere auch für die Flora Japonica, die sowohl von Fachleuten als auch von Laien begeistert aufgenommen wurde. So fügte der französische Jesuit Pierre François-Xavier de Charlevoix (1682–1761) seiner damals weit verbreiteten Monographie über Japan ein Kapitel über japanische Pflanzen ein, das sich ganz auf Kaempfer stützte [15], und sein Landsmann A. F. Prévost d'Exiles (1697–1763) bearbeitete ein entsprechendes Kapitel für seine „Histoire générale des voyages". In der deutschen Ausgabe des Prévost erschien 1754 die m. W. erste Übersetzung von Kaempfers Ginkgo-Beschreibung ins Deutsche, die gegenüber dem Original allerdings etwas gekürzt ist. Der einleitende Satz lautet: „Ginkgo, oder Gin-an, insgemein Itsjo, ist ein Nußbaum mit einem dem Frauenhaar ähnlichen Laube" [16].

Man muß es wohl als glücklichen Zufall ansehen, daß Kaempfer bei der engen Auswahl von 30 Pflanzenbeschreibungen auch den Ginkgobaum berücksichtigt hatte. Zwar war ihm das eigenartige Blatt aufgefallen, und der diätetische Nutzen der „Ginkgonüsse" hatte ebenfalls sein Interesse geweckt (siehe hierzu die Übersetzung von Kaempfers Text auf S. 46), aber daß der Baum einmal weltweite Popularität erlangen sollte, hatte Kaempfer nicht voraussehen können.

Ein unverbesserlicher Fehler

Ebensowenig wird Kaempfer geahnt haben, daß er Urheber der unsinnigen, aber nichtsdestotrotz gültigen Schreibweise „Ginkgo" wurde. Nach dem Vorbild des „Hortus Malabaricus" hatte er Wert darauf gelegt, von allen Pflanzen die einheimischen Namen zu notieren. Beim Ginkgo waren das — nach heutiger Transkription — „ginkyo", „ginnan" und „icho", die allesamt chinesischer Herkunft, also sinojapanisch sind und von denen die beiden ersten „Silberaprikose" bedeuten. Während „ginkyo" mittlerweile aus dem japanischen Wortschatz verschwunden ist und „ginnan" (bei Kaempfer einmal fälschlich „Ginnaù" gedruckt) nur zur Bezeichnung der Samen dient, ist „icho" (wörtl. „Entenfuß", in Anspielung auf das Blatt) heute der eigentliche Pflanzenname. Wie das „kinmo-zui" erkennen läßt (siehe Abb. 2), war jedoch im 17. Jahrhundert „ginkyo" der wichtigste der verschiedenen Namen, weshalb Kaempfer ihn auch an erster Stelle nannte. Dabei schlich sich der Fehler ein, denn gemäß Kaempfers Transkription hätte das Wort „Ginkjoo" lauten müssen.
Ein Unkundiger würde spontan vermuten, daß bei „Ginkgo" die Reihenfolge von „g" und „k" vertauscht ist. So schrieb auch der französische Botaniker Michel Adanson (1727–1806), der sehr gern nationalsprachige Pflanzennamen in sein botanisches System übernahm, „Gingko" [17]. Dagegen hielt Carl v. Linné (1707–1778) Kaempfers gedruckte Schreibweise für maßgeblich und sanktionierte sie damit [18]. Es ist bekannt, daß Linné bei seiner Klassifizierung der Naturreiche nur höchst ungern nationalsprachige Namen verwendete, zumal er selbst außer seiner Muttersprache nur Lateinisch sprach. Daß er gerade beim Ginkgo von seinen Grundsätzen abwich, ist verwunderlich und kann m. E. nur als Zeichen seiner — an anderen Stellen explizit geäußerten — Hochachtung gegenüber Kaempfer gedeutet werden.
Seither haben sich mehrere Botaniker dafür ausgesprochen, diesen wohl sonderbarsten wissenschaftlichen Pflanzennamen wieder aufzuheben oder zumindest zu korrigieren. So nannte James Edward Smith (1759–1828), der erste Präsident der „Linnean Society", den Ginkgo „Salisburia adiantifolia" [19] — zu Ehren von Richard Anthony Salisbury (1761–1829), der Kaempfers Herbar auswertete [5]. Und noch 1942 forderte Karl Mägdefrau in seiner „Paläobiologie der Pflanzen" die „Richtigstellung" der „falschen" Schreibweise: Er korrigierte sie eigenmächtig zu „Ginkyo", rief aber durch diese Mißachtung der internationalen Regeln der botanischen Nomenklatur so heftigen Widerspruch hervor, daß er schließlich wieder zur herkömmlichen Schreibweise zurückkehrte, nicht ohne seinen Unmut in einer Fußnote kundzutun: „Fehler-Konservierung gibt es in keiner Wissenschaft, wohl aber in den botanischen Nomenklatur-Regeln" [20].

Literatur

[1] Michel, P. F.: Ein Baum besiegt die Zeit — Ginkgo biloba, 3. Aufl. Ettlingen 1989.
[2] Müller, Irmgard: Zur Einführung des Ginkgo biloba in die europäische Botanik und Pharmazie. Pharmazie in unserer Zeit 21, 201–205 (1992).
[3] Kaempfer, Engelbert: Amoenitatum exoticarum politico-physico-medicarum fasciculi V. Lemgo 1712. — Ginkgo: S. 811–813.
[4] Volumen Plantarum in Japonia collectarum ab Engelberto Kempfero M.D. British Museum (Natural History), London, Sloane Herbarium 211. Ginkgo auf Bl. 91 und 103.
[5] Salisbury, R. A.: On the Coniferous Plants of Kaempfer. Quarterly Journal of Science, Literature and Arts 2, 309–314 (1817).
[6] Jacquin, Joseph Franz v.: Ueber den Ginkgo. Wien 1819.
[7] Meier-Lemgo, Karl: Die Reisetagebücher Engelbert Kaempfers. Wiesbaden 1968.
[8] Kaempfer, Engelbert: Phoenix persicus — die Geschichte der Dattelpalme. Hrsg. v. W. Muntschick. Marburg 1987.
[9] Kaempfer, Engelbert: Flora Japonica (1712). Hrsg. v. W. Muntschick. Wiesbaden 1983.
[10] Heniger, Johannes: Hendrik Adriaan van Reede tot Drakestein (1631–1691) and Hortus Malabaricus. Rotterdam/Boston 1986.
[11] British Library, London, Sloane Ms. 74.
[12] Plantarum Japonicarum Delineationes. British Library, Sloane Ms. 2914.
[13] Descriptio Plantarum Japonicarum. British Library, Sloane Ms. 2915. Ginkgo auf Bl. 43.
[14] Nakamura, Tekisai: Kinmo-zui. Reprint, Tokyo 1976. — Das von Kaempfer benutzte Buch steht heute in der British Library: Or. 75. ff. 1.
[15] Charlevoix, Pierre François-Xavier de: Histoire et Description Générale du Japon. 2. Aufl. Paris 1736.
[16] Prévost d'Exiles, Antoine François: Allgemeine Historie der Reisen zu Wasser und zu Lande, 12. Bd. Leipzig 1754, S. 719.
[17] Adanson, Michel: Familles des plantes. Paris 1763, S. 510.
[18] Linné, Carl v.: Mantissa plantarum altera. Stockholm 1771, S. 313 f.
[19] Smith, James Edward: Characters of a new genus of plants named Salisburia. Transactions of the Linnean Society 3, 330–332 (1797).
[20] Mägdefrau, Karl: Paläobiologie der Pflanzen, 4. Aufl. Jena 1968, S. 235.

Goethe und die Ginkgobäume seiner Zeit

Von Erasmus Hultzsch

Wiedereinführung des Ginkgobaums

Im 18. Jahrhundert wuchs das Verlangen, Pflanzen ferner Länder in Europa zu kultivieren, enorm. Die Wiedereinführung des Ginkgobaumes, der als Fossil in Europa nachweisbar ist, erfolgte wahrscheinlich durch einen Sämling in Utrecht, der vermutlich von 1730 an für ca. 20 Jahre als Topfpflanze gehalten und während der Wintermonate in der Orangerie geschützt untergebracht wurde [1]. Mit der Bevorzugung des englischen Gartenstils und der Vorliebe für exotische Pflanzen fand der Ginkgobaum immer häufiger Aufnahme in europäischen Gärten.
Goethe und seine botanisch interessierten Freunde konnten schon Bäume von ca. 4 Meter Höhe sehen. Ginkgopflanzen wurden in ihrer Zeit bereits quer durch Europa versandt. So stammen der vom Botaniker F. C. Medicus um 1780 für den Botanischen Garten in Mannheim beschaffte Baum und die Pflanze für den Weissenstein bei Kassel (Schloß Wilhelmshöhe) vermutlich ebenso aus Holland wie der gleichaltrige Baum im Gutspark der Grafen von Veltheim in Harbke bei Helmstedt [2].
Bekannt ist auch, daß von Dresden aus ein Baum nach Wien kam [3], vermutlich aus der „Baumschule" des Dresdener Hofgärtners Johann Heinrich Seidel, der damals hohes Ansehen als der erste Gärtner Deutschlands genoß. Seidel hatte als junger Gärtner in Frankreich und England gearbeitet und im Botanischen Garten zu Kew bei London den hier 1754 oder 1758 gepflanzten Ginkgobaum kennengelernt. Seit 1778 Hofgärtner in Dresden, könnte Seidel den heute wohl ältesten Ginkgobaum im Garten des ehemaligen Marcolini-Palais in Dresden-Friedrichstadt ebenso gepflanzt haben wie die beiden Bäume unterhalb der Brühlschen Terrasse.

Gartenkultur und Botanik waren seit etwa 1780 gemeinsame Interessengebiete von Goethe und Herzog Carl August von Sachsen-Weimar-Eisenach. Wie Goethe auf „schicklichen Beeten" seines Hausgartens 1794 einheimische und ausländische Gehölze pflanzte und nach dem damals fortschrittlichen Pflanzensystem des französischen Botanikers A. L. de Jussieu in Gruppen zusammenstellte [4], so betrieben die Hofgärtner Carl Augusts unter dessen reger Anteilnahme einen wissenschaftlich-praktischen Erfahrungsaustausch mit Botanikern in Europa.
1794 besuchte Goethe Seidel, um mit ihm über seinen „Versuch, die Metamorphose der Pflanzen zu erklären"

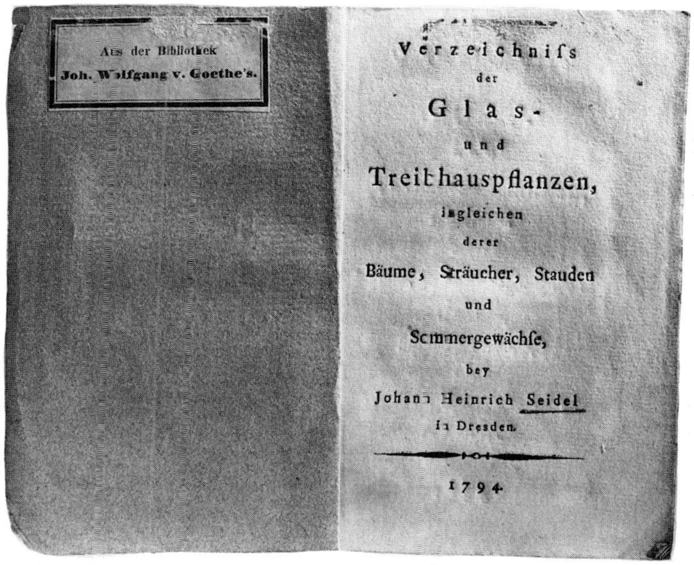
Aus der Bibliothek
Joh. Wolfgang v. Goethe's.

Verzeichniſs
der
Glas-
und
Treibhauspflanzen,
ingleichen
derer
Bäume, Sträucher, Stauden
und
Sommergewächſe,
bey
Johann Heinrich Seidel
in Dresden.
1794.

Abb. 1: Titelblatt von Joh. Heinrich Seidel: Verzeichniss der Glas- und Treibhauspflanzen . . ., Dresden 1794. Stiftung Weimarer Klassik.

[5], zu diskutieren. Seidels „Verzeichniss der Glas- und Treibhauspflanzen ingleichen derer Bäume, Sträucher, Stauden und Sommergewächse", 1794, führt auch Ginkgo biloba auf und befindet sich noch heute im Bestand von Goethes Hausbibliothek in Weimar (Abb. 1).

Ginkgobäume in Weimar und Jena

Um 1796 schickte auch Carl August seinen Hofgärtner F. G. Dietrich zur Ausbildung nach Kew. Dieser berichtete danach in dem Aufsatz „Die Weimarische Flora oder Verzeichnis der im herzoglichen Garten befindlichen Bäume, Sträucher und Stauden", Eisenach 1800, auch von dem Ginkgo in Kew. Er sah „von dieser schönen Holzart im Garten zu Kew an einem Baume einige männliche Blumenkätzchen, ähnlich denen der Walnüsse, einen halben Zoll lang". Am Ende geht er auf seine in Belvedere ausgeführten Vermehrungsversuche aus Wurzelknoten ein, die, im Frühjahr abgeschnitten, im Blumentopf bei mäßiger Wärmezufuhr und Feuchthalten schon nach einem Monat zu treiben beginnen. Noch ausführlicher befaßt er sich in seinem „Vollständigen Lexikon der Gärtnerei und Botanik", Berlin 1808, mit dem hier primär „Salisburia adiantifolia" genannten Baum und der Möglichkeit der Vermehrung durch Stecklinge und Wurzelteile.

Dank der erfolgreichen vegetativen Züchtung des Ginkgobaumes durch die Weimarer Gärtner in Belvedere konnte man um 1800 bereits für einen Taler im Herzoglichen Orangengarten in Belvedere Stecklinge kaufen [6]. 1804 bietet der Weimarer Hofgärtner Johann Friedrich Reichert in seinem Verzeichnis „Hortus Reichertianus oder ein vollständiger Catalog für Handelsgärtner und Liebhaber der Gärtnerey" „Gingko" (sic) für 2 Reichstaler an (Abb. 2).

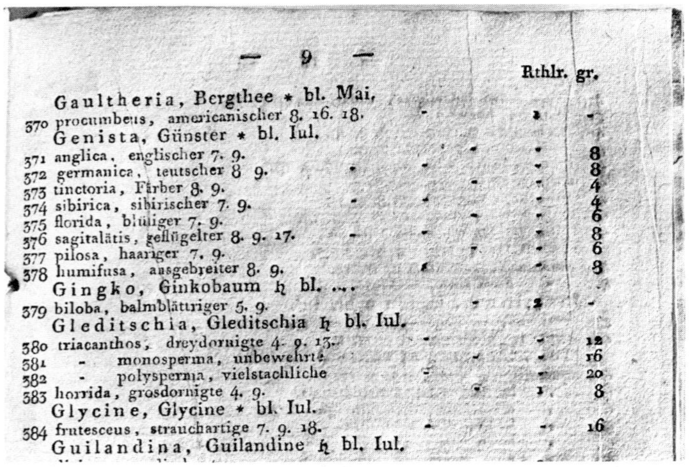

— 9 —

		Rthlr.	gr.
	Gaultheria, Bergthee * bl. Mai.		
370	procumbens, americanischer 8. 16. 18.	1	-
	Genista, Günster * bl. Iul.		
371	anglica, englischer 7. 9.	-	8
372	germanica, teutscher 8 9.	-	8
373	tinctoria, Färber 8. 9.	-	4
374	sibirica, sibirischer 7. 9.	-	4
375	florida, blühiger 7. 9.	-	6
376	sagitalätis, geflügelter 8. 9. 17.	-	8
377	pilosa, haariger 7. 9.	-	6
378	humifusa, ausgebreiter 8. 9.	-	8
	Gingko, Ginkobaum ♄ bl.		
379	biloba, balmblätriger 5. 9.	2	-
	Gleditschia, Gleditschia ♄ bl. Iul.		
380	triacanthos, dreydornigte 4. 9. 13.	-	12
381	- monosperma, unbewehrte	-	16
382	- polysperma, vielstachliche	-	20
383	horrida, grosdornigte 4. 9.	1	8
	Glycine, Glycine * bl. Iul.		
384	frutesceus, strauchartige 7. 9. 18.	-	16
	Guilandina, Guilandine ♄ bl. Iul.		

Abb. 2: Aus Joh. Friedrich Reichert: Hortus Reichertianus ..., Weimar 1804. Stiftung Weimarer Klassik.

1813 pflanzte Conrad oder Christian Sckell einen Ginkgobaum am Fürstenhaus in Weimar (Franz-Liszt-Hochschule). Er ist heute der älteste in Weimar.

Die Hofgärtner F. G. Dietrich und J. Conrad Sckell, der Garteninspektor J. Christian Sckell, der Pflanzenzüchter und Handelsgärtner J. F. Reichert, später auch der Botaniker A. W. Dennstedt standen Goethe in Weimar zur Verfügung, wenn es um Informationen über Ginkgo biloba ging. Ihre Pflanzenkataloge gehörten zu Goethes Hausbibliothek.

In Jena besuchte Goethe häufig den 1794 auf dem Gelände des fürstlichen Lustgartens neu eingerichteten Botanischen Garten und dessen ersten Direktor (1794 bis 1802), J. K. A. Batsch. In seinem „Conspectus horti botanici Ducalis Jenensis" von 1795 nennt Batsch auch „Gingko" (sic). Woher er den Setzling für den Jenaer Botanischen Garten bezogen hatte, ist nicht bekannt.

Auch mit den auf Batsch folgenden Jenaer Gartendirektoren F. J. Schelver und besonders F. S. Voigt stand Goethe in enger Verbindung und ließ sich in botanischen Fragen von ihnen belehren. Der Titel des von Voigt verfaßten „Catalogus Plantarum, quae in hortis Ducalibus Jenensi et Belvederensi coluntur", Jena 1812, läßt den Einfluß von Batsch's „Conspectus" erkennen. In Voigts Katalog ist Salisburia adiantifolia (Ginkgo biloba) unter „Coniferae" angeführt. Voigts „Verzeichnis von in- und ausländischen Pflanzen im Großherzoglichen Orangengarten zu Belvedere bey Weimar", Jena 1816, enthält als Preisangabe „2 Thaler für Freilandpflanzen von Salisburia adiantifolia (Gingko biloba)".

Häufig hat Goethe zwischen 1808 und 1818 in Jena die Handelsgärtner K. Harras und W. Wedel (Gartengestalter und Nelkenzüchter) besucht, die auch seltene Pflanzen führten. Harras nannte sich „Baumgärtner" und befaßte sich mit der Anzucht von Ziergehölzen und Bäumen in seiner großen Anlage in der Saaleaue.

Die Parks in Harbke und Kassel

Kultur und Züchtung von Ginkgo, ebenfalls für Verkaufszwecke, wurde schon um 1780 im Gutspark und Gewächshaus der Grafen von Veltheim in Harbke betrieben. Das geht aus der 2. Auflage des von Justizrat C. C. L. Hirschfeld verfaßten „Taschenbuch für Gartenfreunde", 1783, hervor [2]. Es enthält ein „Verzeichnis derjenigen Bäume, Sträucher und strauchartigen Gewächse, so in den Pflanzungen zu Harbke zu verkaufen sind", darunter auch als Nr. 78: „Ginkgo biloba, der japanische Ginkgo."

Dieses Verzeichnis war höchstwahrscheinlich schon vor 1800 von den Hofgärtnern in Belvedere für ihre reichhaltige botanische Bibliothek beschafft worden, ebenso das von dem Arzt und Gehölzfachmann D. J. Ph. Du Roi verfaßte Buch „Harbkesche wilde Baumzucht", 1771, entstanden in der Zeit, als die Vorzüge des englischen Gartenstils vor dem französischen erkannt und begrüßt wurden. In der von J. F. Pott (Freund von Du Roi) herausgegebenen 2. Auflage ist „Ginkgo biloba, Maidenhair Tree" angeführt [2].

Der Botaniker Conrad Moench verfaßte das „Verzeichniß ausländischer Bäume und Stauden des Lustschlosses Weissenstein bei Cassel" [2], mit Erwähnung des auf dem „Weissenstein" (Wilhelmshöhe bei Kassel) 1781 gepflanzten Ginkgo (Abb. 3). Im gleichen Jahr wurde im Harbker Gutspark der Grafen v. Veltheim jener Ginkgo gepflanzt, der 1795 nach Pott „im Alter von 14 Jahren eine Dicke des unteren Teils von 10 cm und eine Höhe von 3,3 m" erreicht hatte [2]. Er ist heute wohl der älteste noch lebende Ginkgo in Deutschland, nur knapp 10 m hoch.

Goethe berichtet von seinem einzigen Besuch in Harbke am 19. 8. 1805 in einem Brief vom 28. 8. 1805 an den Herzog Carl August:

„Von Helmstedt machten wir eine Tour nach Harbke, wo wir von dem jungen Grafen Veltheim freundlich aufgenommen wurden und die Altväter so mancher fremden Holzarten bewunderten" [7].

Graf Röttger von Veltheim war auch später noch an Ginkgo und Ginkgokultur stark interessiert. Er schreibt 1828:

„. . . Von den samentragenden und seltenen Bäumen erlaube ich mir folgende Notizen mitzuteilen: . . . Nr. 46, Ginkgo biloba: Das älteste hier vorhandene Exemplar ist 70 (sic) Jahre alt und hat vor 6 Jahren zum ersten Male geblüht, jedoch nur männliche Blüten getragen. Es ist nur 1 Fuß im Durchmesser stark und etwa 20 Fuß hoch. Viele Versuche, ihn durch Stecklinge zu vermehren, mißglückten; indeß haben sich bis jetzt einige junge Exemplare, 3 Jahre alt, erhalten" [8].

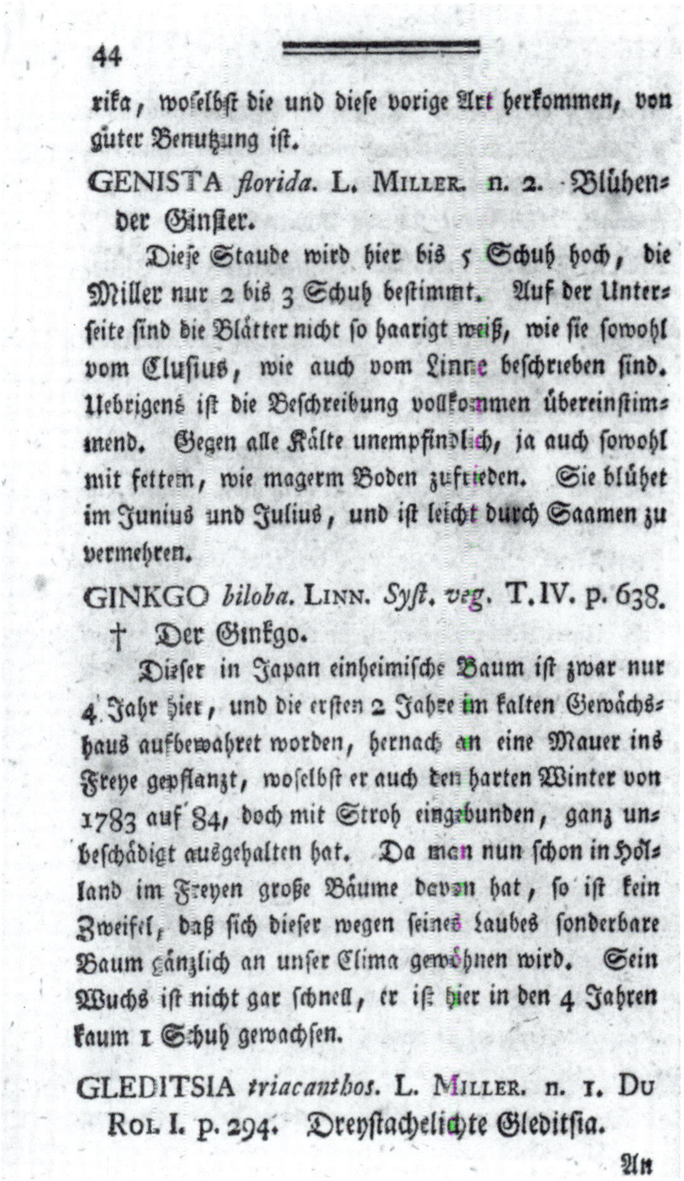

44

rika, woselbst die und diese vorige Art herkommen, von guter Benutzung ist.

GENISTA *florida*. L. MILLER. n. 2. Blühender Ginster.

Diese Staude wird hier bis 5 Schuh hoch, die Miller nur 2 bis 3 Schuh bestimmt. Auf der Unterseite sind die Blätter nicht so haarigt weiß, wie sie sowohl vom Clusius, wie auch vom Linne beschrieben sind. Uebrigens ist die Beschreibung vollkommen übereinstimmend. Gegen alle Kälte unempfindlich, ja auch sowohl mit fettem, wie magerm Boden zufrieden. Sie blühet im Junius und Julius, und ist leicht durch Saamen zu vermehren.

GINKGO *biloba*. LINN. *Syst. veg.* T. IV. p. 638. † Der Ginkgo.

Dieser in Japan einheimische Baum ist zwar nur 4 Jahr hier, und die ersten 2 Jahre im kalten Gewächshaus aufbewahret worden, hernach an eine Mauer ins Freye gepflanzt, woselbst er auch den harten Winter von 1783 auf 84, doch mit Stroh eingebunden, ganz unbeschädigt ausgehalten hat. Da man nun schon in Holland im Freyen große Bäume davon hat, so ist kein Zweifel, daß sich dieser wegen seines Laubes sonderbare Baum gänzlich an unser Clima gewöhnen wird. Sein Wuchs ist nicht gar schnell, er ist hier in den 4 Jahren kaum 1 Schuh gewachsen.

GLEDITSIA *triacanthos*. L. MILLER. n. 1. DU ROI. I. p. 294. Dreystachelichte Gleditsia.

An

Abb. 3: Aus Conrad Mönch: Verzeichniß ausländischer Bäume und Stauden des Lustschlosses Weissenstein bey Cassel, Frankfurt und Leipzig 1785.

Ginkgobäume in Frankfurt

Am 15. September 1815 und an den folgenden Tagen weilte Goethe als Gast im Sommerhaus der Familie Willemer, der Gerbermühle bei Frankfurt am Main. „Mit Boisserée auf die Mühle" erfahren wir aus Goethes Tagebuch. Als Freundschaftszeichen brachte er ein Ginkgoblatt mit, das im Freundeskreis abends betrachtet wurde.

Zu diesem gehörte außer der Familie Willemer auch der mit Goethe befreundete, seit 1810 in Heidelberg lebende Kunstsammler und Schriftsteller Sulpiz Boisserée, dessen Tagebucheintragungen eine wichtige Quelle für die Entstehungsgeschichte des Gedichtes „Gin(k)go biloba" darstellen [9].

So schreibt er für den 15. September 1815:
„Heitrer Abend. G. hatte der Wilemer ein Blatt der Ginkho (sic) biloba als Sinnbild der Freundschaft geschikt aus der Stadt. Man weiß nicht ob es eins das sich in 2 theilt, oder zwey die sich in eins verbinden. So war der Inhalt des Verses."

Hier interessiert, von welchen Bäumen in Frankfurt Goethe 1815 Blätter pflücken konnte. Der älteste Ginkgo stand im Garten des Konsuls S. M. v. Bethmann (Friedberger Anlage), gepflanzt vor oder um 1785. Am linken Mainufer befand sich der Garten des Apothekers Peter Saltzwedel mit einem damals etwa 23 Jahre alten Baum.

Goethe kannte Saltzwedel schon seit Jahren, hatte ihn 1814 zuletzt in Frankfurt besucht. Bei dieser Gelegenheit und vielleicht auch 1815 könnte der gepflegte, an exotischen Gewächsen reiche Garten Saltzwedels mit dem vielleicht 5 Meter hohen Ginkgobaum besichtigt worden sein. Ein erneuter Besuch liegt um so näher, als Goethe vom 8. bis 15. September im Willemerschen Stadthaus „Zum Roten Männchen" gegenüber dem Saltzwedelschen Wohnhaus logierte.

In Frankfurt am Main hatten sich schon vor 1800 mehrere Garten- und Pflanzenliebhaber exotische Pflanzen beschafft. Einen solchen, an exotischen Pflanzen reichen Garten besaß auch der Kaufmann und Kommerzienrat J. F. Metzler in Frankfurt-Oberrad bei seinem vor 1800 errichteten Herrenhaus am linken Mainhang. Goethe besuchte den ihm seit der Jugendzeit bekannten Metzler während seines Aufenthaltes auf der Gerbermühle.

In Rödelheim bei Frankfurt hatte die Familie des Kaufmanns P. A. Brentano am Flüßchen Nidda einen Garten mit Sommerhäuschen. Noch heute steht im Brentanopark des Landschaftsschutzgebietes „Niddatal" am Nidda-Wehr ein mächtiger alter Ginkgo, der als damals noch kleines Exemplar vielleicht schon von Goethe gesehen wurde. In diesem Fall könnte Goethe am 15. September 1815 auch hier Blätter gepflückt haben, denn er war mittags zusammen mit Boisserée zu Gast in Rödelheim bei Georg Brentano und C. F. v. Guaita.

Goethes Besuche in Heidelberg und Karlsruhe

Der um 1795 im Heidelberger Schloßgarten gepflanzte Ginkgo steht heute nicht mehr. Noch 1928 berichtet J. Schiff, daß „der uralte mächtige und viel beachtete Ginkgobaum im Schloßgarten in Heidelberg" wohl „noch derselbe ist, dem Goethe die Anregung zu seinem schönen Gedicht verdankte" [10]. Wahrscheinlich stand der Baum noch 1936, denn in einer Veröffentlichung von Dr. Zick heißt es: „. . . Weitere Exemplare stehen . . ., im Park von Handschuhsheim bei Heidelberg und in Heidelberg selbst auf der westlichen Terrasse des Schlosses. Von diesem Baum sandte Goethe 1815 ein Blatt an Marianne v. Willemer . . ." [11].
Goethe hatte im September 1815 mehrmals Blätter dieses Baumes gemeinsam mit Freunden und Bekannten betrachtet. So führte er mit dem Philologen und Mythenforscher G. F. Creuzer ein Gespräch über die symbolische Bedeutung hellenischer Mythen. Nach Parthey [12] hat Creuzer versucht, Goethe auseinanderzusetzen, daß allen antiken Mythen ein Doppelsinn immanent sei. Goethe ging auf diese Erörterungen mit regstem Eifer ein, als sie gerade bei der Ginkgo biloba stillstanden, er pflückte ein Blatt und sagte: „Also ungefähr wie dieses Blatt: eins und doppelt."
Von der Begegnung Goethes mit dem Orientalisten und Theologen H. E. Paulus im Heidelberger Schloßpark berichtet K. A. v. Reichlin-Meldegg [13]:
„Die Verehrung der Familie Paulus für unsern Dichter war so groß, daß während eines Spazierganges (1815) zu den schönen Schloßruinen ein Blatt, das Göthe als merkwürdig auffiel, eines der Familienmitglieder zu sich nahm. Wohl verwahrt wurde es in Papier gelegt. Noch befindet es sich im Paulus'schen Nachlasse mit der Aufschrift: ‚Ein Blatt, auf welches Göthe aufmerksam machte.'"
Am deutlichsten bewahrt wurde und wird jedoch die Erinnerung an den gemeinsamen Aufenthalt Goethes und Marianne von Willemers im Heidelberger Schloßpark im September 1815, wo nahe dem unteren Burgeingang ein 1795 gepflanzter Ginkgobaum stand! Nahe dem ehemaligen „Stückgarten" wurde 1921 eine Tafel mit den Strophen 1 bis 3 von Marianne von Willemers Gedicht „Das Heidelberger Schloß" angebracht. Sie hatte es Goethe zum 75. Geburtstag (1824) nach Weimar gesandt. Außerdem wurde 1921 im Schloßgarten eine

Abb. 4: Bank im Heidelberger Schloßpark mit Ginkgorelief.

Steinbank aufgestellt, deren eine Seitenlehne mit einem stilisierten Ginkgoblatt verziert ist (Abb. 4).

Bezeichnend für Goethes botanisches Interesse am Ginkgobaum und seinen Blättern ist, daß er in den gedrängten Wochen seines Aufenthaltes in den Rhein-Main-Gegenden (Frankfurt, Mannheim, Heidelberg, Karlsruhe) im September 1815 sogar den Botanischen Garten zu Karlsruhe am 4. 10. 1815 aufsuchte, und zwar gemeinsam mit dem Gartendirektor K. C. Gmelin, dem Schriftsteller Johann Peter Hebel und dem Kunstfreund Sulpiz Boisserée. Im Garten standen schon damals zwei etwa 20 Jahre alte Ginkgobäume, also mindestens 4 m hoch (wie auch die ebenso alten Bäume in den 4 genannten Städten). Boisserée hat in seinem Tagebucheintrag zum 4. 10. 1815 sogar eine Baumhöhe „wohl 24 Fuß hoch" notiert. Heute ist der im Schloßgarten hinter der Orangerie in einer Farnmulde stehende Baum der wohl höchste Ginkgo in Mitteleuropa.

Der andere, vor der Orangerie im Botanischen Garten in Karlsruhe stehende Ginkgo weist heute Chichi-Auswüchse am tiefsten schrägen Ast auf. Goethe hat damals sogar ein Ginkgoblatt, wohl im Beisein seiner Begleiter, flüchtig auf einen Zettel skizziert. Die Skizze zeigt ein Blatt mit Stiel, den Mitteneinschnitt und vier angedeutete Adern des „wunderlichen" Blattes. Durch die am Rand des Zettels notierten Wörter „Robinia inermis" kann die Skizze auf den 4. 10. 1815 datiert werden, da an jenem Tag auch dieser Baum betrachtet wurde [14].

Korrespondenz mit Jacquin

Im März 1820 sandte der Wiener Botaniker Joseph Franz v. Jacquin seine 1819 veröffentlichte Schrift „Über den Ginkgo" an den Weimarer Großherzog Carl August. Goethe, der die Sendung in Empfang nahm, leitete sie mit einem Begleitschreiben an Carl August weiter (Weimar, 10. 3. 1820):

Ew. Königliche Hoheit erhalten hierbey die angekündigte Wiener Sendung: 1) . . . , 2) Über den Ginkgo von Freiherrn von Jacquin. Ich weiß nicht, ob nicht eine solche Pflanze schon in Belvedere im Conservatorium steht, wo sie, an sonniger Stelle, trefflich fortkommen und in gewissen Jahren auch wohl blühen müßte. Die Blätter des Baumes haben das Eigene, daß sie sich in jüngeren Jahren in der Gestalt zeigen, wie sie Jacquin hat abbilden lassen, wo ein Einschnitt in den Fächer kaum angedeutet ist. Dieser Einschnitt aber nimmt an späteren Zweigen zu, wie an beiden Blättern unter dem dadurch veranlaßten Gedicht zu sehen, und zwar endlich dergestalt, daß es zwey Blätter zu seyn scheinen."

Wohlinformiert äußert sich Carl August am selben Tag: „Ich werde Jacquin über die Abhandlung, die G. B. betreffend, selbst antworten. Das größte Exemplar, was auf dem europäischen Weltteile von dieser Pflanze vorhanden ist, findet sich in den Königl. Gärten zu Kew in England und dorten hat man erst entdeckt, daß es, wie die Bignonia radicans ein Gewächs ist, das an Mauern wachsen will. . . . In Belvedere ist ein kleines schlechtes Exemplar, das schon mehrere Jahre dorten im Lande steht. . . . Die Pflanze ist gegen das Clima sehr empfindlich. Selten ist sie gar nicht, und vermutlich auch in Jena befindlich. . . ."

Wahrscheinlich hat Carl August noch am 10. 3. 1820 oder kurz danach ein Antwort-Dankschreiben an J. F. v. Jacquin geschickt, was jedoch nicht nachweisbar ist. Erstaunlich ist, daß Carl August, wie sein Brief vom 10. 3. 1820 zeigt, besser als Goethe über Ginkgobäume Bescheid weiß, viele Standorte kennt und gute von schlechten Exemplaren unterscheiden kann.

Jacquin hat im fachbotanischen Schlußteil seines Aufsatzes den verbindlichen Namen „Ginkgo biloba" nach Linné gebraucht, aber auch den vom englischen Botaniker J. E. Smith 1797 vorgeschlagenen Namen „Salisburia adiantifolia". Der letztere wurde zuerst in England bevorzugt angewandt und seit etwa 1800 auch in Deutschland, hier häufig bis etwa 1880 (s. Tafel 2).

Danksagung

Für zahlreiche Hinweise danke ich Frau Marie-Luise Kahler vom Goethe-Nationalmuseum Weimar.

Anmerkungen

[1] Joseph Franz von Jacquin: Über den Ginkgo. Medizinische Jahrbücher des Kaiserlich-Königlichen Österreichischen Staates. Wien 1819. — J. Tolsma: Der Ginkgo des Universitätsgartens in Utrecht. Allgemeine Forst-Zeitschrift 36, 1211 (1981).

[2] C. C. L. Hirschfeld: Theorie der Gartenkunst, Bd. 4. Leipzig 1782 (Beschreibung von Harbke auf S. 240–246). — Ders.: Taschenbuch für Gartenfreunde. 2. Auflage 1783. — F. C. Medicus: Erfahrungen vom Ginkgo Biloba. Forst-Archiv 30, 211–219 (1807). — C. Moench: Verzeichniß ausländischer Bäume und Stauden des Lustschlosses Weissenstein bei Cassel. Frankfurt und Leipzig 1785. — D. J. Ph. Du Roi: Harbkesche wilde Baumzucht. 2. Auflage. Hrsg. von J. F. Pott. 1. Band. Braunschweig 1795, S. 407–410. — Kilian: Naturhistorische Mitteilungen. 7. Jahresbericht des Mannheimer Kreises für Naturkunde. Mannheim 1840, S. 20–24. — A. C. Seward u. J. Gowan: The Maidenhair Tree (Ginkgo biloba L.). Annals of Botany 14 (53), 109–154 (1900).

[3] J. F. v. Jacquin berichtet 1819 in [1]: „Nach Wien kam meines Wissens 1781 das erste lebende Individuum durch den Handelsgärtner Loddiges aus London nach Schönbrunn. Außerdem war der Baum, der sich vor wenigen Jahren im Park in Erlaa befand, und auf eine andere Besitzung des Fürsten Starhemberg versetzt worden sein soll, der älteste in Österreich; dann folgte im Alter ein ehemals dem Hofsamenhändler Baumann gehöriges, aus Dresden gekommenes Bäumchen, welches später in den gräflich Harrachischen Park überging, und noch lebt . . ."

[4] Friedrich Gottlieb Dietrich schreibt in seinen „Lebenserinnerungen" (etwa 1828): „In dem Garten des Herrn von Göthe wurden schickliche Beete abgeteilt."

[5] J. W. von Goethe: Versuch, die Metamorphose der Pflanzen zu erklären. Gotha 1790. — Ders.: Schicksal der Druckschrift 1817. Morphologische Hefte 1 (1817). — Ders.: Der Verfasser teilt die Geschichte seiner botanischen Studien mit. 1831.

[6] J. C. Sckell: Verzeichnis von exotischen Pflanzen im Herzoglichen Orangengarten in Belvedere. Weimar 1800.

[7] Briefwechsel des Herzogs-Großherzogs Carl August mit Goethe. Hrsg. Hans Wahl. Berlin 1916.

[8] Röttger v. Veltheim: Notizen über Zustand, Umfang etc. der Plantagen des Grafen v. Veltheim zu Harbke. Verhandlungen des Vereins zur Beförderung des Gartenbaus in Preußen. Bd. 4. Berlin 1828, S. 131.

[9] Günther Debon: Das Blatt von Osten. Gedanken zum Ginkgo biloba-Gedicht. Euphorion 73, 227–236 (1979). — Ders.: Goethes Begegnung mit Heidelberg. 23 Studien und Miniaturen. Heidelberg 1992.

[10] J. Schiff: Der Ginkgobaum, seine Bedeutung für Pflanzenkunde und Pflanzensymbolik. Die Bergstadt 16 (7), S. 76. Bergstadt-Verlag, Breslau 1928.

[11] Dr. Zick: Weibliche Ginkgos in Westdeutschland. Mitt. Deutsche Dendrologische Gesellschaft. 48, S. 266 (1936).

[12] Jugenderinnerungen von Gustav Parthey. Handschrift für Freunde. Neu herausgegeben . . . von Ernst Friedel, 2 Bde. Berlin 1907.

[13] K. A. v. Reichlin-Meldegg: Heinrich Eberhard Gottlob Paulus und seine Zeit. Stuttgart 1853. Bd. 2, S. 290.

[14] Corpus der Goethezeichnungen. Bd. Vb, Nr. 140. Hrsg. von den Nationalen Forschungs- und Gedenkstätten der klassischen deutschen Literatur Weimar. Leipzig 1958–73.

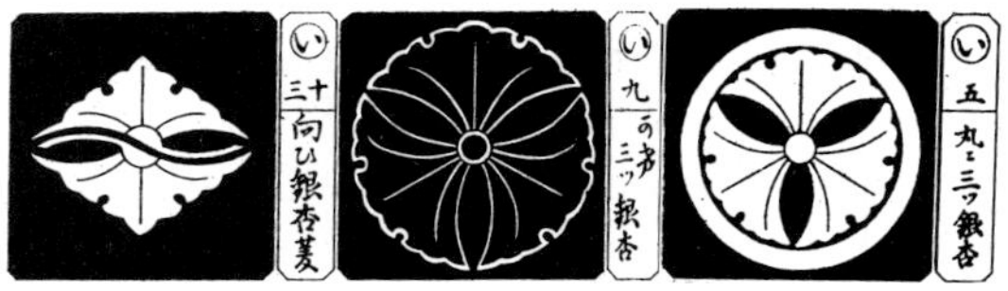

„Daß ich eins und doppelt bin"

Über Goethes Gedicht „Gingo biloba"

Von Heide Eilert

Zur Entstehung

Wohl die erste Reinschrift seines Gedichts auf den japanischen Fächerblattbaum Ginkgo biloba [1], das er später in das Buch Suleika des lyrischen Zyklus West-östlicher Divan (1819/20) aufnahm, sandte Goethe am 27. September 1815 aus Heidelberg an Rosine Städel, die Tochter des Frankfurter Bankiers Johann Jakob von Willemer. Sie war mit dessen dritter Gattin Marianne eng vertraut und hatte das Ehepaar während seines Heidelberger Aufenthalts vom 23. bis zum 26. September begleitet. Auf gemeinsame Gespräche bezieht Goethe sich in seinem Begleitschreiben, wenn er das Gedicht als „rhythmische Übersetzung" einer „prosaischen Auslegung" ankündigt, zu der „jenes bekannte wunderliche Blatt" der Ginkgo biloba Anregung geboten hätte [2]. Das Gedicht entstand somit zum Zeitpunkt der intensivsten Hinwendung zu Marianne von Willemer, der „Suleika" seiner Divan-Gedichte [3], zugleich in der Phase produktivster Aneignung östlicher Dichtung und Philosophie. Bereits im Sommer 1814 hatte Goethe den Divan (d. i. „Gedichtsammlung") des persischen Dichters Mahomed Schemseddin Hafis (1326–1390) in der Übersetzung von Joseph von Hammer gelesen, einem Geschenk des Verlegers Cotta. Gerade zu diesem Zeitpunkt besonders aufnahmebereit für das Neue, Fremd- und Andersartige der orientalischen Dichtung, fand er in den kunstvollen Ghaselen des persischen Meisters zugleich Eigenes gespiegelt, eine Grundbedingung für die Emphase dieser „west-östlichen" Begegnung [4]. Erich Trunz hat das erstaunliche Phänomen einer derart produktiven Rezeption prägnant und überzeugend begründet: „In einer fernen Zeit, einer anderen Kultur war hier ein Dichter, in dem er sich selbst wiederfand: Lebensfreudig, diesseitig, aber letztlich voll tiefer religiöser Sehnsucht, vom Irdischen auf das Ewige schließend, mystisch die Dinglichkeit überwindend; Gedichte von Liebe, Wein, Nachtigall und Rose; erfüllt von Leidenschaft, doch zugleich diese sich bewußt machend, ja mit ihr spielend (. . .) Dieser weltfrohe Mystiker mißverstanden und angegriffen von engherzigen Eiferern, denen er gelegentlich scharf und überlegen antwortet (. . .) Parallelen genug, vor allem im Gehalt, der Mischung von Gegenständlichkeit und Symbolik" [5]. Goethe hat seine umfassenden Orient-Studien — neben dem Werk des Hafis befaßte er sich mit den Dichtungen von Saadi, Nisami und Rumi sowie maßgeblichen wissenschaftlichen Abhandlungen, so von Jones, de Sacy, Diez — selbst als einen Aufbruch, eine Flucht („Hedschra") aus der aktuellen Zeitgeschichte, den Wirren der Napoleonischen Kriege vor allem, und zugleich als Vorgang geistiger wie physischer Verjüngung empfunden [6]. So heißt es im Eingangsgedicht Hegire des Divan: „Nord und West und Süd zersplittern,/ Throne bersten, Reiche zittern,/ Flüchte du, im reinen Osten/ Patriarchenluft zu kosten,/ Unter Lieben, Trinken, Singen/ Soll dich Chisers Quell verjüngen" [7]. Als er Ende Mai 1815 erneut zur Reise in die Landschaften seiner Jugend — an Rhein, Main und Neckar — aufbrach [8], hatte er fast hundert Gedichte im westöstlichen Stil verfaßt, hatte er zudem in antizipatorischem Vorgriff dem im Divan als „Hatem" figurierenden Dichter-Ich die „musterbildliche" Liebespartnerin — Suleika — zugeordnet [9].

Auf Einladung Willemers, eines alten Freundes der Familie, verbrachte er ab dem 12. August einige Wochen auf der „Gerbermühle" am Main, dem Landhaus des Bankiers, der im Jahr zuvor die mehr als zwanzig Jahre jüngere Marianne Jung, eine ehemalige Schauspielerin und

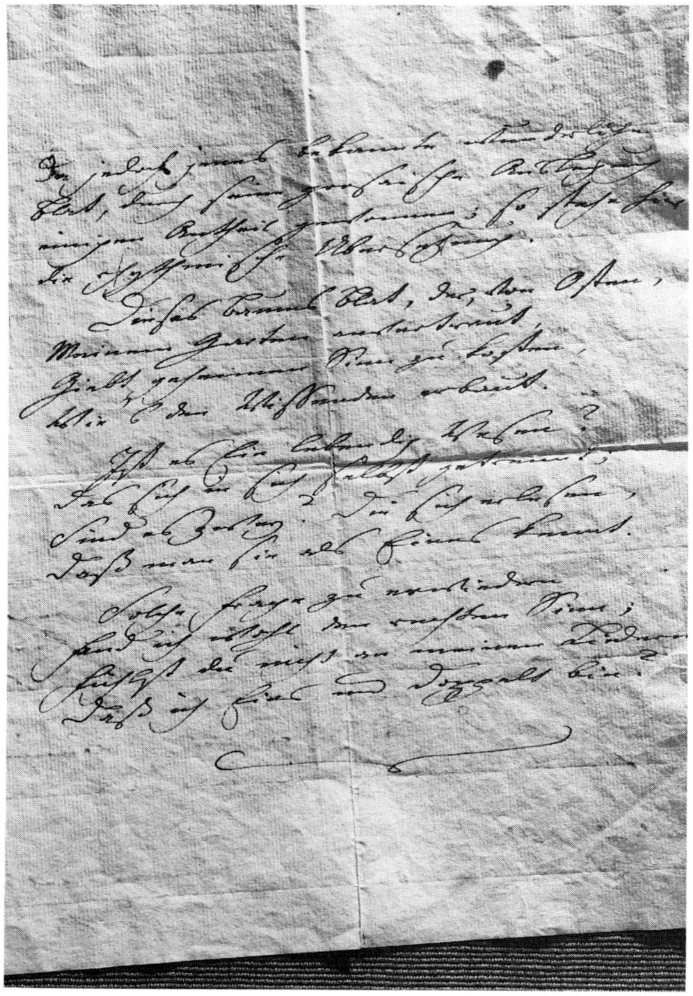

Das Gedicht „Ginkgo biloba" im Brief Goethes aus Heidelberg an Rosine Städel in Frankfurt vom 27. 9. 1815. Stiftung Weimarer Klassik.

Tänzerin, geheiratet hatte. Goethes Tagebuch wie die Aufzeichnungen seines Reisebegleiters Sulpiz Boisserée bezeugen die Hochstimmung des geselligen Umgangs, die Vielfalt der künstlerischen Darbietungen dieser Wochen.

Goethe schenkte Marianne von Willemer ein Exemplar von Hafis' Divan, und die künstlerisch begabte, aufgeschlossene und vielseitig talentierte Gastgeberin machte sich erstaunlich rasch mit den Grundelementen morgenländischer Poesie, ihren immer wiederkehrenden Motiven und feststehenden Formeln, vertraut. Von nun an spielt das bei Hafis vorgefundene Bildrepertoire im vertraulichen Gespräch wie in geselliger Unterhaltung und scherzhafter Kostümierung eine exponierte Rolle: so Sonne und Mond, Nachtigall und Rose, Turban und Talismane, Lockenschlangen und Wimpernpfeile oder der Wiedehopf „Hudhud" als Liebesbote. Marianne von Willemer erfand für sie beide eine Kunst der Chiffrierung auf der Basis von Seiten- und Zeilenangaben der deutschen Hafis-Übersetzung [10], und sie war in kürzester Zeit imstande, den an sie gerichteten Gedichten Goethes mit eigenen Texten im westöstlichen Stil zu antworten. Auf ein aus Frankfurt zugesandtes Gedicht „Nicht Gelegenheit macht Diebe,/ Sie ist selbst der größte Dieb (. . .)" replizierte sie mit dem ebenso geistreichen wie freimütigen Bekenntnis:

Hochbeglückt in deiner Liebe,
Schelt' ich nicht Gelegenheit;
Ward sie auch an dir zum Diebe,
Wie mich solch ein Raub erfreut!
(. . .)

Scherze nicht! Nichts von Verarmen!
Macht uns nicht die Liebe reich?
Halt' ich dich in meinen Armen,
Jedem Glück ist meines gleich [11].

Einige ihrer gelungensten Gedichte, so die beiden auf der Heidelberger Reise entstandenen Lieder an den Ost- und den Westwind, hat Goethe mit geringfügigen Korrekturen wie eigene Gedichte in den späteren Divan eingefügt: Erst 1869 wurde durch Herman Grimm die tatsächliche Autorschaft bekannt [12]. Während seines Aufenthaltes in Heidelberg entdeckte Goethe im Schloßpark ein Exemplar der Ginkgo biloba, die in Europa damals noch als botanische Rarität galt und, wie wohl zuvor schon in Frankfurt, Anlaß zu Gespräch und „prosaischer Auslegung" des „wunderlichen Blattes", schließlich zu „rhythmischer Übersetzung", bot. Noch im hohen Alter soll Marianne von Willemer bei einem Besuch des Heidelberger Schlosses einer jungen Verwandten bekannt haben: „Dies ist der Baum, von welchem er mir damals ein Blatt brach und schenkte und mir dann das Gedicht machte und zuschickte" [13].

Das Gedicht im Kontext von Brief und lyrischem Zyklus

Langjährige botanische Studien, die Arbeit an seiner „Metamorphosenlehre" hatten Goethes Blick für unterschiedliche Blattformationen, für deren „Bildung" und „Umbildung" geschärft. Das in der Mitte tief eingekerbte,

Die Gerbermühle bei Frankfurt am Main, Sommersitz der Familie Willemer. Bleistiftzeichnung von A. Radl 1816. Stiftung Weimarer Klassik.

doppellappige Blatt der Ginkgo biloba dürfte sein Interesse an allem Urbildlich-Typischen besonders gereizt haben. Indem dieses Baumblatt die Verbindung von Auseinanderstrebendem, die Doppelheit in der Einheit vor Augen führte, konnte es ihm zum sinnfälligen Ikon werden und die beiden Erfahrungen und Themenbereiche zeichenhaft repräsentieren, die ihn zu dieser Zeit am heftigsten und ausgiebigsten beschäftigten: die west-östlichen Dichtungen seines Divan, die Beziehung zu der so geliebten wie notwendig von ihm getrennten Marianne von Willemer. Das blitzhafte Aufleuchten eines solchen zeichenhaften Bildsinns beim Anblick des sonderbar geformten Blattes läßt es nicht verwunderlich erscheinen, daß mit der „rhythmischen Übersetzung" seiner Deutungsversuche eines der typischsten Divan-Gedichte Form gewann, daß Gingo biloba die Gestaltungsintentionen des Autors, der jedes einzelne Glied des Zyklus vom „Sinn des Ganzen" durchdrungen wissen wollte [14], besonders geglückt umsetzte:

Gingo biloba

Dieses Baums Blatt, der von Osten
Meinem Garten anvertraut,
Gibt geheimen Sinn zu kosten,
Wie's den Wissenden erbaut.

Ist es ein lebendig Wesen,
Das sich in sich selbst getrennt?
Sind es zwei, die sich erlesen,
Daß man sie als eines kennt?

Porträt Marianne von Willemer. Kreidezeichnung von A. Radl 1819. Stiftung Weimarer Klassik.

Porträt Johann Wolfgang von Goethe. Kreidezeichnung, weiß gehöht, von F. C. Ch. Jagemann 1817. Stiftung Weimarer Klassik.

Solche Frage zu erwidern,
Fand ich wohl den rechten Sinn;
Fühlst du nicht an meinen Liedern,
Daß ich eins und doppelt bin? [15].

Seiner endgültigen Plazierung im West-östlichen Divan gegenüber erhält das Gedicht im Kontext von Goethes — formal zwar der Stieftochter, realiter indessen Marianne von Willemer zugedachtem — Begleitschreiben noch zusätzliche Bedeutungsnuancen.

Der Baum „von Osten", der in westlichen Gärten heimisch geworden ist, repräsentiert zunächst den „westöstlichen" Geist der Divan-Poesie, die in den voranliegenden Monaten entstanden und zum Gegenstand lebhaftesten Gedankenaustauschs mit Marianne von Willemer geworden war. Sein Blatt in Fächer-, ja Herzform erscheint — ob konkret, ob ‚vertextet' — gleichsam prädestiniert zur galanten Huldigung an seine Empfängerin und reiht sich somit all den Talismanen und Unterpfändern an die Seite, die schon auf der Gerbermühle die westöstliche Kommunikation begleitet hatten. Als Andenken an solche Zeiten der Gemeinsamkeit haben Baumblatt wie Blattgedicht die Funktion, Vergangenes wachzuhalten, in die Gegenwart hinüberzuretten: auch dies ein tragendes Motiv des Divan-Zyklus [16], vor allem aber resignativer Grundton der gesamten künftigen Kommunikation zwischen Goethe und Marianne von Willemer, einer Beziehung, die von nun an ganz aus dem Rückblick leben wird, nur aus diesem ihre immer erneute Intensität schöpft. Gerade mit Blick auf die Heidelberger Begegnung wird Marianne in den folgenden Jahren jede einzelne Begebenheit bedachtsam ausmalen, die geeignet gewesen sei, ihr das Vergangene „gegenwärtig" zu machen [17], und Goethe seinerseits bestärkt sie in dieser Tendenz, wenn er etwa im Brief an den Gatten vom Dezember 1824 schreibt: „Möge sie meiner gedenken, wie ich ihrer, so würde sich kein Unterschied des Vergangenen und Gegenwärtigen fühlen lassen" [18]. So verleiht bereits das heimliche Einverständnis der Briefpartner dem östlichen Baumblatt „geheimen Sinn". Es hat teil an jener Chiffernsprache, auf die ihre Liebe angewiesen ist, die aber auch der West-östliche Divan wiederholt thematisiert. Auch von dieser Doppeldeutigkeit handelt Goethe in seinem Begleitbrief, indem er seinen Umgang mit „grundgelehrten Leuten" erwähnt, welche sich „zwar an dem, was uns mit äußeren Sinnen zu fassen erlaubt ist, gerne ergötzen, zugleich aber behaupten, daß hinter jenen Annehmlichkeiten sich noch ein tieferer Sinn verstecke", um dann ironisch hinzuzusetzen: „woraus ich, vielleicht zu voreilig, schließe, daß man am besten täte, etwas ganz Unverständliches zu schreiben, damit erst Freunde und Liebende einen wahren Sinn hineinzulegen völlige Freiheit hätten (. . .)" [19].

„Geheimen Sinn zu kosten" gibt das Blatt aber in erster Linie wegen seiner besonderen Eignung zu sinnbildlicher Ausdeutung. In seiner konkreten Präsenz ist es „mit äußeren Sinnen zu fassen erlaubt", zugleich aber durchlässig für einen über die äußere Erscheinung vermittelten, diese jedoch transzendierenden „Sinn". So läßt sich an diesem Blatt die Besonderheit östlicher Mystik, vor allem aber Goethes eigenes Verständnis solcher Symbolik verdeutlichen, wie er sie in den Noten und Abhandlungen zum West-östlichen Divan gekennzeichnet hatte: „Der geistreiche Mensch, nicht zufrieden mit dem, was man ihm darstellt, betrachtet alles, was sich den Sinnen darbietet, als eine Vermummung, wohinter ein höheres geistiges Leben sich schalkhaft-eigensinnig versteckt, um uns anzuziehen und in edlere Regionen aufzulocken" [20].

Zu den „grundgelehrten Leuten", mit denen er zu dieser Zeit solche Fragen erörtert hatte, gehörte der Altertumswissenschaftler Friedrich Creuzer, den er dabei, gleichfalls im Heidelberger Schloßpark, auf die „wunderliche" Blattform der Ginkgo biloba aufmerksam gemacht hatte. Jahre später berichtete Creuzer seinen Studenten von einer Unterhaltung über die Eigenart der griechischen Mythologie: „(. . .) er habe versucht, Goethen auseinanderzusetzen, wie jede hellenische Gestalt doppelt anzusehen sei, weil hinter der bloßen Realität ein höheres Symbol verborgen liege (. . .). Dieser Doppelsinn sei allen antiken Mythen immanent, wenngleich nicht immer leicht herauszufinden. Den Glaubenden genüge das strikte Wortverständnis, den Wissenden ward der höhere Sinn in geheimen Weihen aufgeschlossen. Goethe ging auf diese Erörterungen mit regstem Eifer ein, als sie gerade bei dem Gingo biloba stillstanden; er pflückte ein Blatt und sagte: ‚Also ungefähr wie dieses Blatt: eines und doppelt!'" [21]. Den „Wissenden" also erbaut solch ein „Doppelsinn": Damit nimmt das Gedicht diesen Gedankengang auf und sucht mit den Fragen der zweiten Strophe, die die merkwürdige Form des Doppelblatts betreffen, diesen Sinn zu ermitteln:

Ist es ein lebendig Wesen, Das sich in sich selbst getrennt? Sind es zwei, die sich erlesen, Daß man sie als eines kennt?

Ein „höherer Sinn" stellt sich hier im Prozeß des Fragens, in der sprachlichen Aktualisierung, selbst her: Scheinbar die eigentümliche Bildung des Blatts vergegenwärtigend, machen die Thematisierung von Trennung und Vereinigung, die Suggestion „lebendiger" autonomer Wesen das gespaltene und doch als Ganzheit figurierende Baumblatt als Sinnbild liebender Verbundenheit kenntlich.

Nicht von ungefähr verweist bereits die Vorstellung von einem „lebendig Wesen", das sich „in sich selbst getrennt", auf den antiken Liebesmythos, den Platons Symposion dem Aristophanes d. J. in den Mund legt: „Jeder von uns ist also ein Stück von einem Menschen, da wir ja zerschnitten, wie die Schollen, aus einem zwei geworden sind. Also sucht nun immer jedes sein anderes Stück" [22]. Liebe erscheint somit als Vereinigungssehnsucht des künstlich Getrennten und doch in ursprünglicher Einheit und Ganzheit einander Angehörenden.

Ein solches Zueinanderstreben des polar Getrennten hatte Goethe kurz zuvor in dem Gedicht Wiederfinden, ebenfalls unter dem Eindruck der unverhofften Wiederbegegnung mit der geliebten Frau, im Rahmen eines Schöpfungsmythos thematisiert. Die mit der Weltschöpfung erfolgte Scheidung in Grundpolaritäten wie Licht und Finsternis wird hier — in Einklang mit den Erkenntnissen der Farbenlehre — durch das „Farbenspiel" der Morgenröte überbrückt [23], die gleich der Liebe Getrenntes zusammenführt. Dementsprechend vollenden Liebende in ihrer Vereinigung Gottes Schöpfungsakt, indem sie ihrerseits neues Leben zeugen, eine „Welt" erschaffen: „Allah braucht nicht mehr zu schaffen,/ Wir erschaffen seine Welt." Individuelle Leidenschaft wird so als kosmisches Geschehen begriffen:

> So, mit morgenroten Flügeln,
> Riß es mich an deinen Mund,
> Und die Nacht mit tausend Siegeln
> Kräftigt sternenhell den Bund.
> Beide sind wir auf der Erde
> Musterhaft in Freud' und Qual,
> Und ein zweites Wort: Es werde!
> Trennt uns nicht zum zweitenmal [24].

Die naturhafte Gesetzmäßigkeit, die in der Doppeleinheit des Baumblatts wie im optischen Phänomen der Lichtbrechung demonstriert wird, das „Musterhafte" ihres Verhältnisses bestätigt das Zueinandergehören der Liebenden, ihr schicksalhaftes Füreinander-Bestimmtsein: auch dies eines der Leitmotive des Divan, der Suleika als die „solange Erharrte", dem Dichter seit langem „Prophezeite", die ihm auch im Paradies „beschieden" sein wird, hinstellt [25].
Den im Bildzeichen ermittelten „Doppelsinn" überführt die dritte Gedichtstrophe in die Realität des personalen Gegenübers: Der Liebende, der als lyrisches Ich nun seinerseits mit einer Antwort auf die Fragen der zweiten Strophe nach dem „rechten Sinn" zu Wort kommt, weiß sich gleichfalls als „eins und doppelt": „Fühlst du nicht an meinen Liedern,/ Daß ich eins und doppelt bin?"

Indem er indessen die Anredeform wählt und seine Antwort zu erneuter Frage umwendet, erwächst der zu ermittelnde „höhere Sinn" unmittelbar aus dem Liebesgespräch, bleibt er an die Wechselrede mit Suleika gebunden. Abermals stellt das Gedicht also das, was es thematisiert, in der Bewegung des Sprechens zugleich her [26].
In welchem Maße sich Identität und Selbstbewußtsein des lyrischen Ich erst in der Gegenseitigkeit der Liebe, mit Suleika als dem „geliebten Widerpart" herstellen und bezeugen, ist eines der Kernmotive der Divan-Dichtung. In immer neuen Variationen umkreist der Zyklus die Grundfigur des Gebens und Nehmens, Fragens und Antwortens, die Dialektik von Selbstpreisgabe und Selbstgewinn in der liebenden Verbundenheit:

Wie sie sich an mich verschwendet,
Bin ich mir ein wertes Ich;
Hätte sie sich weggewendet,
Augenblicks verlör' ich mich [27].

An seinen „Liedern" kann die Angesprochene das „Eins und Doppelt" des Geliebten erkennen, weil sie die gegenseitige Liebe zum Gegenstand haben. Die Divan-Lieder aber bezeugen solche Doppeleinheit noch auf andere, ihrerseits „geheimen Sinn" zu „kosten" gebende Art, ist die Geliebte doch imstande, den lyrischen Dialog mit eigener Stimme zu führen, dem Dichter auch hierin liebender „Widerpart" zu sein: Ihrem Mund „entquillt" „Selbstgedichtetes", mit „selbstgefühltem Lied" [28] kann sie im Hin und Her des Liebesspiels das Gleichgewicht herstellen. Es gehört zur Dialektik der Divan-Sprache, daß dieses „Geheimnis" „offenbar" wird, daß Hatem-Goethe sich der singenden Suleika-Marianne rühmen [29], den gemeinsamen Liebesdialog in Analogie zu einer persischen Legende setzen kann, die von der Erfindung des Reimverses durch Dilaram, die Geliebte des sassanidischen Dichters Behramgur, handelt:

Und so, Geliebte, warst du mir beschieden,
des Reims zu finden holden Lustgebrauch,
Daß auch Behramgur ich, den Sassaniden,
Nicht mehr beneiden darf: mir ward es auch.

Hast mir dies Buch geweckt, du hasts's gegeben;
Denn was ich froh, aus vollem Herzen, sprach,
Das klang zurück aus deinem holden Leben,
Wie Blick dem Blick, so Reim dem Reime nach. [30]

In der konsonierenden Harmonie des Reimklangs bezeugt sich wie im Wechselgesang die Zusammengehörigkeit, das „Eins und Doppelt" der Liebenden, mit beidem wird darüber hinaus die dialogische Struktur des gesamten Zyklus thematisiert.
Solche vielfältigen Wechselbeziehungen zwischen Einzelgedicht und Zyklusganzem lassen endlich nach der Plazierung des Gingo-biloba-Gedichts innerhalb des West-östlichen Divan und ihren Konsequenzen für das Textverständnis fragen.
Das Gedicht wird im Buch Suleika umrahmt von pointierten Versdialogen zwischen „Hatem" und „Suleika", die somit als die Gesprächspartner auch unseres Gedichts zu identifizieren sind. Scherzhafter im Ton, ergänzen und verstärken die umgebenden Gedichte das indirekte Liebesbekenntnis der Gingo-biloba-Strophen, lassen es noch vielstimmiger erklingen. Auch sie kreisen um das Singuläre wie um das schicksalhaft Determinierte gerade dieses Liebesbundes: So akzentuiert das vorausgehende Gedicht Kenne wohl der Männer Blicke die herausgehobene Stellung Suleikas mit der Huldigung: „Die gefällt mir,/ Wie mir sonst nichts mag gefallen" [31], der unmittelbar folgende Dialog Sag', du hast wohl viel gedichtet aber beantwortet die kokett-eifersüchtigen Fragen Suleikas nach der langen Reihe ihrer Vorgängerinnen mit der selbstbewußt resümierenden Bilanz: „Denke nun, wie von so langem/ Prophezeit Suleika war" [32]. In der engen Verflechtung der Texte innerhalb des Zyklus, im Wechsel der Töne wie in der Akzentuierung des Rollen- und Musterhaften der hier zur Sprache kommenden Liebespartner baut sich Distanz zum individuellen Erlebnis auf, werden die düster-abgründigen Akzente der wechselseitigen Liebesrede 'aufgehoben', zumindest relativiert.

Blick vom sogenannten Stückgarten auf den südwestlichen Teil des Heidelberger Schlosses. Lithographie von E. Fries, 1820.

Viele Gedichte des Divan sind „metapoetisch", thematisieren und reflektieren über ihren vordergründigen Gegenstand hinaus immer auch Prämissen und Entstehungsbedingungen des gesamten lyrischen Zyklus. So erweist sich auch das kleine Gingo-biloba-Gedicht als zugleich einfach und hintergründig-komplex, „doppelsinnig" im Verständnis der antiken Symbolik, wie Friedrich Creuzer sie Goethe expliziert hatte.

„Fortwährende Unterhaltung mit der Entfernten" – Die Nachklänge der Heidelberger Begegnung

Die so sprühend-geistreiche Liebespartnerin der Divan-Gespräche, Marianne-Suleika, hat selbst erst während der Drucklegung der ersten Fassung des Zyklus, 1819, von dem ihr in solchem „Spiegel" zugewiesenen Platz erfahren. Am 26. März 1819 sendet Goethe ihr erste Druckbogen zu, im November folgt „das Ganze", „als Zeugnis fortwährender Unterhaltung mit der Entfernten" [33]. Ein zärtliches Widmungsgedicht ist dieser Sendung beigefügt [34], und mit Rührung und Dankbarkeit kann Marianne im West-östlichen Divan ihr „verschönertes", „veredeltes" Bild – „In goldnen Rosenranken/ Und Rähmchen von Lasur" [35] – wiederfinden [36].

Beide haben sich nach der Heidelberger Begegnung nicht mehr wiedergesehen. Die schriftlichen Zeugnisse jedoch vermitteln, bei allem Zwang zu Verhüllung und Diskretion, lebhaften Eindruck von der Intensität der gegenseitigen Leidenschaft. So treten die in Goethe entfachten Emotionen schon in dem mehrfach zitierten Brief an Rosine Städel hinter aller scherzhaften Wortspielerei offen genug zutage, wenn er schreibt: „Nachdem uns denn die Freunde verlassen hatten, fingen die bisher drohenden Übel an, förmlich auszubrechen, es entstand ein Brustweh, das sich fast in Herzweh verwandelt hätte, natürliche Folge der Heidelberger Zugluft und veränderlichen Schloßtemperatur" [37], und in sein Tagebuch fügt er unter demselben Datum das arabisch-persische Schriftzeichen für „leidenschaftliche Liebe" ein [38]. Die leidenschaftlichen Empfindungen Marianne von Willemers, die sich in ihren Wiedersehenshoffnungen immer erneut enttäuscht sehen muß, sprechen aus den Chiffernbriefen dieser Zeit, deren einen Goethe nur leicht verändert in die Noten und Abhandlungen aufnahm:

All mein Leben will ich nur zum Geschäft
Von seiner Liebe machen.

Immer dachte ich dein, und immer
blutete tief das Herz.

Ich habe keine Kraft als die,
Im Stillen ihn zu lieben,
Wenn ich ihn nicht umarmen kann,
Was wird wohl aus mir werden?

Durch die Gespräche des Freunds
Ward ihm mein Herz so zugetan,
Daß ich die anderen nun
Nicht hören und nicht sprechen mag.
(. . .)
Immer sehnt sich mein Herz nach deinen Lippen
[39].

An die Stelle der realen Begegnung tritt bis zu Goethes Tod das Briefgespräch, das die Kontinuität liebender Verbundenheit nicht zuletzt in immer wiederkehrenden Briefformeln wie „unwandelbar", „unverändert", „treu anwesend" anzeigt. Der Heidelberger Aufenthalt, insbesondere der 25. September, wohl der Zeitpunkt des rückhaltlosesten Liebesgeständnisses, spielt in der beiderseitigen Rückschau eine exponierte Rolle [40]. Wiederholt reist Marianne nach dieser Stadt am Neckar, zählt es zu den „Ereignissen" ihres Lebens, „so oft und immer wieder dahin" zu kommen, wo sie „zu so verschiedener Zeit und Gemütsstimmung" geweilt habe, spricht von einem „ewig unvergeßlichen" Ort [41]. Am 25. August 1824 schließlich übersendet sie Goethe ein eigenes Gedicht auf das Heidelberger Schloß, mit dem Kommentar: „wo fände sich für mich eine schönere (Gegend) als Heidelberg!" [42]

Das Heidelberger Schloß
den 28. Juli abends 7 Uhr

(. . .)
An der Terrasse hohem Berggeländer
War eine Zeit sein Kommen und sein Gehn,
Die Zeichen, treuer Neigung Unterpfänder,
Sie sucht ich, und ich kann sie nicht erspähn.

Dort jenes Baumsblatt, das aus fernem Osten
Dem westöstlichen Garten anvertraut,
Gibt mir geheimnisvollen Sinn zu kosten
Woran sich fromm die Liebende erbaut.
(. . .)
O schließt euch nun ihr müden Augenlider.
Im Dämmerlichte jener schönen Zeit
Umtönen mich des Freundes hohe Lieder,
Zur Gegenwart wird die Vergangenheit.
(. . .)
Schließt euch um mich ihr unsichtbaren Schranken
Im Zauberkreis, der magisch mich umgibt,
Versenkt euch willig, Sinne und Gedanken,
Hier war ich glücklich, liebend und geliebt. [43]

Die Erinnerung an das Glück der Begegnung hebt das eigentliche Stimulans solcher Unterhaltungen unter Entfernten ins Bewußtsein: die imaginative Vergegenwärtigung von Vergangenem. In der liebenden Rückschau und in der sprachlichen Formung, dem genau kalkulierten Wechsel aus dem Präteritum ins Präsens, kann hier Vergangenheit buchstäblich „zur Gegenwart" werden, wie es heißt. Auch diese Verszeile reaktiviert die lyrische Wechselrede mit Goethe, der der „treuen Freundin" Jahre zuvor ein ungebundenes Exemplar des Divan mit der Bemerkung zugesandt hatte: „Möge indessen das Vergangene in die Gegenwart und der Freund in die nächste Nähe treten!" [44] Marianne erweist sich nochmals als autonome, eigenständig replizierende Dialogpartnerin. Zu solch vergegenwärtigender Replik gehören Wiederaufnahme und Variation zentraler Divan-Motive: so der Verweis auf den „westöstlichen" Sinn des Ginkgobiloba-Blatts oder die Akzentuierung der Wechselseitigkeit von Liebe und Liebesgespräch, die in dem affirmativen, gleichsam die Summe der Heidelberger Begegnung ziehenden Bekenntnis gipfeln: „Hier war ich glücklich, liebend und geliebt."

Daß er „seit einigen Wochen von Heidelberg nicht wegkommen" könne und „jene neubelebten Ruinengärten als Hintergrund aller Pflichtgefühle, aller Geschäfte und Zerstreuungen" „unwandelbar" ihm vor den Augen stünden, antwortet Goethe auf Mariannes Heidelberg-Gedicht seinerseits „mit wiederholtem Dank" [45]. Und noch wenige Wochen vor seinem Tod, am 17. Dezember 1831, berichtet ihm Marianne von einem weiteren Besuch Heidelbergs und aller „durch Freud und Leid geweihten Orte", „wie es einer andächtigen Pilgerin" gezieme. Dabei versäumt sie nicht, die vielfältigen Assoziationen, die sich in sechzehn Jahren unlösbar mit dem japanischen Fächerblattbaum verknüpft haben, ein letztes Mal wachzurufen:

„Vor allem würde ich sagen, daß ich (. . .) ein Blatt von der bekannten Gingo biloba zu mir steckte" [46].

Anmerkungen

[1] Vgl. zur unterschiedlichen Orthographie wie zum grammatischen Geschlecht des botanischen Terminus: Herbert Albrecht: Über den Fächerblattbaum (Ginkgo biloba). In: Jahrbuch der Sammlung Kippenberg. Neue Folge. Bd. 3. Düsseldorf 1974, S. 32–40, sowie: Günther Debon: Das Blatt von Osten. Gedanken zum Gingo-biloba-Gedicht. In: Euphorion 73. 1979, S. 227–236, hier: S. 228 f.

[2] Einem Tagebucheintrag von Sulpiz Boisserée zufolge wäre ein Teil des Gedichts, die zweite Strophe, bereits am 15. September im Kreis der Willemers auf der Gerbermühle vorgetragen worden. Das Tagebuch vermerkt unter diesem Datum: „Heitrer Abend. Goethe hatte der Willemer ein Blatt des Gingko biloba als Sinnbild der Freundschaft geschickt aus der Stadt. Man weiß nicht, ob es eins, das sich in 2 teilt, oder zwei, die sich in eins verbinden. So war der Inhalt des Verses. — Wir saßen in der schönen warmen Abendluft auf dem Balkon." (Zitiert nach den Anmerkungen zu: Marianne und Johann Jakob Willemer. Briefwechsel mit Goethe. Hrsg. von Hans-J. Weitz. Frankfurt a. M. 1965, S. 319, künftig zitiert mit der Sigle: BrW.) — Gegen diese frühe Datierung hat Günther Debon vor allem zwei Argumente vorgebracht: Goethes Ankündigung einer „rhythmischen Übertragung" im Begleitbrief vom 27. September, die es wenig wahrscheinlich mache, daß ein Teil des Gedichts im Willemer-Kreis bereits vorgetragen worden sei, sowie die wiederholten späteren Aussagen Marianne von Willemers, die die Entstehung des Gedichts immer mit Heidelberg, nicht mit Frankfurt assoziiert. Will man dieser in mancher Hinsicht zwingenden und scharfsinnigen Beweisführung folgen, müßte man freilich die Hypothesen einer ungenauen Rückdatierung in Boisserées Tagebuch sowie einer absichtlichen Verknüpfung des Gedichts mit dem Abend auf der Gerbermühle in einer Handschrift Goethes in Kauf nehmen: Debon (Anm. 1), v. a. S. 230 ff. — Vgl. zu diesem Themenkreis auch: Günter Steiger: Diesem Geschöpfe leidenschaftlich zugetan. Bryophyllum calycinum. Goethes „pantheistische Pflanze". Weimar 1986, v. a. S. 56 ff.

[3] Über diese Beziehung hat am ausführlichsten, aber auch am ausschweifendsten gehandelt: Hans Pyritz: Goethe und Marianne von Willemer. Eine biographische Studie. Stuttgart ³1948.

[4] Die Modalitäten dieser Hafis-Rezeption hat Konrad Burdach schon 1905 in seiner Einleitung zu Goethes Divan dargelegt: Die Kunst und der dichterisch-religiöse Gehalt des west-östlichen Divans. In: Ders.: Goethe und sein Zeitalter. Halle/Saale 1926, S. 333–374, v. a. S. 367 ff.

[5] Erich Trunz: Nachwort zum „West-östlichen Divan". In: Johann Wolfgang von Goethe: Werke. Hamburger Ausgabe in 14. Bänden: Bd. 2. (12. neubearb. Aufl.). München 1981, S. 551, künftig zitiert mit der Sigle: HA 2.

[6] Vgl. zu den Entstehungsbedingungen: Konrad Burdach: Goethes west-östlicher Divan in biographischer und zeitgeschichtlicher Beleuchtung (1896). In: Ders.: Goethe und sein Zeitalter (Anm. 4), S. 282–332, hier: S. 293 ff., sowie Trunz (Anm. 5), S. 555 f.

[7] HA 2, S. 7.

[8] Im Sommer zuvor war er bereits zur Badekur nach Wiesbaden gereist und dort, sowie im Oktober auch in Frankfurt, mit Johann Jakob Willemer und dessen Gefährtin Marianne zusammengetroffen.

[9] In den Gedichten Daß Suleika von Jussuph entzückt war und Da du nun Suleika heißest aus dem Buch Suleika: HA 2, S. 62 f. — Suleika ist in der orientalischen Dichtung dem jugendschönen Joseph zugeordnet, mit der Namensgebung Hatem bezieht der Dichter des Divan sich auf zwei verschiedene Gestalten der arabischen Literatur: Hatem Thai und Hatem Zograi (vermutlich Hassan Thograi): Vgl. den Kommentar von Erich Trunz: HA 2, S. 626.

[10] Diese Erfindung hat Goethe in den Noten und Abhandlungen zum West-östlichen Divan in dem Abschnitt Chiffer eigens kommentiert: „Liebende werden einig, Hafisens Gedichte zum Werkzeug ihres Gefühlwechsels zu legen; sie bezeichnen Seite und Zeile, die ihren gegenwärtigen Zustand ausdrückt, und so entstehen zusammengeschriebene Lieder vom schönsten Ausdruck; herrliche zerstreute Stellen des unschätzbaren Dichters werden durch Leidenschaft und Gefühl verbunden, Neigung und Wahl verleihen dem Ganzen ein inneres Leben, und die Entfernten finden ein tröstliches Ergebnis, indem sie ihre Trauer mit Perlen seiner Worte schmücken." (HA 2, S. 194)

[11] HA 2, S. 63 f.

[12] Grimm veröffentlichte seinen Bericht unter dem Titel Goethe und Suleika erstmals 1869 in den Preußischen Jahrbüchern. Jg. 24.

[13] So steht es in der romanhaften Erzählung von Emilie Kellner: Vgl. Ernst Beutler: Die Boisserée-Gespräche von 1815 und die Entstehung des Gingo-biloba-Gedichtes. In: Goethe-Kalender auf das Jahr 1940. Hrsg. vom Frankfurter Goethe-Museum. Leipzig 1939, S. 114–162, hier: S. 162.

[14] So Goethe selbst in einem Brief an den Freund Karl Friedrich Zelter vom 17. 5. 1815 (Briefwechsel zwischen Goethe und Zelter. Hrsg. von Max Hecker. 3 Bde. Leipzig 1913–1918.)

[15] HA 2, S. 66.

[16] So trägt schon ein Gedicht aus dem Buch des Sängers den Titel: Im Gegenwärtigen Vergangenes: HA 2, S. 15.

[17] So etwa in den Briefäußerungen vom 23. Juli 1817 (BrW, S. 64), August 1819 (ebd., S. 87) oder 25. August 1821 (ebd., S. 119).

[18] Ebd., S. 162.

[19] Ebd., S. 26 f.

[20] HA 2, S. 197.

[21] So bei Beutler (Anm. 13), S. 147 f.

[22] Platon: Sämtliche Werke. In der Übersetzung von Friedrich Schleiermacher hrsg. von Walter F. Otto und Ernesto Grassi. Bd. 2. Reinbek bei Hamburg 1957, S. 222.

[23] „Auf tat sich das Licht! So trennte/ Scheu sich Finsternis von ihm,/ Und sogleich die Elemente/ Scheidend auseinanderfliehn./ (. . .) Stumm war alles, still und öde,/ Einsam Gott zum erstenmal!/ Da erschuf er Morgenröte,/ Die erbarmte sich der Qual;/ Sie entwickelte dem Trüben/ Ein erklingend Farbenspiel,/ Und nun konnte wieder lieben/ Was erst auseinander fiel." (HA 2, S. 83)

[24] HA 2, S. 84.

[25] Vgl. HA 2, S. 62, S. 67, S. 112.

[26] Entsprechend bemerkte Paul Böckmann über die in der zweiten Strophe aufgeworfene Frage nach der Beschaffenheit der im Blatt versinnlichten Doppeleinheit, sie gelte „nicht nur für das Blatt, sondern auch für die Art des Gesprächs und damit für das Verhältnis der Liebenden. (. . .) Es geht auch hier darum, 'die Frage zu erwidern' und sich durch die Antwort mit Suleika zu vereinen." (P.B.: Die Liebessprache der Heidelberger Divan-Gedichte. (1949). In: Ders.: Formensprache. Studien zur Literarästhetik und Dichtungsinterpretation. Darmstadt 1969, S. 167–192, hier: S. 181.)

[27] HA 2, S. 72. – Das Hin und Her von Geben und Nehmen führt ein kurz vorher, am 21. September, entstandenes Gedicht, das die Daseinssteigerung durch die Liebe preist, am Ball-Gleichnis eindrucksvoll vor Augen: „Freude des Daseins ist groß,/ Größer die Freud' am Dasein,/ Wenn du, Suleika,/ Mich überschwenglich beglückst,/ Deine Leidenschaft mir zuwirfst,/ Als wär's ein Ball,/ Daß ich ihn fange,/ Dir zurückwerfe/ Mein gewidmetes Ich;/ Das ist ein Augenblick!" (Ebd., S. 70)

[28] HA 2, S. 74.

[29] So hält Hatem den eifersüchtigen „Mädchen" vor: „Von euch Dichterinnen allen/ Ist ihr eben keine gleich:/ Denn sie singt, mir zu gefallen,/ Und ihr singt und liebt nur euch." (HA 2, S. 74)

[30] HA 2, S. 79.

[31] HA 2, S. 66.

[32] HA 2, S. 67.

[33] BrW, S. 79.

[34] Mit den Jahreszahlen 1815 – 1819 versehen: „Liebchen ach! im starren Bande/ Zwängen sich die freien Lieder,/ Die im reinen Himmels-Lande/ Munter flogen hin und wider./ Allem ist die Zeit verderblich,/ Sie erhalten sich allein./ Jede Zeile soll unsterblich,/ Ewig, wie die Liebe sein." (BrW, S. 93)

[35] So formuliert es das Gedicht Abglanz aus dem Buch Suleika: HA 2, S. 86.

[36] Im Oktober 1819 schreibt sie an Goethe: „Ich habe den Divan wieder und immer wieder gelesen; ich kann das Gefühl weder beschreiben noch auch mir selbst erklären, das mich bei jedem verwandten Ton (ergriff); (. . .) Sie fühlen und wissen genau, was in mir vorging, (. . .)" ff. (BrW, S. 92).

[37] Ebd., S. 26.

[38] Ebd., S. 330.

[39] Zweite Oktoberhälfte 1815 (BrW, S. 346 f.). – Goethes Umformulierung in den Noten und Abhandlungen: HA 2, S. 194.

[40] Weitere Daten, derer immer wieder gedacht wird, sind der 18. Oktober 1814, der Tag, an dem man vom Mühlberg bei Frankfurt aus gemeinsam die Freudenfeuer zum Gedenken des Siegs über Napoleon betrachtet hatte, und der 28. August 1815, die Feier von Goethes Geburtstag auf der Gerbermühle. Auch bei jedem neuen Vollmonde wollten beide einander gedenken, wie es noch 1828 Goethes Dornburger Gedicht Dem aufgehenden Vollmonde! bezeugt: BrW, S. 199.

[41] Briefe vom 2. November 1828 (BrW, S. 202) und 19. Juli 1825 (ebd., S. 168). – Andere Erwähnungen u. a.: BrW, S. 78, S. 154, S. 217, S. 263.

[42] BrW, S. 157.

[43] Ebd., S. 157.

[44] So am 22. August 1819 (BrW, S. 86).

[45] So im Brief vom 6. Oktober 1824 (BrW, S. 159).

[46] Brief vom 17. Dezember 1831 (BrW, S. 263).

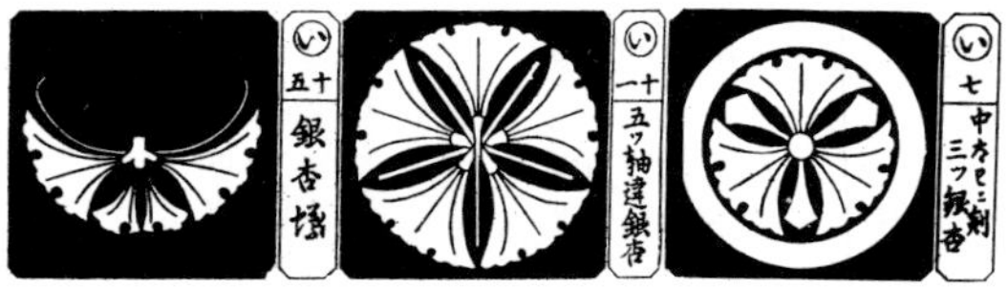

Fossile Ginkgoblätter, vermutlich von Ginkgo digitata, die in der Jurazeit von Europa bis Ostasien verbreitet war.

Ginkgozweig mit weiblichen Blüten, d. h. gestielten Samenanlagen (I); daneben männliche Blütenkätzchen (II). Aus: Philipp Franz von Siebold und Joseph Gerhard Zuccarini: Flora Japonica. Leiden 1835–1842.

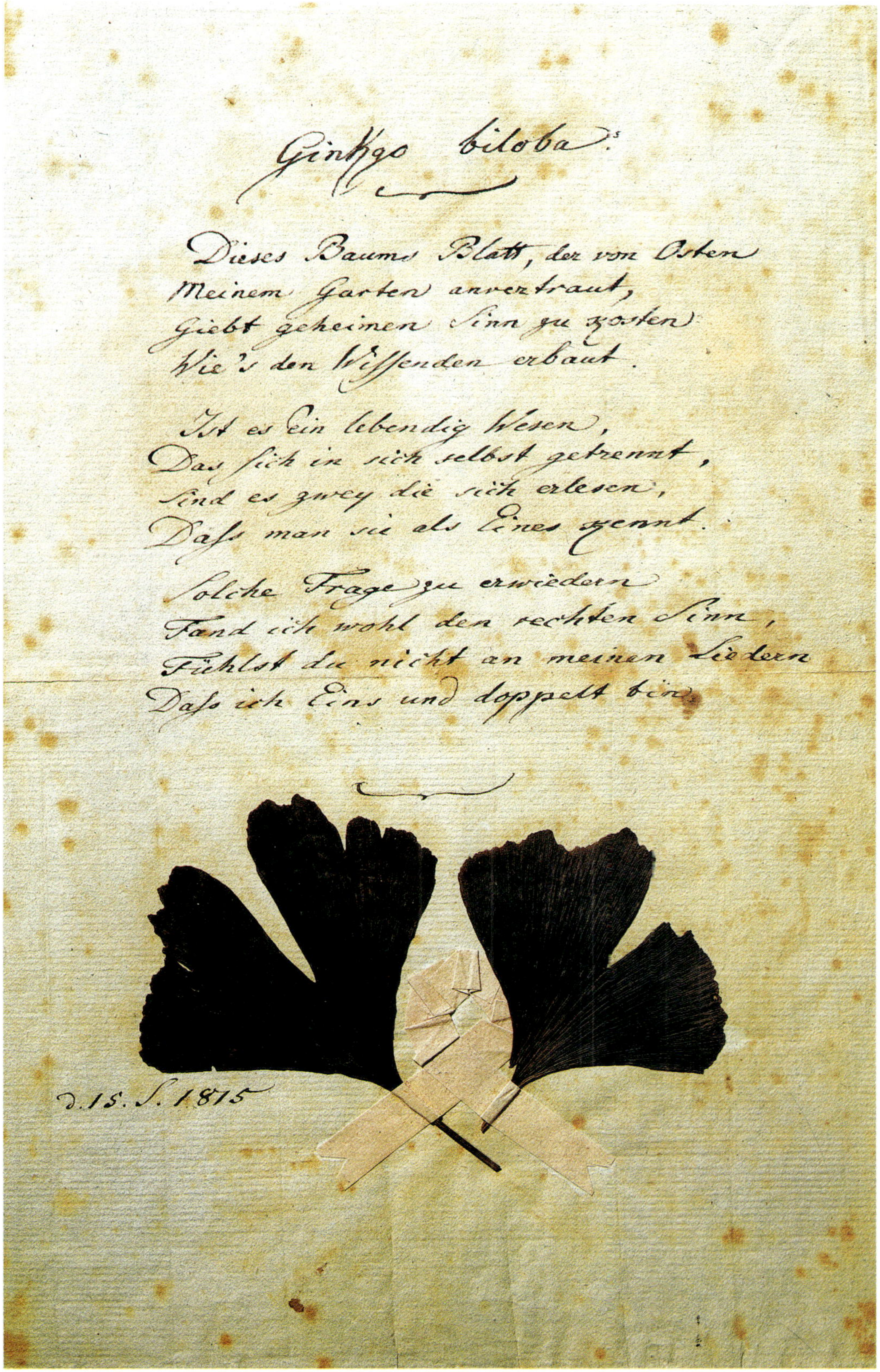

Ginkgo biloba.

Dieses Baums Blatt, der von Osten
Meinem Garten anvertraut,
Giebt geheimen Sinn zu kosten
Wie's den Wissenden erbaut.

Ist es Ein lebendig Wesen,
Das sich in sich selbst getrennt,
Sind es zwey die sich erlesen,
Dass man sie als Eines kennt.

Solche Frage zu erwiedern
Fand ich wohl den rechten Sinn,
Fühlst du nicht an meinen Liedern
Dass ich Eins und doppelt bin.

d. 15. S. 1815

Goethes eigenhändige Reinschrift des Gedichtes „Ginkgo biloba", das er Marianne von Willemer gewidmet hatte. Das Blatt trägt das Erinnerungsdatum „d[en] 15. S[eptember] 1815". Goethe-Museum Anton-und-Katharina-Kippenberg-Stiftung, Düsseldorf.

Männlicher Ginkgo im Botanischen Garten Jena mit weiblichem Ast und Samen (fakultative Monöcie). Foto: G. Winkler.

Weibliche Blüten (Mitte links). Foto: G. Winkler.

Männliche Blüten (unten links). Foto: G. Winkler.

Langtrieb mit Kurztrieben und Blättern (Mitte rechts). Foto: H. Dietrich.

Nyuho-Schrein in Sebe, Kamiita, Japan. Größter und ältester Ginkgobaum der Präfektur Tokushima, ca. 1000 Jahre alt und etwa 30 Meter hoch, mit zahlreichen Auswüchsen, deshalb „chichi-no-ki" (Zitzenbaum) genannt. Foto: Hidenari Jano

Efeu rankt am Stamm des „Baumveteranen von Tsushima"; ca. 400 Jahre alt, männlich.

Auswüchse des Ginkgobaumes bei der Klause Jizo-an, Itano, Präf. Tokushima; ca. 500 Jahre alt, weiblich.

Heiliges Zeichen (Seil aus Reisstroh und Reispapier) am Ginkgoast. Torin-an, Präf. Tokushima. Der Baum ist etwa 450 Jahre alt, weiblich.

Opfergabe an einem Ginkgoast. Otori-Schrein in Meguro, Tokyo.

Fotos: Atsuko Kato

„Atombomben-Ginkgo" von Hosenbo in Hiroshima; links oberer, rechts unterer Teil. Der Baum steht 800 Meter vom Zentrum des Atombombenabwurfs (1945) entfernt. Fotos: Atsuko Kato

Kimono-Jacke, traditionelle japanische Arbeitsjacke für Frauen. Baumwolle, blau mit Ginkgoblattornamentik.

Keramikvase von Juhaku Inoue, Mito (Japan).

Handtuch, Baumwolle. Japan, modern.

Kinkozan-Vase, Porzellan mit Gold- und Emailmalerei. Japan, um 1900.

Schalensatz, Lackarbeit. Kanazawa. Japan, modern.

Schale, Teller und Eßstäbchen. Lackarbeiten. Stäbchenbänke in Form von Ginkgoblättern, Kiyomizu-Porzellan, Kyoto, modern.

Drei-Ginkgoblätter-Ornament, Holz, unter dem Dach am Eingang zum Tempel Chokoku-ji, Präf. Tokushima. Foto: Kato

Teller. Imari-Porzellan. Japan, um 1870, Ø 14 cm.

Spiegel, sign. Mitsunaga Fujiwara. Bronze, um 1860. Ø 11 cm.

Lampion m. Ginkgoblättern u. Päonienblüten. Takayama. Ø 200 cm.

Tsuba (Schwertstichblatt). Japan um 1800.

Halskette. Gold-Silber-Intarsien. Kumamoto.

Schmucksatz, Gold, Brillanten, Ehinger-Schwarz. München, 1992/93. (Die Zeichnungen stehen in keinem Zusammenhang mit diesem Schmucksatz.)

Collier, Gold, Granate, Almandine. Prag, vor 1904.

Brosche, Gold, Granate, Chrysopras. Fachschule Turnau/Böhmen, nach 1900.

Brosche, Gold, Granate, Almandine. Fachschule Turnau/Böhmen, um 1900.

Eheringe und ihr Zinnmodell, Gold, Rubin, Granate. Entwurf Franta Anyz, um 1900 (Ausf. A. Ritter, Prag).

Anhänger-Flacon, Gold, Rauchquarz, Rubine. Fachschule Turnau, nach 1900.

Brosche mit Tierköpfen, Gold, Olivine, Peridote. Maison Boucheron, Paris, 1907.

Brosche, Gold, Perle, Brillanten. Paris, um 1900.

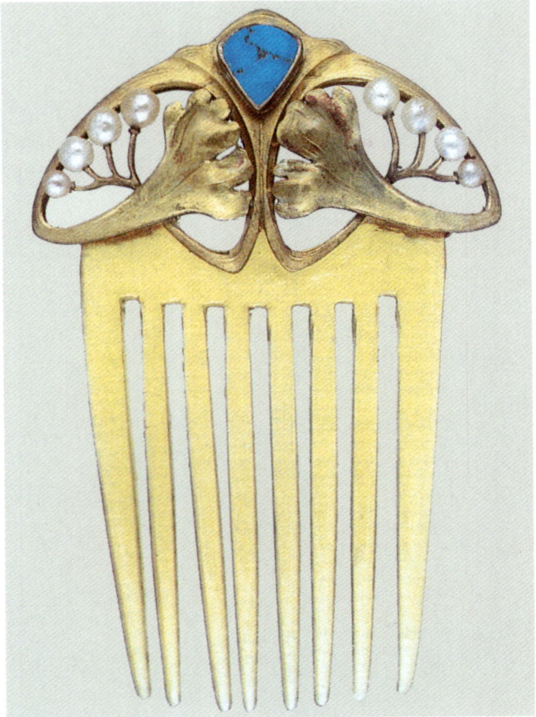

Schmuck-Kamm, Gold, Schildpatt, Perlen, Türkis. F. Zerrenner, Pforzheim, 1900–1902.

▽ Brosche, Gold, Perlen, Email. F. Zerrenner, Pforzheim, um 1900–1902.

Zierkamm und Brieföffner, Horn. Paris, um 1900.

Anhänger, Silber vergoldet, Email, Glasstein, Perlen. Fa. Friedrich Speidel, Pforzheim, um 1900.

Farbtafel 14

Anhänger, Silber mit Glassteinen. Frankreich, um 1900.

Brosche, Gold. Franz Willecke, Erfurt, um 1930.

Brosche, Gold, Perle und Halbedelstein. Deutsch, Jugendstil.

Flacon, farbloses Glas mit Silbermontierung. Paris, um 1900.

Petschaft, Metall versilbert. Paris, um 1900.

Brosche, Silber mit Opal. G. A. Scheid, Wien, um 1900.

Broschen, Metall versilbert und oxidiert, mit Skarabäus bzw. Phantasiekäfern, emailliert. Deutsch, nach 1900.

Vase, Überfangglas. Daum Frères, Nancy, 1905.

Flacon, Überfangglas mit Metallmontierung und Elfenbein. „De Vez", Pantin, um 1910.

Deckeldose, Pâte-de-verre. G. Argy-Rousseau, Paris, 1920–1925.

Deckelvase, Porzellan. Gunnar Wennerberg, Gustafsberg b. Stockholm, 1901.

Deckenleuchte vierflammig, Schmiedeeisen, lüstrierte Glasschirme. Paris, um 1920.

Deckenlampe, Schmiedeeisen. Paris, um 1920.

Deckenlampe, Schmiedeeisen, mit marmoriertem Glasschirm. Paris, um 1920.

Tischlampe, Schmiedeeisen, Glasschirm. Daum, Nancy/Paris, um 1900.

Tischlampe, Schmiedeeisen, Glasschirm. Daum, Nancy/Paris, um 1920.

Tischlampe, Schmiedeeisen, Glasschirm. Daum, Nancy/Paris, um 1910–1920.

Tischlampe, Schmiedeeisen, Glasschirm. Daum, Nancy/Paris, um 1920.

Tischlampe, Schmiedeeisen, Glasschirm. Daum, Nancy/Paris, um 1920.

Tischlampe, Schmiedeeisen, Glasschirm stil. floraler Ätzdekor. Paris, um 1920.

Henkelkrug, Keramik vergoldet, datiert „Paris 1900".

M. Dufrène und P. A. Dalpayrat, Vase, Steinzeug glasiert. Paris 1899.

Glasmalerei (Fenster) Überfangglas v. Jacques Gruber, Nancy, um 1910.

Atsuko Kato: Zyklus der Elemente.
In der Erde. 1989. Öl, 67 × 73 cm.

In der Luft. 1991. Öl, 67 × 73 cm.

Im Feuer. 1990. Öl, 67 × 73 cm.

Im Wasser. 1993. Öl, 67 × 73 cm.

Atsuko Kato: Drachenflug am Ginkgoberg.
1990. Öl, 48 × 47 cm.

Spuren 1. 1990. Öl, 48 × 47 cm.

Ginkgo. 1988. Öl, 100 × 70 cm. Atsuko Kato

Spuren 2. 1990. Öl, 48 × 47 cm.

Jutta Schwalbach. 1953. Lebt in Berlin.
Blatt-Ginkgo-Platt. 1985. Collage, Papier, Holz. 160 × 120 cm.
Dr. Willmar Schwabe GmbH & Co., Karlsruhe.

Alfred Traugott Mörstedt. 1925. Lebt in Erfurt.
Blätter vom Ginkgobaum. 1979. Collage, Tusche, Aquarellstift. 10,2 × 14,8 cm.

Gerd Mackensen. 1949. Lebt in Nordhausen. Joker. 1994. Kaltnadel, Öl, 44,5 × 29,5 cm.

Ernst August Zimmermann. 1939. Lebt in Erfurt. Weiser Ginkgo. 1993.
Litho und Naturselbstdruck auf Bütten. 60,5 × 70,5 cm.

Gisela Richter. 1940. Lebt in Erfurt. Bist du es, mein Freund? 1993/94.
Mit Gouache übermalte eigene Lithographie. 54 × 67,9 cm.

Roger Bonnard. 1947. Lebt in Weimar und Dresden. Weißer Akt. 1994.
Mischtechnik auf Leinwand. 50 × 70 cm.

Katharina Prantl. 1958. Lebt in Wien. Meditation. 1987.
Aquarelle auf philippinischem Papier.

Stefanie Unruh. 1959. Lebt in München. 6. 8. 1945. 1994. Bleistift, Goldfarbe, Schrift, Papier. Ca. 250 × 200 cm.

Dorothea Reese-Heim. 1943. Lebt in München und Paderborn. Das Prinzip der Hülle. Inkrustation. Ein Spiegelbild der Natur. 1992. Handgeschöpftes Papier. Höhe der Installation: 2,75 m.

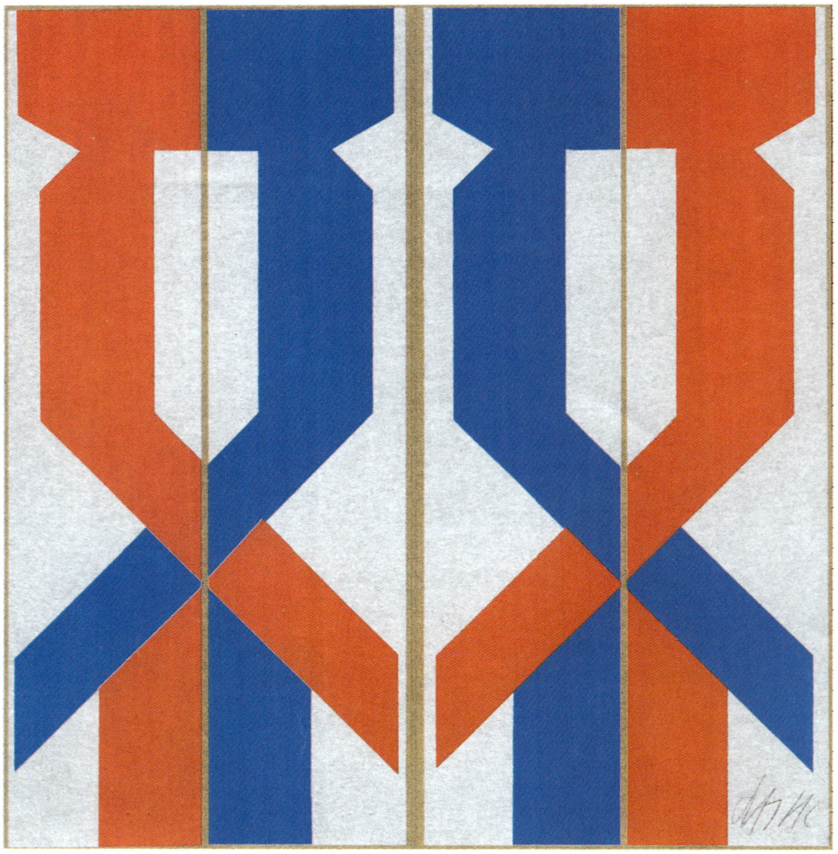

Otto-Herbert Hajek. 1927. Lebt in Stuttgart.
Das Paar. 1975. Vier-Farben-Serigraphie. 21 × 20,5 cm.

Zum Ginkgo-Motiv bei Atsuko Kato:

West-östliche Synthesen

Von Helga Schmoll genannt Eisenwerth

Atsuko Kato blieb nach ersten Studien in Japan (Kunstakademie Aichi; 1970–1976) und weiteren als Meisterschülerin an der Akademie der bildenden Künste Nürnberg (1976–1983) in Deutschland (Abb. 1). Sie lebt seit 1983 mit ihrem Mann, dem Bildhauer Kunihiko Kato, in Fürth. Ihre Malerei vertritt eine eigene Version des Surrealismus, die man am ehesten dem „Phantastischen Realismus" zuordnen könnte. Sie engagierte sich — neben Landschaften — besonders in der Darstellung von Pflanzen und Blumen, die sie sowohl botanisch genau, also naturalistisch, wiederzugeben vermag als auch überhöht in symbolistische Bedeutungsbezüge einbindet. Sie hat die Fähigkeit, in zarten Pinselzeichnungen altjapanischer Tradition Einzelpflanzen, Bäume und Landschaften wiederzugeben, einerseits mit großer Akkuratesse und Exaktheit, andererseits als romantische Vision. In eigentümlicher, charakteristischer Weise verschmelzen dabei die Überlieferungen der japanischen Naturdarstellung mit „altdeutschen", die sie während ihrer Nürnberger Akademiezeit durch das Studium der Werke Albrecht Dürers und anderer Meister des 15. und 16. Jahrhunderts kennen und schätzen lernte. Diese „west-östliche Synthese" in ihrer Malerei, aber auch in ihren Zeichnungen und ihrer Druckgraphik (Lithographien und Radierungen) besticht durch Feinheit der Ausführung und Ideenreichtum. Davon zeugt das positive Echo auf ihre erfolgreichen Einzelausstellungen und Ausstellungsbeteiligungen im In- und Ausland (von 1971 bis 1994 allein 47 Einzel- bzw. gemeinsame Ausstellungen zusammen mit ihrem Mann, sowie die Beteiligung an 124 Ausstellungen) und die ihr zuerkannten Auszeichnungen (1979 und 1980 Akademiepreis Nürnberg, 1988 1. Preis der 55. Internationalen Jahresausstellung Washington/USA, 1993 „Kunstpreis der Stadt Fürth" und 1994 „Kunstpreis für Lithographie Maxberg/Solnhofen" des Germanischen Nationalmuseums Nürnberg).

Abb. 1: Atsuko Kato beim Zeichnen auf dem Lithostein, 1993. Für die Lithographie „Zeitspektrum" erhielt die Künstlerin 1994 den „Kunstpreis für Lithographie Maxberg/Solnhofen" des Germanischen Nationalmuseums Nürnberg.

Es entspricht ihrer Neigung zur genauen Beobachtung der Natur und ihrer Darstellungsweise vegetabilischer Phänomene, daß sie selbst eine begnadete Gärtnerin ist, mit sogenannten „grünen Händen" für seltene Gewächse und Gewürzpflanzen, die sie in ihrem Atelier und in einem kleinen Garten am Rande der Stadt Fürth kultiviert. Man kann ihre Blumen- und Pflanzenmalerei auch in der Nachfolge der bis heute unvergessenen Tochter des durch seine Städteansichten in Kupferstichalben berühmten Matthäus Merian d. Ä., Maria Sibylla Merian (1647–1717) sehen, die zeitweilig auch in Nürnberg

lebte und die mit ihren Darstellungen von heimischen und exotischen Blumen, Pflanzen, Früchten und Insekten in Kupferstichen und Aquarellen bekannt wurde.
Auch an Pierre-Joseph Redouté, in Paris tätiger Blumenmaler flämischer Herkunft (1759–1840), darf erinnert werden, genannt „Raphael des fleurs". Auch er malte in verschiedenen Techniken Blumen, besonders Rosen, die am französischen Hof vor allem von der Königin Marie Antoinette und der Kaiserin Josephine geschätzt wurden. Hundert Jahre nach dem Tod Sibylla Merians erschien Redoutés lithographierte Serie „les roses" (1817), ein weiterer Markstein in der Kunstgeschichte der Blumenmalerei. Diese hat natürlich ihre großen Vorläufer in den motivisch vergleichbaren Darstellungen Dürers, des „Blumen-Brueghel" und der niederländischen, auf Blumen spezialisierten Stillebenmaler.
In den meisten dieser Blumenbilder der Vergangenheit, aber auch der Gegenwart, schwingt zweierlei Bedeutung mit: zum einen das Exempel der Natur ganz allgemein, deren köstlichste Blüten in den vielfarbigen Blumen zu erkennen sind, zum anderen das Gleichnis menschlichen Lebens, das, von höherer Warte gesehen, wächst, blüht, aber auch welkt und vergeht wie die Blume: wie es bei Hiob (14, 2) heißt „Der Mensch gehet auf wie eine Blume und fällt ab", und im Psalm 103, 15–16 „Der Mensch ist in seinem Leben wie Gras; er blühet wie eine Blume auf dem Felde; wenn der Wind darüber gehet, so ist sie nimmer da."
An welchen Bäumen, Pflanzen und Blumen Atsuko Kato den „Jahreslauf" versinnbildlicht, zeigt am besten ihr handkolorierter Lithographie-Zyklus „Zwölf Monatszeichen — Serie der Heilpflanzen" aus den Jahren 1987/88 [1]. A. Kato läßt hier das Jahr mit der „Linde" beginnen. Die tausendjährige Linde hat in Europa einen ähnlichen Stellenwert wie in Asien der heilige Tempelbaum Ginkgo; als Symbolbaum und -blatt wird hier die Linde vor allem mit ihrem charakteristischen geflügelten Samen, der zur Erde herabschwebt, in nuce gezeigt, ihre volle Blüten- und Duftentfaltung im Hochsommer vorwegnehmend.
Für den April steht der sonnenhaft strahlende Blütenkorb des „Löwenzahns" — der die Wiesen im Frühling in einen gelben Teppich verwandelt — und seine fedrige, in alle Winde verwehende Samenkugel. Zu A. Katos Lieblingsmotiven gehört auch der Ahornbaum mit seinen ausgezackten fünflappigen Blättern und seinen im stumpfen Winkel angeordneten Flügelsamen. Im Monat Mai läßt sie, den ganzen Freudentaumel der wieder erwachten Natur veranschaulichend, diese Flugkörper in heiter-luftigen Reigen, ja fast in einer Wirbelrosette tanzen.
Blüten von „Rosen, Tulpen, Nelken" suchen wir bei A. Kato vergebens. Für die Sommermonate Juli/August wählt sie die eher unscheinbare „Wegwarte" und die hoch aufragende „Königskerze". Der Rosenstrauch erscheint dann im Spätherbst mit seinen Früchten, den Hagebutten.
Beim „Ginkgo", auf dem Oktoberblatt — dem Monat, an dem der Ginkgobaum sich goldgelb färbt und über Nacht seine ganze Blattfülle auf einmal abstreift (die herbstliche Gelbfärbung und das Verlieren der Nadeln ist bei den Nadelbäumen, mit denen der Ginkgo ja verwandt ist, nur bei der Lärche zu beobachten [2]) —, bilden die Blätter wieder einen Luftwirbel über einem kolorierten Zweig mit aprikosenfarbenen kirschgroßen herabhängenden Früchten [3]. Das zwölfte Blatt, den Dezember, stellt A. Kato unter das immergrüne glückbringende Zeichen der „Mistel", im Sinne des französischen Neujahrsglückwunsches „au gui l'an neuf" oder des englischen „no mistletoe, no luck"!
Seit 1985/86 widmet sich die Künstlerin zunehmend den Symbolpflanzen „Mistel" und „Ginkgo". So stellte sie auf der, anläßlich der 600-Jahr-Feiern der Universität Heidelberg,im Deutschen Apotheken-Museum im Heidelberger Schloß veranstalteten Ausstellung „Mistel — Kunstmotiv im Jugendstil" [4] u. a. ein Rundbild mit dem „Fluch der Mistel", dem Tod des Gottes Baldur durch einen aus Mistelholz gefertigten Pfeil, aus [5]. Ferner zeigte sie auf der Ausstellung „Le Gui" im Musée de Sarreguemines (Frankreich) 1987/88 eine weitere Folge von Mistelbildern, u. a. mit Demeter als Baumgottheit [6].
Mythos und Brauchtum um Mistel und Ginkgo beschäftigten A. Kato so intensiv, daß seither eine ganze Welle von Arbeiten in verschiedensten Techniken vor allem mit Ginkgo-Variationen entstand. Sie umkreist das Thema, in dem sich Überlieferung und Kult verkörpern, sowohl als ein Stück japanischer Heimat als auch im Formalen, im Interesse an der Gestalt des zweigeteilten Blattes: In ihren Monatszeichen von 1987/88 zeigt sie den zweihäusigen Ginkgo in Baumgestalten von Mann und Frau, an Albrecht Dürers Kupferstich mit dem Ersten Menschenpaar „Adam und Eva" zu beiden Seiten des Baums der Erkenntnis erinnernd, aber auch als Baumwesen im Sinne von Ovids Metamorphosen (Abb. 2). Davor läßt sie einen Zweig des Ginkgobaums mit Blättern und Früchten hängen, und wie bei allen Monatsbildern der Serie hat A. Kato unter das Medaillonbild freistehend ein exem-

plarisches, koloriertes Einzelblatt der zum Monat gewählten Pflanze gestellt. Das Ginkgoblatt zeigt im Gegensatz zu den Blättern bedecktsamiger Laubbäume (deren Blattnerven sich von der Mittelrippe aus verzweigen) fast parallelnervige, leicht fächerförmige Blätter (in Ostasien auch „Entenfuß“ genannt als bildhafter Vergleich der Grundform). Der Blattumriß besitzt mit leichter oder aber markant tiefer Einkerbung in der Mitte oben einen Einschnitt — daher der Artname „biloba“ (zweilappig).

Zunächst steht die Zweigeschlechtlichkeit des Ginkgobaumes symbolisch für fernöstliche Dialektik. Atsuko Kato formuliert dies anläßlich ihrer letzten Ginkgo-Installation im Garten des Fürther Logenhauses im Juni 1994 so: „Einst waren Ginkgobäume auf der ganzen Welt . . .“, Symbol für „Ost und West“, „Männliches und Weibliches“, „Licht und Schatten“, „Leben und Tod“, „Yin und Yang“, „Vergangenheit und Zukunft“, die „alle einen gemeinsamen Ursprung haben“.

Die Symbolik der Zweiteilung des Ginkgoblattes, die Formel „2 = 1“ (Zwei sind Eins, Zwei in Einem“) die Goethe zum Gedicht „Ginkgo biloba“ 1815 an Marianne von Willemer inspirierte, hat A. Kato seit 1989 auch auf die überwundene Teilung Deutschlands angewandt und, nach dem Fall der Mauer, auf seine wiedergewonnene „Einheit“ (vgl. Katos „Hommage à Goethe“, Steindruck, handkoloriert, und „Ginkgo biloba-2, japanische Tusche und Pastellkreide 1991, mit zwei sich spiegelbildlich überlappenden Ginkgoblättern, verbunden durch das in drei breiten Zeilen in den Farben Schwarz, Rot, Gold notierte Goethe-Gedichte, um nur einige Beispiele aus dieser Serie herauszugreifen; Abb. 3).

Varianten der Ginkgoblattform — bei schrittweise geringer werdender Spaltung bzw. Einkerbung des Ginkgoblattes — schuf A. Kato 1993 in einem vierteiligen Ölgemälde „Wald“, das zugleich die Jahreszeiten veranschaulicht. Zuerst erscheint vor einer bunten Frühlingslandschaft mit blühenden Sträuchern ein wie ein weißer Schleier sich entfaltendes, in der Mitte und seitlich tief eingekerbtes Ginkgoblatt, auf dem sich bunte Schmetterlinge niedergelassen haben. Auf dem zweiten Bild überdeckt ein zweilappiges farbloses Ginkgoblatt, auf das vom Wind getragene Blütenblätter von rotem Mohn, blauen Glockenblumen und gelben Blüten fallen, eine sattgrüne Waldlandschaft. Auf dem dritten Bild ist ein durchscheinendes fächerförmiges Ginkgoblatt vor buntgefärbtem Herbstwald, von verwehtem Laub und Samen umtanzt, und am vierten steht ein im Umriß fast geschlos-

Abb. 2: Monatsbild Oktober aus dem Zyklus „Zwölf Monatszeichen — Serie der Heilpflanzen“, 1988. Handkolorierte Lithographie, 50 × 40 cm.

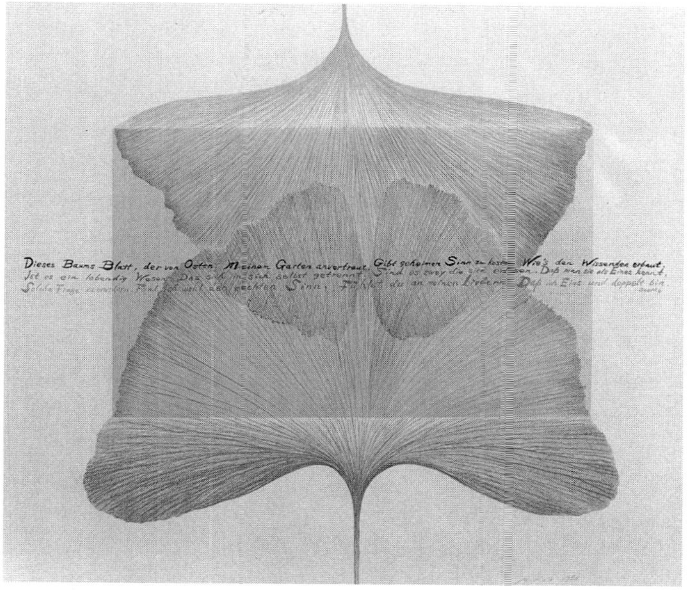

Abb. 3: Ginkgo biloba-2, 1991. Japanische Tusche und Pastellkreide, 65 × 75 cm.

senes durchsichtiges Ginkgoblatt vor einer rauhreifüberzogenen Winterlandschaft. Vor nachtblauem Himmel erstrahlt ein Feuerwerk. A. Kato, die aus Japan nur das Abbrennen eines Feuerwerks im Hochsommer (im Zusammenhang mit dem Ahnenkult) kennt, wollte hier den in Europa und der westlichen Welt in „Friedenszeiten" an Silvester/Neujahr gefeierten und in den Himmel „gefeuerten" Jubel mit Raketen in Kontrast bringen zur winterlichen Stille und Zurückgenommenheit der Erde.
Die Bildelemente des diaphanen, nur in der Struktur gezeigten Ginkgoblattes und die Jahreszeitenfolge mit dem Erwachen und Absterben der Natur, mit den in der Luft tanzenden Blätter- und Blütenwirbeln, bis zu ihrem Verglühen im Kosmos, kommen bei A. Kato als „Eigenzitate" in großer Vielfalt in ihren Arbeiten wiederholt vor. Wie bei W. Kandinsky das Reitermotiv auch in Abstraktionen noch erkenn- oder ahnbar bleibt, so lernt man in Katos verschlüsselter Bilder- und Vorstellungswelt bald „lesen", wenn man die Bildelemente versteht. Sie kehren oft wieder, ohne daß es eintönig würde. Im Gegenteil: Ihr Ideenreichtum überrascht immer auf's Neue!
Betrachten wir den Zyklus der Elemente, bezogen auf den Ginkgobaum, „In der Erde", „In der Luft", „Im Feuer" und „Im Wasser" von 1989 bis 1993 (s. Tafel 18): Alle vier Ölgemälde führen den Betrachter in tiefe Nachdenklichkeit und rufen ihn zum Umkreisen des Phänomens Ginkgo geradezu auf. Das erste Bild — wie in einem Querschnitt durch die Erdkugel — zeigt von unserem Planeten eine Halbkugel in einer Art Urzustand. Braune Gebirge schichten sich darin auf, und aus dem Innern schimmert grün erwachendes Leben, bekrönt von zart blauen Wolken am fernen Horizont. Aus braunem Erdreich grünt vom unteren Bildrand herauf ein junger Ginkgo, stellvertretend für die seit dem Jura (vor ca. 280 Millionen Jahren) auf der Erde vorkommenden Nacktsamer (Gymnospermae), zu denen außer den Palmfarnen und Nadelbäumen auch die Ginkgogewächse gehören, die in Europa bis ins Pliozän (dem jüngeren Tertiär, bis vor ca. 7 Millionen Jahren) wuchsen.
Das luftige Element veranschaulicht ein überwiegend in Blau und Gelb gehaltenes Bild: Das Auge des Betrachters wird dabei an bereits entlaubten Stämmen hinauf in die Wolken geführt. Um einen runden Freiraum — wie ein Auge — im tiefblauen Himmel wirbeln in der Ferne spiralförmig goldgelbe Ginkgoblätter, die näher zum Bildrand hin größer und an ihrer typisch gespaltenen Blattform deutlicher erkennbar werden. In ihrem dritten Bild „Im Feuer" will die Malerin das Bedrohliche von Naturkatastrophen und von Menschen herbeigeführtes Unheil darstellen. In lodernden Flammen vor dunkelrotem Himmel wird alles Leben versengt. Im Sog der Brände taumeln gelbe und rotbraune Ginkgoblätter durch den Raum. Die „immergrüne Hoffnung" in Form eines jungen, frisch treibenden Ginkgostämmchens ruft die Erinnerung wach an das entsetzliche Geschehen von Hiroshima. Unter den lichterloh brennenden Bäumen befanden sich Ginkgos, die am frühesten von allen Gewächsen wieder Blätter trieben (s. Tafel 7).
Das wäßrige Element wird im 4. Bild in Form von Tautropfen versinnbildlicht, die jeweils einen Ginkgokeimling — einer Glaskugel oder Seifenblase gleich — umhüllen, ein Hinweis auf das zum Wachstum der Pflanze notwendige Wasser. Zugleich gilt die Darstellung aber auch der Tatsache, daß der Ginkgobaum unter kargen, regenarmen Lebensbedingungen auch nur durch Tautropfen zu überleben vermag.
In Einzelbildern wie der „Traum des kleinen Ginkgo 1 + 2" von 1990 und 1991 sowie in „Licht-6" von 1992 greift A. Kato den Tanz der herbstlichen Ginkgoblätter vor blauem Himmelsgrund wieder auf, mit einem ins Bild wachsenden grünen Ginkgosproß.
Im Ölgemälde „Tau-2" von 1990 bildet die deltaförmig aufgefächerte Blattstruktur eines übergroßen Ginkgoblatts eine sich nach vorne verbreiternde Bahn, auf der junge Ginkgopflänzchen, in Tautropfen gehüllt, herabrollen, zu einem im Vordergrund bereits aufwachsenden Baum.
In den Ölgemälden „Licht-2" und „Licht-4" von 1992 zeigt Atsuko Kato weitere Varianten des Werdens und Vergehens. Im hochformatigen Bild „Licht-2" steht vor kahlen Bäumen ein erst aufwachsendes Ginkgobaum-Paar, auf das ein Reigen farbloser Ginkgoblätter herabschwebt. Im querformatigen Bild „Licht-4" erscheint, einem Himmelskörper gleich, ein weißlicher Spiralnebel aus hellgrün und goldgelb leuchtenden Ginkgoblättern, die in der vordersten Bildebene vor kahlen Bäumen tanzen.
Die Zweigeschlechtlichkeit des Ginkgo, die A. Kato 1987/88 im Lithographie-Zyklus der „Monatszeichen" in Anlehnung an Dürers Kupferstich als Erstes Menschenpaar darstellte, regte sie 1990 zu einem farblich besonders delikaten Ölgemälde visionären Charakters an, das sie „Ginkgo-Paar" nennt. Vor gedämpftblauem baumbestandenem Grund fächert sich ein bräunlich-erdhaft strukturiertes Ginkgoblatt über die ganze Bildfläche auf. Unten seitlich schwebend, wie auf Inseln, erkennt man

Felsbrocken mit versteinerten Abdrucken von viele Millionen Jahre alten Ginkgoblättern. (Solche Fundstücke befinden sich heute in Museen und Sammlungen.) Auf ihnen wachsen kleine Ginkgobäume, die mit gelblichen Blättern vor die Flanken des großen herzförmigen Ginkgoblattes ragen. Der linke, im Wuchs breitere, ist ein weiblicher, rechts der schlankere und höher gewachsene ein männlicher Ginkgo. Die beiden Bäume vertreten also das weibliche und männliche Element rechts und links innerhalb der durch den Blatteinschnitt getrennten Hälften des großen Ginkgoblattes, das in einer weiteren Schicht des Bildes eine Urlandschaft durchscheinen läßt, die in Spachteltechnik schrundige Felsformationen andeutet.
1991 ff. entstehen Arbeiten mit japanischer Tusche und Pastellkreide mit dem japanischen Schriftzug „Ginkgo" sowie graphische Variationen zu japanischen Familienwappen mit stilisierten Ginkgoblättern. Unter diesen Steindrucken erkennt man auch Darstellungen des berühmten bronzenen großen Buddha von Kamakura, der Tempelstadt südlich von Tokyo, wo uralte Ginkgobäume verehrt werden.
Auf dem Ölbild „Grüße-2" von 1991, das in drei übereinanderliegenden Schichten farbige Ginkgoblätter wie auf einen Teppich gestreut zeigt, breitet sich eine Wiese aus, die mit gelben Ginkgoblättern wie mit Löwenzahn übersät ist (Abb. 4). Auf der „Ginkgo-Wiese" steht einem aufgeschlitzten Vorhang gleich eine durchsichtige Gazewand. Darauf sind wieder acht stehende, verschiedenfarbige Ginkgoblätter aufgereiht. Alle Blattformen sind hier vertreten, vom nadelartig mehrfach aufgespaltenen jungen bis zum fast flächenhaft geschlossenen ausgewachsenen Fächer. Im Vordergrund, vor Wiese und Gazevorhang, liegt ein Steinbrocken — wie ein Findling — mit versteinerten Ginkgoblättern. Es bleibt dem Betrachter überlassen, das Bild von der Tiefe nach vorne oder umgekehrt, von der Erdentwicklung (dem Urweltfund) bis zur Gegenwart, zu lesen.
1990 nahm Atsuko Kato zwei verschieden große halbrunde Fensterrahmen von Dachluken (am größeren sind noch die Fensterriegel zu sehen) zum Anlaß, daraus ein originelles Doppelbild zu schaffen, dem sie den Titel „Durchblick der Zeit" gab (Abb. 5). Sie bemalte dabei auch den Rahmen des größeren Halbrunds mit grünen Ginkgoblättern. Das Motiv der aus Versteinerungen herauswachsenden Ginkgobäume setzt sich im oberen kleineren Halbrund fort, wo eine Libelle, ein gelb-grünes und ein blaues Blatt über den Baumspitzen schweben.
Als besonders lyrische, surreale Ginkgo-Versionen dürfen

Abb. 4: Grüße — 2, 1991. Öl, 67 × 73 cm.

Abb. 5: Durchblick der Zeit, 1990. Öl, 43 × 70 und 31 × 60 cm.

Abb. 6: Für das Gedicht von Goethe, 1990. Öl, 67 × 73 cm.

Abb. 7: Flug über den Ginkgowald, 1989. Öl, 97 × 107 cm.

die ebenfalls 1990 entstandenen Ölbilder „Zwei Welten in Eins" und „Für das Gedicht von Goethe" gelten. Beide versinnbildlichen die tote und die lebende Natur, das „Stirb und Werde" Goethes in einer Ganzheit.
Im Gemälde „Zwei Welten in Eins" ist das vor eine weite Landschaft gestellte, die ganze Bildfläche einnehmende gespaltene Ginkgoblatt in seiner linken Hälfte farblos wie ein Schleier vor kahlen Bäumen, in der rechten Blatthälfte gelb-grün, vor einer Landschaft mit grünen Baumgruppen.
Surrealer noch mutet die Gestaltung „Für das Gedicht von Goethe" an (Abb. 6): Eine hellblaue und eine violettbraune Bildhälfte wirken papierartig symmetrisch aufgerissen, so daß die untere dunkle Fläche mit dem kahlen Ginkgostamm und dem herabfallenden gelben Blatt nach links in's Blaue umgeklappt erscheint; die vor hellblauem Himmel sprießende junge Ginkgopflanze mit grünen Blättern erscheint dagegen in der rechten Bildhälfte, deren obere größere Partie dunkel gefärbt ist. Die eigentümliche Bilderfindung geht von der Vorstellung aus, daß ein Papier gefaltet und abgerissen wurde, entsprechend den japanischen, seit altersher kultivierten Spielereien mit gefaltetem Papier. Hier entsteht ein surrealer Effekt durch Symmetrie und gekreuzte Umkehrung. A. Kato liebt diese Art der Gegenüberstellungen, die sie malerisch sicher beherrscht und formal perfekt löst.

Mit Ihrem Bild „Flug über den Ginkgowald" war A. Kato auf der Ausstellung „Zeitgenössische Kunst in Franken" im Sommer 1989 im Schloß Pommersfelden vertreten [7]. Das Bild wirkt wie ein aus der Vogelperspektive gesehenes Panorama unbegrenzt in die Tiefe ziehender Wälder. Über den Baumwipfeln segeln blaue Ginkgoblätter. (Ihre blaue Farbe bedeutet traumhafte Unwirklichkeit, wie sie in den programmatischen Namen der Künstlervereinigungen „Die blaue Rose", Moskau 1905, oder der „Blaue Reiter", München 1911, verwandt werden.) Diese blauen Ginkgoblätter wirbeln nicht durch die Luft — wie auf vielen anderen Bildern A. Katos —, sondern stehen mit ihren Blattsegeln wie „Surfstangen über dem Wasser", hier über den Wellen der Baumwipfel. An diesen dünnen Blattstengeln halten sich bzw. turnen kleine menschliche Figuren. Es handelt sich dabei um Porträts en miniature. Am größten Ginkgoblatt vorne rechts im Bilde hüpft der Bildhauer Kunihiko Kato. An einem Blatt davor erkennt man das Miniaturselbstbildnis der Malerin. Auch die anderen kleinen Gestalten sind Bildnisse, die gedanklich vereint, daß diese Personen — wenn auch nicht gleichzeitig — im Jahre 1986 in Japan waren [8]. Das Bild wirkt mit diesen lustigen Staffage-Figuren äußerst heiter — im Gegensatz zu anderen symbolisch bedeutungsschweren Gemälden (Abb. 7).
In ihrem schlicht „Ginkgo" genannten großformatigen

Gemälde von 1988 verwirklicht A. Kato die Vision von Wachsen und Vergehen, von universalen kosmischen Kräften, von der dunklen Erde unten durch Lichträume bis zur strahlend leuchtenden Sonnensphäre oben, verkörpert in Bäumen, Blättern und blendendem Licht einer wahren „Lichtaura" (s. Tafel 19).
In dem handkolorierten Steindruck „Zeitspektrum" von 1993, für den die Künstlerin — wie eingangs erwähnt — kürzlich im Germanischen Nationalmuseum Nürnberg mit dem Ersten Preis für Lithographie ausgezeichnet wurde, werden noch einmal die in der vorliegenden Überschau in knapper Auswahl herausgegriffenen Einzelmotive zum Thema „Ginkgo" kombiniert (Abb. 8). Das in vier Ebenen gegliederte Bild zeigt in der Mitte die obere Partie eines Blattes von Ginkgo biloba, das durch die tiefe Einkerbung — gleichzeitig wie eine Metamorphose — als Gebirgslandschaft mit zwei Gipfeln erscheint. Im Vordergrund wachsen kahle Bäume und davor ragen zwölf grün- und gelbfarbige Ginkgoblätter auf. In der darüberliegenden Himmelszone entrollt sich aber, einem Feuerwerk gleich, von einem Spiralwirbel ausgehend, über dem schluchtartig wirkenden Blatteinschnitt ein Konfetti-artiger Regen von wirbelnden Ginkgoblättern.
Die behutsam abgestufte und ausgewogenen Art der Bildkomposition vermittelt Stille und doch zugleich auch Dynamik. Dr. Janeck vom Germanischen Nationalmuseum Nürnberg formulierte dies bei seiner Laudatio auf A. Kato anläßlich der Lithographie-Preisverleihung am 31. Mai 1994 mit folgenden Worten: „Frau Kato arbeitet zur Zeit an einer Serie mit dem Ginkgobaum als Thema; sie bezieht sich dabei auf Goethes Gedicht aus dem West-östlichen Divan. Schon damit ist Begegnung und sind Polaritäten angesprochen, wozu ja noch ihr persönliches Erleben Deutschlands und Europas als Japanerin kommt. Der Ginkgobaum ist zweihäusig, steht in sich für Polarität und ist für Frau Kato Sinnbild für Gegensätzlichkeiten . . . Sie sieht also den Wandel der Zeit, das Vergehen, die Umfärbung, die Teilung des Blattes, das dennoch eine Einheit bildet, im Vordergrund. Dahinter die Imagination (das Herz) in der Aufschichtung von belebter Natur und unbelebter Natur, von individuellen Gestalten der Bäume und Berge, die sich dennoch verwandt sind, — und von einem kosmischen Strudel, der die Unzahl von einzelnen Ginkgoblättern mit ihrer Teilung und doch Einheit in eine unbekannte Tiefe des Raumes zieht, wo aus allen Polaritäten eine Begegnung, eine Aufhebung in der Stille zu Einem wird, von dem man mehr nicht sagen darf."

Abb. 8: Zeitspektrum, 1993. Kolorierte Lithographie, 40 × 60 cm.

Abschließend kann also festgestellt werden, daß Atsuko Kato nicht nur in der künstlerischen Darstellung und Ausdrucksweise, sondern auch in ihrer Symbolsprache eine Synthese von japanisch-fernöstlicher und deutsch-europäischer Gedankenwelt gelingt.

Anmerkungen

[1] Vgl. Helga Schmoll gen. Eisenwerth „Gedanken zur graphischen Jahreszeitenfolge von Atsuko Kato. Sinnbilder: Landschaften, Pflanzen, Figuren, Mythos, Brauchtum." In: Atsuko Kato Kat.-3-1989, Abb. 51–62.

[2] Vgl. hierzu bes. Ernst Michael Kranich „Die Formensprache der Pflanze." Grundlinien einer kosmologischen Botanik. 2. erw. Aufl. Stuttgart 1979, S. 100 ff.

[3] Atsuko Kato Kat.-3-1989, op. cit. Abb. 60.

[4] Dank des Engagements von Prof. Dr. Hans Becker, Pharmazeutischer Biologe, damals Universität Heidelberg, und des seinerzeitigen Leiters des Deutschen Apotheken-Museums Dr. Wolfgang Caesar, konnte die über sechs Monate laufende Ausstellung „Mistel" als eine Art Schatzkammer im Deutschen Apotheken-Museum im Heidelberger Schloß, mit zahlreichen Objekten des internationalen Kunsthandwerks, hauptsächlich des Jugendstils, präsentiert werden. Das die Ausstellung begleitende Buch von Hans Becker und Helga Schmoll gen. Eisenwerth „Mistel-Arzneipflanze, Brauchtum, Mythos, Kunstmotiv im Jugendstil" erschien in der Wissenschaftlichen Verlagsgesellschaft Stuttgart, 1986.

[5] Wie bei den Kelten (vgl. Plinius „Historia Naturalis") kommt der Mistel auch bei den Germanen („Edda", Baldursage) eine zentrale Bedeutung zu. Baldur, Sohn Odins und Friggs, der Gott des Lichtes, wird durch eine List seines Bruders Loki durch einen aus einem Mistelzweig gefertigten Pfeil getötet, da Frigg, als sie allen Naturwesen den Eid abnahm, Baldur nicht zu schaden, die Mistel vergessen hatte.

[6] Hans Becker, Helga Schmoll gen. Eisenwerth „Au Gui l'An Neuf". Ausst. Kat. Le Gui, Musée de Sarreguemines, 1987/88.

[7] Ausst. Kat. „Zeitgenössische Kunst in Franken" Schloß Pommersfelden 1989, Farbabb. S 85.

[8] In der Bildmitte erkennt man Dr. Helga Schmoll g. E. und Prof. Dr. J. A. Schmoll g. E., weiter hinten links das Ehepaar Dr. med. A. Beyer, Katos älteste deutsche Freunde, mit denen sie auch in Japan reiste.

Kawanabe Kyosai (1831–1889).
Turning the Tables: Frogs crucifying a snake. British Museum, London. Collection of Japanese Paintings, No. 1632.

Das Bild stellt eine akrobatische Szene als „verkehrte Welt" dar. Wie ein Hochseil ist eine Schlange zwischen zwei senkrecht in den Boden gerammte Pfähle gespannt. Eine übermütige Meute Frösche vollführt auf dem Schlangenseil akrobatische Kunststücke, schaukelt und turnt an ihr verwegen herum. Zwei Frösche schwenken Ginkgoblätter wie Balancefächer, auch der kopfunter schaukelnde Frosch hält ein Ginkgoblatt.

Es existiert ein nach diesem Bild geschaffener Holzschnitt, abgebildet in William Anderson, Japanese Wood Engravings, their History, Technique and Charakteristics. London and New York 1895.

Die beiden Ginkgoblätter-schwenkenden Frösche des Bildes schmücken überdies den Einband des Buches von Sir Albert C. Seward, Plant Life through the Ages, a geological and botanical Retrospect. Cambridge University Press 1931.

(Aus dem Ginkgo-Archiv von Dr. Erasmus Hultzsch, Jena)

Ginkgo biloba
im Kunsthandwerk Ostasiens und Europas

Von Helga Schmoll genannt Eisenwerth

Ginkgo-Motive in der älteren japanischen Kunst

Die Ginkgo als Motiv kommt in der chinesischen und japanischen Malerei — auch im japanischen Ikebana (von Bonsais abgesehen) — so gut wie gar nicht vor.
Auch in der klassischen Literatur (8.–14. Jahrhundert) wird sie nicht erwähnt. Vielleicht läßt sich daher die Abstinenz der Maler, die sich stets an die literarische Tradition gehalten haben, erklären. Nach Dietrich Seckel/Heidelberg [1] begegnet das Ginkgo-Motiv in der chinesischen Lyrik erst in der Sung-Zeit (10.–13. Jahrhundert), wo dann auch in einer Textquelle von 1123 ein Gemälde dieses Sujets erwähnt wird.
Die buddhistischen Zen-Mönche liebten den Ginkgobaum, den sie von China in ihre Klosterhöfe nach Japan verpflanzten. 1202 wurde im Tempel Kennin-ji in Kyoto das erste Zen-Kloster in Japan gegründet, denen viele andere im ganzen Lande folgten. Die Zen-Priester verehrten zwar den Ginkgobaum, „die Symbolik seiner Blattform" ist ihnen aber merkwürdigerweise nicht aufgefallen (Seckel).
Daß man gerade dieses dekorative fächerförmige Blatt relativ selten in der bildenden Kunst antrifft, mag u. a. mit daran liegen, daß die Ostasiaten gefühlsmäßig etwas gegen den „üblen Geruch" der Ginkgosamen haben.
An vielen Orten Japans werden Ginkgo-Tempelbäume vor allem von Frauen verehrt (siehe Beitrag von A. Kato); das mag mit an ihrem Wuchs liegen: Bei den sehr alten Bäumen (und nur bei diesen!) — wie sie in den Tempelstätten von Kamakura zu finden sind — fällt auf, daß sie aus ihren mehr oder weniger horizontalen dicken Ästen nach unten hängende Auswüchse bilden, die weiblichen Brüsten ähneln, weswegen solche Bäume von Frauen, die unter Mangel an Muttermilch litten, um Fürbitte aufgesucht wurden.
Im Kunsthandwerk kommt das Ginkgo-Motiv öfter vor, z. B. an alten Familienwappen, die allerdings nicht alle auch wirklich gebräuchlich sind, aber z. B. an Schauspieler-Kostümen zur Unterscheidung dienen. Diese meist kreisrunden Wappenscheiben sind schon allein deswegen faszinierend, weil hier die „Ginkgoblätter nach allen Regeln der Variationskunst durchgespielt werden" (Seckel; einige Beispiele sind jeweils am Schluß der Beiträge abgebildet) [2]. Beispiele hierfür kann man auf alten Farbholzschnitten entdecken. Groß und deutlich prangt das ins Rund eingebundene Ginkgo-Emblem — neben verschiedenen Fächersorten — auf dem linken Ärmel des „Schauspielers Nakamura Senya" (in der Rolle der Tokonotsu) auf einem Farbholzschnitt des Torii Kiyomasu I. von 1716 (Honolulu Academy of Arts, Hawaii). Auf einem anderen frühen Farbholzschnitt von Torii Kiyoshige, um 1742, trägt der „Schauspieler Matsumoto Koshiro" in einer Rolle einen Kimono mit dem stilisierten Familienwappen aus drei Ginkgoblättern auf dem rechten Ärmel (Chicago Art Institute) [3].
Unerschöpflich im Erfinden und in der Durchgestaltung zeigt sich die japanische Kleinkunst in der Tokugawa- bzw. Edo-Zeit (1603–1868), von der man in der kunsthandwerklichen Produktion des Landes bis heute zehrt. Besonderer Wert wurde auf den Schmuck der Schwerter gelegt, den Menuki (kleine Schwertzierate) und den Tsuba (Schwertstichblätter). Diese wurden kunstfertig aus Bronze mit Gravuren und Einlegearbeiten aus edlen Metallen gefertigt [4]. Hier als Beispiel eine Tsuba aus dunkel patinierter Bronze mit kleinen intarsierten Ginkgoblättern in Gold aus dem 18. Jahrhundert. Die ganze Tsuba-

Abb. 1: Handspiegel mit Phönix, Bronze, Japan um 1850, Völkerkundemuseum Dresden.

fläche ist mit naturgroßen Ginkgoblättern umrißartig reliefiert (Privatbesitz, s. Tafel 9).

In den Sammlungen des Staatlichen Museums Tokyo befinden sich weitere Tsuba mit dem gleichen Dekor. Ein Schwertstichblatt zeigt drei Ginkgoblätter so über die runde Fläche verteilt, daß unten zwei verbundene, oben ein größeres Einzelblatt wie im Fluge zu schweben scheinen. Eine andere Tsuba im selben Museum ist mit Blättern von verschiedenen Bäumen geschmückt, darunter auch mit einem großen, lappig über den Tsubarand hängenden Ginkgoblatt [5].

Intarsierter Schmuck an Broschen, Gürtelschließen, Anstecknadeln, Halsketten des 19. und 20. Jahrhunderts hat hier seine Wurzeln.

Aus der gleichen Zeit seien noch zwei bronzene Handspiegel vom Ende der Edo-Zeit (um 1850) vorgestellt, einer in Privatbesitz, der um ein vierpaßartiges Motiv acht locker eingestreute Ginkgoblätter aufweist (s. Tafel 9), und ein größerer des Völkerkundemuseums Dresden (signiert). Dieser ist aufwendiger gestaltet: Das Mittelfeld füllt ein ins Rund eingepaßter Phönix mit ausgebreiteten Schwingen und geöffnetem Schnabel; den Rahmen füllen neun Blätter, davon sechs Ginkgoblätter (Abb. 1).

In der japanischen Kunst begegnen wir großem Erfindungsreichtum auf dem Gebiet der Keramik, die bis in den europäischen Jugendstil anregend wirkte (vgl. frühe Keramiken von Emile Gallé / Nancy!). So bei einer farbig glasierten Duftschale von Ninsei aus der Edo-Zeit im Staatlichen Museum von Tokyo. Die flache, fast quadratische Schale (10,3 × 10,8 cm) mit Flachrelief wirkt wie ein mit verknoteter Schnur verpacktes Geschenk, auf deren Deckel ein Ginkgoblatt (Relief) durch eine Kordel festgehalten wird [6].

Aus der Meiji-Periode, um 1880, sei hier noch ein Zierteller (Ø 14,2 cm) in blauer Imarimalerei vorgestellt, der im Tellerspiegel zwei Ginkgoblätter so angeordnet zeigt, daß diese das Yin-und-Yang-Zeichen ergeben. Auf dem Tellerrand finden sich viermal drei zusammengefaßte Ginkgoblätter mit langstieligen Samen (Privatbesitz, s. Tafel 9).

Ein 18 cm hohes japanisches Kinkozan-Vasen-Paar aus Porzellan zeigt stilisierte, fallende Ginkgo- und Ahornblätter in feiner Goldbrokatmalerei auf kobaltblauem Grund. Diese Blattstreifen rahmen elfenbeinfarbene Reserven in Emailmalerei mit Darstellungen aus dem Leben im Japan des 19. Jahrhunderts (Münchner Kunsthandel, s. Tafel 8).

In einem kuriosen Zusammenhang begegnen uns Ginkgoblätter auf einem Gemälde von Kawanabe Kyosai (1831–1889) (British Museum London, Abteilung Japanische Malerei, Nr. 1632). Der durch seine Satiren bekannt gewordene Künstler schildert eine „verkehrte Welt". Eine Schlange, der Todfeind der Frösche, wird von diesen als Balancierseil benutzt. Die Frösche haben die Schlange mit Kopf und Schwanz zwischen zwei eingerammte Pfähle gespannt, um darauf akrobatisch zu turnen. Zwei der Frösche benutzen als Balancierhilfe Ginkgoblätter (s. Seite 96). Von diesem humorvollen Sujet wurde auch ein Holzschnitt ausgeführt, der auch in England Verbreitung fand [7]. 1895 finden wir ihn in einem Londoner Werk über japanische Holzschnitte [8]. Noch 1931 schmücken die beiden Ginkgoblätter-

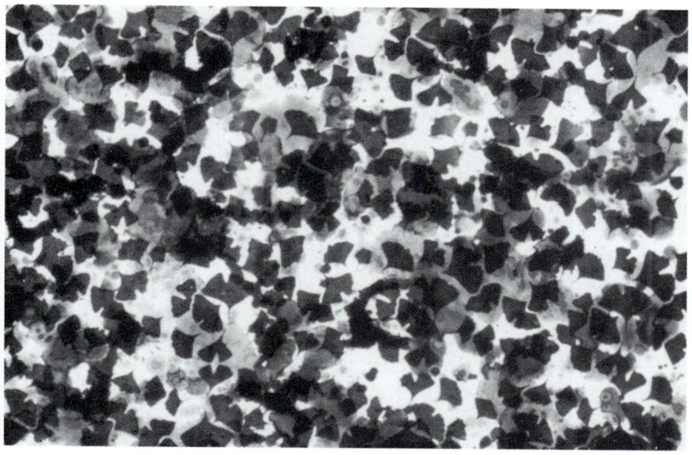

Abb. 2 und 3: Stoffentwürfe mit Motiven des Ginkgoblattes von Ursula Dübel, Krefeld. Handdrucke, bemalte Seide.

schwenkenden Frösche aus diesem Bild Kyosais den Einband eines Londoner Botanik-Werks [9].
Auf Kimonos, Baumwolltüchern und Kleiderstoffen des ausgehenden 19. und des 20. Jahrhunderts ist das herbstlich gefärbte Ginkgoblatt, sowohl naturalistisch als auch geometrisch stilisiert, als Dekor sehr beliebt. So trägt eine als Frau gekleidete Puppe des seit der Edo-Zeit die Tradition pflegenden japanischen Bunraku-Puppentheaters einen Kimono mit großflächig eingestreuten Ginkgoblättern (vgl. Kalender des " Bunraku Theater of Japan", 1994).
Der Ginkgo-Dekor auf Textilien beschränkt sich nicht auf Japan, er fand auch Eingang in Stoffdrucke unserer Textilschulen, wie ein Druckstoff von Heinz Trökes (geb. 1913) von 1932 (aus der Sammlung Johannes Itten) im Deutschen Textilmuseum Krefeld bezeugt [10]. Bei der Krefelder Dipl.-Designerin Ursula Dübel (geb. 1941) entfachte das Ginkgoblatt, das sie 1975 zufällig in einer der Krefelder Ginkgo-Alleen entdeckte, ein wahres „Textil-Design-Feuerwerk", wovon hier nur zwei Beispiele abgebildet werden können (Abb. 2 und 3; vgl. S. 130 f.) [11].

Ginkgo-Motive im französischen „Japonismus" und Art Nouveau

Keramik

Der „Japonismus", wie man zunächst herablassend die bloße Nachahmung von fernöstlichen Vorbildern in der Architektur des 17./18. Jahrhunderts („Chinoiserien"), in den Werkkünsten (auf Porzellanen und Glas, Schmuck und Textil) nannte, wurde dann im Zuge einer fruchtbaren Auseinandersetzung seit 1860 in Europa, vor allem der Künstler des Impressionismus (Monet, Manet, Whistler, van Gogh u. a.) bis zum Jugendstil mehr als nur ein Schlagwort.
Seit den Weltausstellungen 1864 in London, 1867, 1878, 1889 und 1900 in Paris, steigerte sich das Interesse vor allem an japanischen Farbholzschnitten und Werken der Kleinkunst. Es kommt zu echten Wechselwirkungen und Impulsen für Neuschöpfungen auf vielen Gebieten. Als ein wichtiges Beispiel des sog. „Japonismus" (in Form, Dekor und technischer Ausführung) sei auf eine Deckelvase mit Ginkgo-Dekor von 1901 (Sammlung Bröhan/Berlin) hingewiesen [12] (s. Tafel 15). Entwurf und Ausführung der Ginkgo-Vase lagen bei Gunnar Wennerberg, der von 1897 bis 1908 als künstlerischer Leiter der Porzellan-Manufaktur Gustafsberg bei Stockholm tätig war. Diese schwedische Manufaktur errang auf den Weltausstellungen Paris 1900 und Turin 1902 beachtliche Erfolge, vor allem mit Objekten in Sgraffitotechnik.

Auch die „Ginkgo-Deckelvase" ist in dieser Technik ausgeführt, wobei der reliefierte Dekor mit herabhängenden Ginkgoblättern und -samen in Dunkelblau auf hellblauem Grund wirkungsvoll die Wandung des Gefäßes überzieht [13].
In Anlehnung an ostasiatische Vorbilder, bis in die Farbigkeit, erreichen Gustafsberg und Rörstrand/Stockholm hohes Niveau, wobei Rörstrand delikater farbig nuanciert als Gustafsberg und in der reliefhaften Modellierung sich in der Epoche des Jugendstils zu höchster Verfeinerung steigert.
Neben den schwedischen, hier erwähnten, Manufakturen ist im skandinavischen Jugendstil künstlerisch führend in Europa die „Königliche Porzellan-Manufaktur Kopenhagen", die — mit japanischen bzw. von allgemein ostasiatischen Vorbildern angeregten Motiven — 1889 zum ersten Mal in Paris ausstellend, stark beachtet wurde. Das Ginkgo-Motiv ist allerdings in Skandinavien nur vereinzelt anzutreffen, im Gegensatz zum deutschen und französischen Jugendstil. Auf den Porzellanen dieser Epoche von Rörstrand und Royal-Kopenhagen findet sich dagegen öfters das kleinere, dem Ginkgo sehr ähnliche Blatt des „Frauenhaarfarns" [14]. In England gab man dem Ginkgobaum auch den Namen „Maidenhair Tree", nach dem Bild der Blattadern, die dem des Mädchenhaarfarns (oder Frauenhaarfarns) sehr ähneln [15].
Erreichten die skandinavischen Porzellanmaler im Jugendstil ihre erste Blüte, so errangen die europäischen Töpfer durch die Übernahme der Flußglasuren der ostasiatischen Keramik im ausgehenden 19. Jahrhundert in Farbe und Struktur ganz neue Oberflächenwirkungen. Als typisches Beispiel hierfür sei eine Ginkgo-Vase aus Steinzeug mit dunkelroter, am Gefäßhals grünlich entfärbter Kupferreduktionsglasur vorgestellt, die sich in einem Exemplar im Hamburger Museum für Kunst und Gewerbe, in einem weiteren in Münchner Privatbesitz befindet [16]. Diese, vom Bildhauer Maurice Dufrène (1876–1955) um 1899 entworfene und von Pierre Adrien Dalpayrat (1844–1910, auf der Weltausstellung Chicago 1893 mit einer Goldmedaille ausgezeichnet) für „La Maison Moderne"/Paris gefertigte „Vase mit vier Ginkgoblättern" wurde im Jahre 1900 vom Hamburger Museum direkt in Paris angekauft [17] (s. Tafel 17).

Emile Gallé und die „Ecole de Nancy"

Nicht zufällig haben wir Zeugnisse von Ginkgo-Motiven in Nancy. Hier war ein Zentrum des Art Nouveau (Jugendstil) mit vegetabilisch-floralen Dekoren aller Art, und ihr wichtigster Inspirator war Emile Gallé (1846–1904). Die von seinem Vater Charles Reinemer-Gallé geführte Fayencerie Saint-Clément bei Nancy lieferte nach 1860 Kunstkeramik für die neobarocke Neuausstattung des Rokokoschlößchens der Dornburger Schlösser bei Jena (wo Goethe auch einst verkehrte). Durch diese Geschäftsverbindung seines Vaters ergab sich, daß der junge Emile Gallé von 1864 bis 1866 Studien in Weimar durchführte. Dort besuchte er die private Kunstschule des Architekten Dr. Carl Stegmann, der die innenarchitektonische Neugestaltung der Dornburger Schlösser leitete. In diesem „Jäde-Stegmannschen Institut für Architektur und Kunstgewerbe" nahm E. Gallé Unterricht im Zeichnen und Modellieren. Gleichzeitig bildete er sich in Botanik und Mineralogie weiter aus [18]. Zeitlebens stark an Botanik interessiert, dürfte E. Gallé in diesen Jahren in Weimar und im Botanischen Garten von Jena die Ginkgo biloba bereits kennengelernt haben. Seit 1877 beschäftigte er sich — nach eigener Aussage — intensiv mit japanischer Gartenkunst [19] und befreundete sich mit dem von 1884 bis 1889 an der Forsthochschule in Nancy studierenden Japaner Tokuso Takashima, der — zusammen mit dem Maler Maruyama — bereits 1878 ein Tafelwerk zur japanischen Vegetation mit über 120 Pflanzenblättern herausgegeben hatte, das in einem Exemplar in Nancy verblieb [20]. Auch hatte E. Gallé sicher Kenntnis vom Katalog der japanischen Blumenschau auf der Pariser Weltausstellung 1889 [21], auf der er selbst vertreten war und auf der er eine Goldmedaille für seine Keramik erhielt.
Mit dem „Japonismus" gelangte außerdem die ostasiatische Flora nach Europa: Aus Japan wurde vor allem die Chrysantheme übernommen, die dort mit Prunus, Bambus und Iris (Schwertlilie) zu den vier edlen Blumen zählt. Wir wissen, daß Emile Gallé in Nancy bei seinen Werkstätten auch einen Garten für Blumen aller Art und besonders auch für exotische Pflanzen und Bäume angelegt hatte [22]. Dort befanden sich — neben japanischem Spitzahorn und Essigbäumen — auch mehrere Ginkgos [23]. Das Motiv muß ihn beschäftigt haben. Wenn auch bisher keine Werke Gallés mit diesem Dekor bekannt wurden, so ist doch damit zu rechnen, daß diese noch entdeckt werden, ähnlich wie bei der „Mistel" [24], denn es gibt kaum seltene Pflanzenmotive in der Produktion der „Ecole de Nancy" (einer losen Vereinigung von lothringischen Kunsthandwerkern und Künstlern, die sich 1901 für Ausstellungsvorhaben zusammenschlossen und deren 1. Präsident E. Gallé war), die nicht zuerst von Emile Gallé angewandt worden sind.

Abb. 4: Ginkgo-Dekor, ehemalige Bank Renauld, Nancy, Eingangshalle, Kämpferband, 1910.

Einen ziemlich sicheren Hinweis darauf geben die Ginkgo-Dekore innerhalb der „Ecole de Nancy" in Architektur, Schmiedeeisen (Gitter, Lampen von Louis Majorelle) und Gläsern (Daum Frères, Jacques Gruber u. a.); Gallé war es auch, durch den die Adaption japanischer Kunst in Nancy einen neuen künstlerischen Höhepunkt erreichte, nachdem die Welle des „Japonismus" nach der Weltausstellung 1889 in Paris und im übrigen Frankreich bereits abebbte und ins Triviale sank [25].

Architektur, Schmiedeeisen, und Glasmalerei der „Ecole de Nancy"

Zweige mit Blättern und Früchten ausgewählter Bäume waren im Jugendstil beliebt als Dekore an Hausfassaden, Balkonen, Tür- und Fensterumrahmungen sowohl an privaten wie an öffentlichen Gebäuden. Neben Kieferästen mit Zapfen, Kastanienzweigen mit Früchten oder Weinranken mit Trauben, um nur einige zu nennen, begegnen in der Epoche des Jugendstils auch erstmals Ginkgo-Motive als Architekturdekore. Als Beispiele für Baudekor seien in Nancy, der Kapitale des lothringischen floralen Jugendstils, drei Gebäude genannt. An der ehemaligen Bank Renauld (jetzt Banque Nationale de Paris), 9, rue Chanzy/rue Saint-Jean, als aufwendiger Komplex erbaut von Emile André und P. Charbonnier und fertiggestellt 1910, schmücken vier metallene Kämpferbänder die Granitpfeiler der offenen Eingangshalle im Erdgeschoß des als Eckturm ausgebildeten Bauwerks, das an einer Straßenkreuzung liegt (Abb. 4) [26]. Diese breiten Metallstreifen zeigen jeweils in der Mitte eine Kartusche, wie den Stein eines Reifs. Von ihr gehen nach den Seiten zwei Äste mit mehrfach geschlitzten Ginkgoblättern aus, beziehungsreich insofern, als der Ginkgobaum in Frankreich noch heute den Beinamen „L'Arbre aux quarante écus" (Baum der vierzig Taler) oder auch „Tausendtalerbaum" hat, was auch auf die wie Goldtaler leuchtenden Blätter der Ginkgo im Herbst hindeuten mag. (Interessant ist, wie die ersten Ginkgos aus England nach Frankreich gelangt sein sollen — obwohl bereits 1776 ein Exemplar in Rouen/Normandie nachweis-

Abb. 5: Konsolwangen, „La Maison Ginkgo biloba“, Nancy.

Abb. 6: Türgitter, Detail, am Haus 24, rue St.-Dizier, Nancy, 1909–1913.

bar ist — und wie es zu diesem Beinamen „L'Arbre aux quarante écus“ kam: 1780 soll es dem Pariser Pflanzenliebhaber M. Pétigny bei seinem Besuch einer Baumschule in England gelungen sein, fünf junge Ginkgobäumchen — damals die einzigen jungen in England — für je fünf Guineen pro Ginkgo zu erwerben. Dies allerdings nur, nachdem Pétigny den Besitzer — der die Ginkgos aus Nüssen, die er aus Japan erhalten hatte, gezogen hatte — nach einem opulenten Diner mit reichlich französischem Wein dazu hatte überreden können. Fünf Guineen entsprachen vierzig écus [hundertzwanzig Franken]. Obwohl der englische Züchter anderntags bereit war, für den Rückkauf seiner Ginkgos jeweils das

Fünffache pro Bäumchen zu zahlen, gelangten alle fünf nach Frankreich, quasi als „Stamm-Bäume“ aller Ginkgobäume dort. Zwei davon kamen in den Pariser Jardin des Plantes, einer in den Park des Schloßes von Versailles) [27].

Weiterer reicher Fassadenschmuck mit Ginkgozweigen, besonders an den steinernen Konsolwangen des Hauptgesimses und an den Dachgauben, findet sich am Haus Nr. 25, rue Victor Hugo in Nancy, das deshalb den besonderen Namen „La Maison Ginkgo biloba“ führt (Abb. 5) [28].

In der rue Saint-Dizier Nr. 24 in Nancy ist die halbverglaste Eingangstür mit einem eisernen Gitter geschützt, dessen schmale Rahmen Zweige mit aufsteigenden Ginkgoblättern und -samen schmücken. Bei diesem Gebäude handelt es sich um die Umgestaltung eines älteren Hauses durch eines der führenden Konfektionsateliers Nancys im Stil des Art Nouveau, durch den Architekten Louis Déon und den Maler-Designer Jacques Gruber, zwischen 1909 und 1913 (Detail auf Abb. 6) [29].

Auch in anderen lothringischen Städten wie in Verdun war die Ginkgo als Motiv beliebt, so u. a. an der Fassade eines Geschäftshauses 16, rue Poincaré, gegenüber dem Rathaus, als stilisierte Tür- und Schaufensterrahmung in Holz [30].

Jacques Gruber (1870–1936), der führende Glasmaler in der „Ecole de Nancy“, schuf außer zahlreichen anderen Verglasungen in Nancy auch die dekorativen Glasrahmen der acht großen Fenster des Speisesaals des Restaurants „L'Excelsior“, 3, rue Mazagran et Raymond Poincaré, schräg gegenüber dem Hauptbahnhof von Nancy. Der prächtige Gebäudekomplex entstand ab 1910 als Hotel-Restaurant eines lothringischen Brauereikonzerns, entworfen von Lucien Weissenburger und Alexandre Mienville. Der unter Denkmalschutz stehende langgestreckte „salle à manger“ ist mit reichen vegetabilischen Dekoren ausgestattet. Die großen Fensterflächen besitzen eine innere Rahmung in Glasmalerei. Hier finden sich alternierend Motive von Farnkraut, Pinien und Ginkgo biloba. Sie sind in sehr feiner Überfang- und Ätztechnik in zurückhaltender gelbbrauner Farbgebung ausgeführt (s. Tafel 17) [31].

Da Nancy das Zentrum des „floralen Art Nouveau“ in Frankreich und darüber hinaus gewesen ist, mögen die hier aufgeführten Beispiele für Baudekor und Glasmalerei aus der ehemaligen lothringischen Residenzstadt stellvertretend für andere, verstreute Vorkommen dieses Motivs stehen.

Abb. 7: Vase, Überfangglas, von Daum Frères, Nancy, 1900–1910, Kunstmuseum Düsseldorf.

Die Manufaktur Daum Frères Nancy

Glasobjekte und Beleuchtungskörper mit farbigem Ginkgodekor sind uns aus Nancy auch aus der neben Gallé bekanntesten Manufaktur der Gebr. Daum erhalten. Die Brüder Jean-Louis-Auguste (1854–1909) (Geschäftsführung) und Jean-Antonin Daum (1864–1930) (künstlerische Gestaltung) waren 1901 aktiv an der Gründung der „Ecole de Nancy“ beteiligt, als deren Vizepräsident Jean-Antonin Daum fungierte. Die ausgeprägte Vorliebe für Pflanzendekore wird in der bis heute laufenden Produktion der Firma Daum/Nancy – auch nach dem Tode Emile Gallés 1904 – bis in die zwanziger Jahre, d. h. bis zum Art Déco, weitergeführt.

Zwei Vasen in mehrfarbigem Überfangglas mit großflächigem, farbig delikatem Dekor von Ginkgozweigen, aus den Jahren 1900–1910, seien hier vorgestellt: eine 24,4 cm hohe Vase des Kunstmuseums Düsseldorf (Sammlung Hentrich), um 1900–1910 entstanden, formgeblasen, die auf milchig mattiertem Grund mit blauen Pulvereinschlüssen in grün und braun ausgeätztem Überfangglas Zweige des Ginkgobaums mit lappigen Blättern zeigt (Abb. 7) [32]; bei einer weiteren, 34,5 cm hohen schlanken, sich nach oben verjüngenden Vase aus Privatbesitz (bisher unveröffentlicht) scheint man sich im blauen Blattdekor (vgl. die schwedische Porzellan-Deckelvase des Museums Bröhan/Berlin) an ostasiatischen Porzellanvorbildern orientiert zu haben. Wie schon beim Düsseldorfer Ginkgo-Exemplar wurde auch diese Vase in farblosem Glas mit mehrfarbigen Pulvereinschmelzungen in gelb, orange, rot und tiefblauem Überfang gefertigt. Die Wandung mit opaker Pulverschicht ist in der unteren Partie gelblich gefleckt, nach oben hin streifig ausgezogen. Vom dunkel gehaltenen Vasenrand legen sich herabhängende blaue Ginkgozweige um den hellen Gefäßkörper (um 1905; s. Tafel 15) [33]. In der Farbigkeit dieser Ginkgo-Dekore herrscht eine expressive anaturalistische Auffassung (vgl. den „Blauen Reiter"!).

Schmiedeeiserner Ginkgo-Dekor an Lampen aus Nancy und Paris

Auffallend beliebt waren Ginkgoblatt-Dekore an Steh-, Tisch-, Wand- und Deckenlampen aus Schmiedeeisen. Sie begegnen hauptsächlich bei Lampen der Art Nouveau-Produktion und in der Phase des Art Déco (die manchmal ineinander übergehen) in Nancy und Paris, den beiden Hauptzentren dieser künstlerischen Stilströmungen in Frankreich. Die Ginkgo-Dekore beschänken sich bei den Beleuchtungskörpern immer auf die Metallfassung; die dazugehörigen Glaseinsätze und Lampenschirme zeigen keinen Ginkgo-Schmuck. Bei Stehlampen kommen Ornamente mit Ginkgoranken häufig am Fuß, Schaft und an der Halterung der Glasschalen vor (s. Tafel 16). Bei Tischlampen gibt es naturalistische ältere Formen der floral-vegetabilischen Richtung des Jugendstils (z. B. ein gebogener Ast mit Ginkgoblättern und -samen) und strengere, mit nur vereinzelt angebrachten Blättern am Lampenschaft, der als Gestänge gebildet ist (s. Tafel 16). Symmetrisch gebildete Wandappliken aus Schmiedeeisen mit Ginkgorelief und Deckenleuchten als reich verzweigtes Geäst sind weitere Beispiele der Verwendung von Ginkgo-Motiven (s. Tafel 16).

In der „Ecole de Nancy", vor allem in der Glasproduktion von Emile Gallé und den Gebr. Daum — die seit 1893 mit der Lampenproduktion hervortraten — nahmen Lampen mit geätztem Überfangdekor verschiedenster Motive einen breiten Raum ein. Gegen Ende der Jugendstilära verlagert sich jedoch der florale Schmuck auf die Montierung, die dazugehörigen Glasschirme bleiben meist einfarbig matt oder marmoriert. Der bedeutende Jugendstilkünstler Louis Majorelle (1859–1926) schloß seiner Möbelfabrikation in Nancy eine eigene Kunstschmiede und Bronzegießerei an, in der außer Möbelbeschlägen, Treppengeländern usf. auch Lampengestelle aus Schmiedeeisen mit floralem Dekor hergestellt wurden. Ein Jahr nach dem Tode Emile Gallés, 1905, trafen die Firma Daum und L. Majorelle ein Abkommen über Zusammenarbeit auf dem Lampensektor. Aber vor allem Edgard Brandt, der 1900–1905 das Kunstschmiedehandwerk erlernte und in Nancy mit der Fa. Daum zusammenarbeitete, stieg in den Zwanziger Jahren in Paris zu einem der bekanntesten Kunstschmiede des Jahrhunderts auf. Auch er ließ sich durch die Botanik anregen und kombinierte in seinen Entwürfen Naturstudien mit flüssiger Linienführung. Aus der Nachfolge sowohl von L. Majorelle in Nancy als auch von Edgar Brandt/Paris hat sich ein großes Reservoire an Lampen — mit Schirmen von Daum und Muller Frères (Lunéville u. Croismare) in verstreutem Besitz erhalten, die vor allem Ginkgo-Motive variieren (s. Tafel 16).

Gallé-Rezeption in Paris

Nach dem großen Erfolg der Glasschöpfungen Emile Gallés seit der Weltausstellung Paris 1889 (vermehrt noch nach den Pariser Ausstellungen von 1892 und der Weltausstellung 1900) folgten zahlreiche Glashütten und Designer seinem Vorbild, ohne das hohe Niveau seiner herausragenden Unikate je zu erreichen. Zuerst in Lothringen die Glashütten von Meisenthal, Daum Frères, St-Louis, Vallerysthal, Muller Frères, Baccarat, im Elsaß u. a. die Glaskünstler Raspiller u. Richard sowie der Jugendstilkünstler Charles Spindler, in Paris die Manufakturen Pantin und Saint-Denis, in Belgien Val-St.-Lambert, ja bis zur Kaiserlich-Russischen Hofmanufaktur St. Petersburg, um nur einige zu nennen.
Der hier vorgestellte, mit „de Vez" signierte 22,5 cm hohe Flacon mit Ginkgo-Montierung aus Bronze (Münchner Stadtmuseum), stammt aus der Cristallerie Pantin bei Paris, der 1881 gegründeten Firma Stumpf, Touvier, Violett et Cie. Obwohl schon 1878 auf der Pariser Weltausstel-

lung vertreten, 1883 auf der Weltausstellung Amsterdam mit dem Ehrendiplom ausgezeichnet, gelang der Manufaktur erst in der Epoche des Jugendstils der künstlerische Durchbruch, u. a. mit Kunstgläsern „clair de lune" (d. h. mit „eisglasartig" geätzten und mit Emailfarben bemalten Stücken sowie neuartigen irisierenden Effekten). Seit 1910 Camille Tutré de Varreux künstlerischer Leiter ist, entstehen geätzte bzw. geschnittene Überfanggläser, insbesondere mit Landschaftsbildern, die er mit seinem Pseudonym „de Vez" signiert. Der Flacon „Ginkgo biloba" stammt aus dieser Periode. Das mehrfach farbig überfangene Glas zeigt in Reliefätzung eine südländische Seen-Landschaft mit Zypressen vor einer Bergkulisse. Vom Glashals hängen Zweige des Ginkgobaums herab. Die Metallmontierung, die den ovalen Glaskörper trägt, hat über einem eingezogenen Fuß, zwischen kurvig einschmiegenden Ginkgoblättern drei Elfenbeinkugeln als Samen und aufschwebend in zwei Reihen übereinander nochmals Ginkgoblätter, die die Gefäßwand überlappen (s. Tafel 15).

Für den Dekor liegt es nahe, an japanische Vorbilder zu denken, ebenso bei einem zweiten Glas von „de Vez" im Münchner Stadtmuseum, das statt Ginkgo herabhängende Mistelzweige trägt, über einer an den Berg Fuji erinnernden Berglandschaft [34].

Art Nouveau-Objekte aus Paris

Den Metallarbeiten sei noch ein Brieföffner aus Bronze angefügt, als Beispiel dafür, wie beliebt der Ginkgo-Dekor auch auf kleineren Gebrauchsgegenständen war. Dieser, in deutschem Privatbesitz befindliche französische Brieföffner ist als 28 cm langes Messer geformt, dessen Griff durchbrochen ist. Der Griff bildet einen der Form streng angepaßten Rahmen, der in das Messerblatt beidseitig mit langer spitzer Form achsial ausläuft, und zwar in einer Schicht, die sich um etwa 1 mm vom Messerblatt abhebt. In diese Auflage und den ganzen Griffrahmen von länglichem Zuschnitt (im Umriß fast wie der Grundriß eines Stadions, aber nur am oberen, etwas schmaleren Ende im Halbkreis schließend, während der etwas breitere untere Abschluß wie ein „Eselsrücken" mit der Spitze zum Messerblatt verläuft) ist ein doppelter Zweig mit je vier Ginkgoblättern eingefügt. Diese sind ziemlich naturalistisch modelliert. Der Doppelzweig wächst aus einem in der unteren Öffnung gebogenen Ast, der eine Schnittfläche zeigt (wie vom Baum abgetrennt; Abb. 8). Der ganze, zierlich und doch kräftig geformte Ginkgozweig mit Astknorren, Blättern und Samen

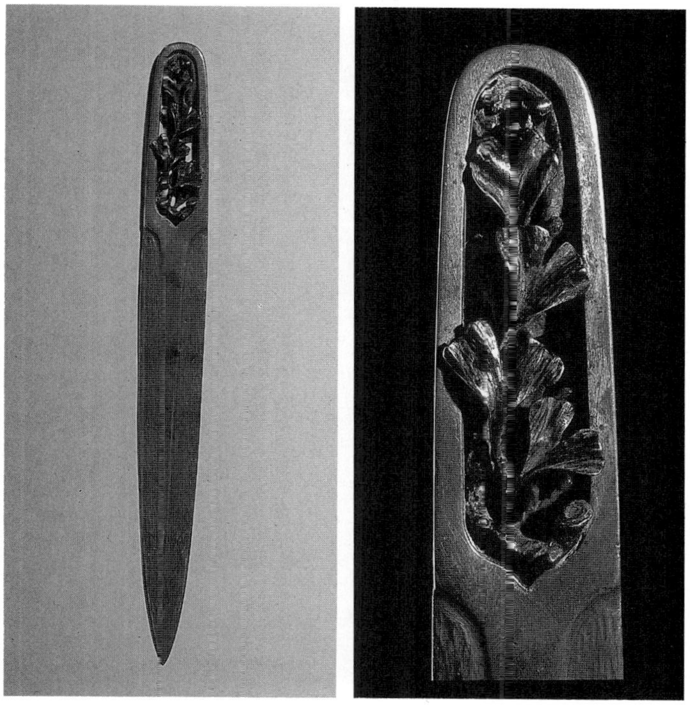

Abb. 8: Brieföffner, Bronze und Eisen, Paris, um 1900, rechts: Detail.

ist so in den flachen hohlen Griff des schweren Brieföffners eingefügt, daß sich die Ginkgoblätter nach seinen beiden Hauptseiten hin wirkungsvoll präsentieren.

Das ganze naturhafte Gebilde ist auch farbig durch schwarzes Eisen abgesetzt von dem kupferfarbigen Messerblatt, das mit dem Griff eine Einheit bildet. Griff, Rahmen und seine zur Mittel-Linie des Messers hin auslaufende, im Umriß einkurvende Spitze sind als stilisierende Formen des Art Nouveau zu charakterisieren. Der in den Griff kunstvoll eingepaßte Ginkgo-Doppelzweig erinnert in seiner naturalistischen Gestaltung an die französische Tischlampe mit dem naturalistischen Ginkgozweig an Fuß und Schaft (vgl. Tafel 16).

Ein 21 cm hoher französischer Glasflacon um 1900 wird in einer versilberten Montierung aus Ginkgoblättern gehalten: Ein Kranz aufstrebender Blätter legt sich um den Fuß des unten kugelförmigen farblosen Glaskörpers. Der flaschenförmig ausgezogene Hals besitzt eine mit Silber eingefaßte Mündung. In ihr sitzt ein Glasstöpsel, der mit einem aufrecht stehenden versilberten Ginkgoblatt gekrönt ist. (Am Fuß bez. „Gallia Metal" sowie mit Hahn und einem Wappen; Privatbesitz, s. Tafel 14).

Besonders reichen Ginkgoblatt-Dekor besitzt eine 20 cm

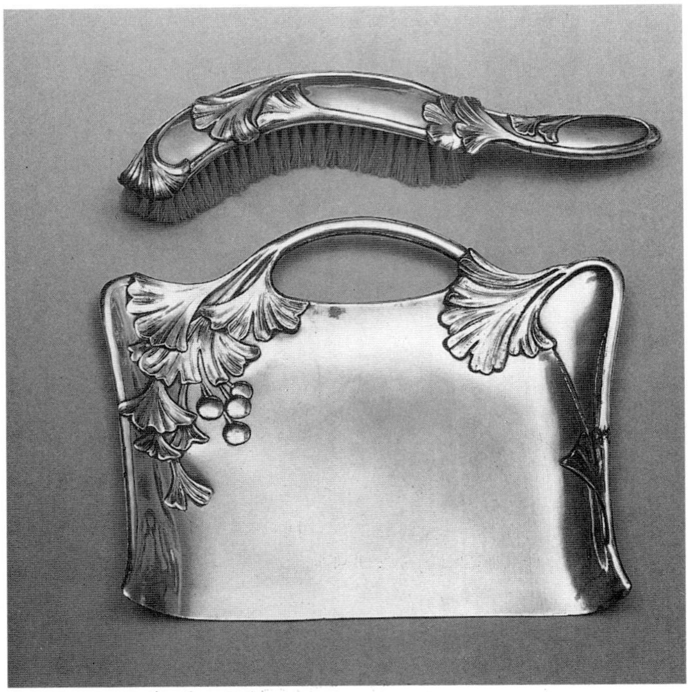

Abb. 9: Tischgarnitur, Metall versilbert, Paris, um 1900.

Abb. 10: Serviettenring, Silber, Paris, um 1900.

hohe Henkelkrugvase aus Keramik (bez. „Paris 1900, NK" in einer Kartusche).
Vier goldgefaßte große Ginkgoblätter überlappen, vom gebogenen Henkel herabfallend, die Mündung des hellen Tonkrugs. Und über das bauchige Gefäß sind vor jeweils wolkig blauem Grund noch größere Ginkgoblätter mit Fruchttrauben, vom eingezogenen Hals herabhängend, in zartem Relief aufgelegt. Die Ginkgomotive drängen sich merkwürdig stark auf. Durch die eingeprägte Datierung wissen wir, daß der Krug zur Zeit der Pariser Weltausstellung 1900 als Serie hergestellt wurde, ein damals wohl beliebtes Objekt (Privatbesitz, s. Tafel 17).
Noch in der Tradition des Art Nouveau stehend, jedoch schon in den zwanziger Jahren in Paris entstanden, ist eine 4,5 cm hohe Deckeldose aus „Pâte-de-verre" von Gabriel Argy-Rousseau (1885–1953). Nach dem Wiederentdecker der Technik der Glaspaste, Henri Cros (der damals sein Atelier in Sèvres hatte), galt G. Argy-Rousseau seit 1914, besonders aber in den zwanziger Jahren in Paris als einer der führenden Künstler für Pâte-de-verre-Modelle in dünnwandigen, kleinformatigen Gefäßen mit jugendstilartiger Ornamentik, später auch mit antikisierenden Formen und Motiven.
Die hier abgebildete Deckeldose des Kölner Kunstgewerbemuseums (Sammlung Gertrud und Dr. Karl Funke-Kaiser) [35] ist bisher das einzig bekannt gewordene Objekt durchscheinender, verschiedenfarbiger Glaspaste mit Ginkgoblatt-Ornament. Eine umlaufende Ginkgoranke aus rostroten Fächerblättern schmückt sowohl den gewölbten Deckel als auch die gelbgraue Wandung des kugeligen Gefäßes (s. Tafel 15).
In üppig schwelgender Jugendstilart entfaltet sich die Ginkgo auf einer versilberten Tischgarnitur mit Schaufel und Besen (bez. mit Anker und „Metal parisien"). Die Schaufel ist mit einem von rechts aufsteigenden und in der Mitte den Griff bildenden Ast mit sieben nach links herabfallenden Ginkgoblättern und kirschenartigen Samen verziert. Der dazugehörige, leicht geschwungene Tischbesen ist gleichfalls mit sieben verschieden großen Ginkgoblättern geschmückt, die abwechselnd hängend oder aufsteigend angeordnet sind (Privatbesitz, Abb. 9).
Der gleiche Dekor mit herabhängenden und „stehenden" Ginkgozweigen kommt auf einem französischen Serviettenring (in Privatbesitz) vor. Um das Monogramm „CC" in einer Kartusche legen sich Blätter und Samen, den Rand des Reifs säumt je ein Ginkgoblattstiel (Abb. 10).
Die Materialien Horn und Schildpatt erfreuten sich im französischen Art Nouveau besonderer Beliebtheit bei

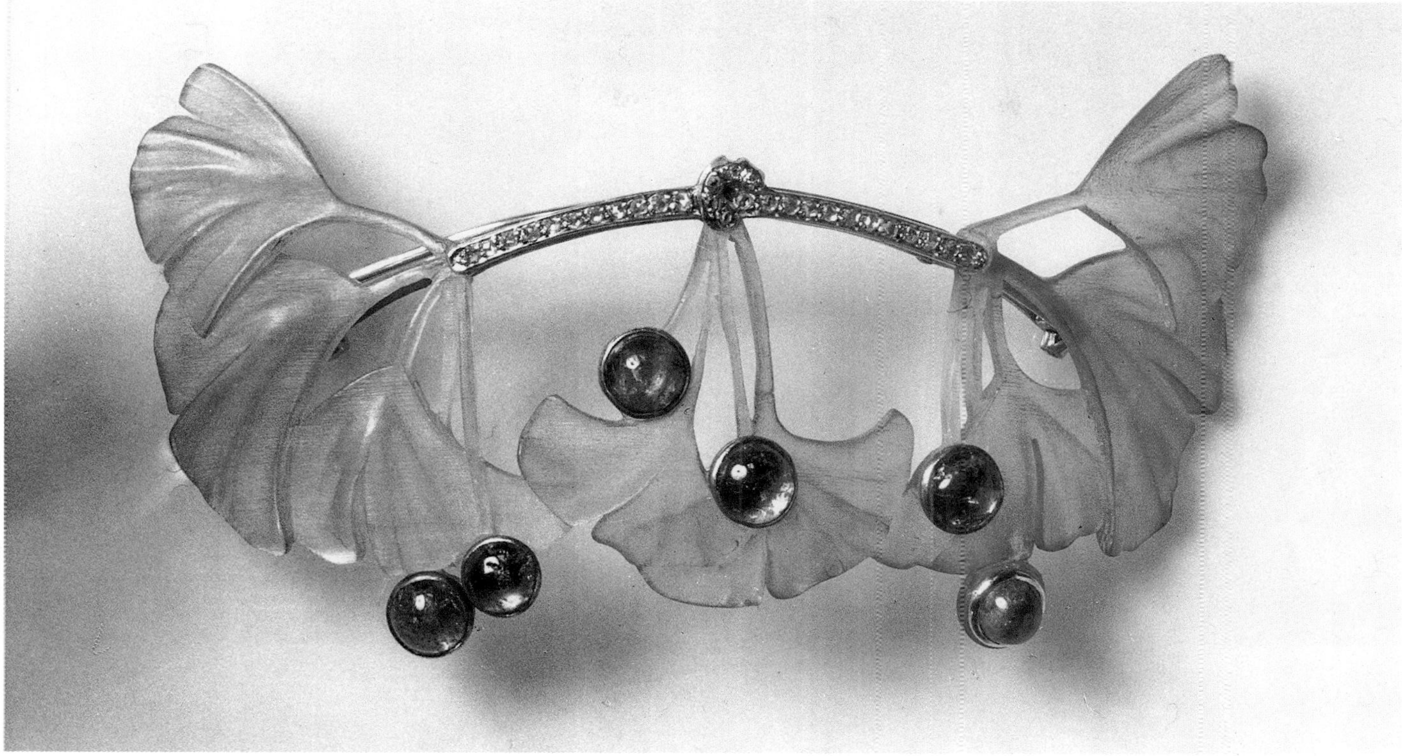

Abb. 11: Haarschmuck, Schildpatt, Smaragde und Diamantrosetten, Henri Vever, Paris (?), um 1900, Germanisches Nationalmuseum Nürnberg.

der Herstellung von Zierkämmen, Broschen, Gürtelschließen, Anhängern usf. Wir erinnern dabei an so kostbare und kunstvoll gearbeitete Entwürfe um 1900 wie die Mistelkämme von Vever Frères/Paris (in den Museen von Berlin und Hamburg) sowie an weitere Schmuck-Kämme von René Lalique, Falize Frères und Georges Fouquet aus dem Material Horn, verziert mit Gold, Opalen, Perlen oder transluzidem Email [36]. Ein französischer, den Arbeiten von Henri Vever/Paris nahestehender Haarschmuck, ein Diadem des Germanischen Nationalmuseums Nürnberg aus Schildpatt hat als Bekrönung einen Ginkgozweig mit sechs geschliffenen („en cabochon") Smaragden. Die waagerecht, in leichter Kurve nach unten gebogene, 8,5 cm lange mit 28 Diamantrosetten besetzte Silberspange ist der Zweig, von dem die Blätter und Samen herabhängen. Sie kann sowohl als Haarschmuck wie als Brosche getragen werden (Abb. 11) [37].

Ein einfacheres Beispiel, nur aus Horn gefertigt, d. h. ohne Edelstein- und Edelmetallbesatz, jedoch auch typisch für den französischen Jugendstil und seine Vorliebe für Ginkgo-Dekore, ist ein 11,4 cm hoher Steck-Kamm, der über seinen Zinken als Schmuck einen Ginkgozweig mit vier, tief eingekerbten Blättern zeigt (Privatbesitz) (s. Tafel 13).

Aus hellem Horn wurde auch ein 16 cm langer Brieföffner (um 1900) gefertigt, der in drei, etwas dunkler getönten Ginkgoblättern endet (Privatbesitz, s. Tafel 13).

In den Kollektionen der großen Pariser Schmuckdesigner suchen wir das Ginkgo-Motiv nahezu vergebens. Lediglich eine Goldbrosche mit Tierköpfen des Maison Boucheron/Paris von 1907 (Sammlung Boucheron) nimmt das Ginkgo-Motiv auf. Auf der von L. Hirtz entworfenen, von Espinasse ausgeführten Brosche halten zwei Tierköpfe mit aufgerissenen Mäulern einen geschliffenen Olivin, der von drei Ginkgoblättern bekrönt wird. Den Anhänger der 8,4 cm langen Brosche bilden zwei Ginkgoblätter mit einem weiteren tropfenförmigen Olivin (s. Tafel 13) [38].

Wir finden weiterhin Ginkgo-Dekore an Ketten, Broschen, Gürtelschließen, Hutnadeln, an Damentaschenmessern und Gebrauchsgegenständen, die dann meist

Abb. 12: Halskette, Silber, Paris, um 1900.

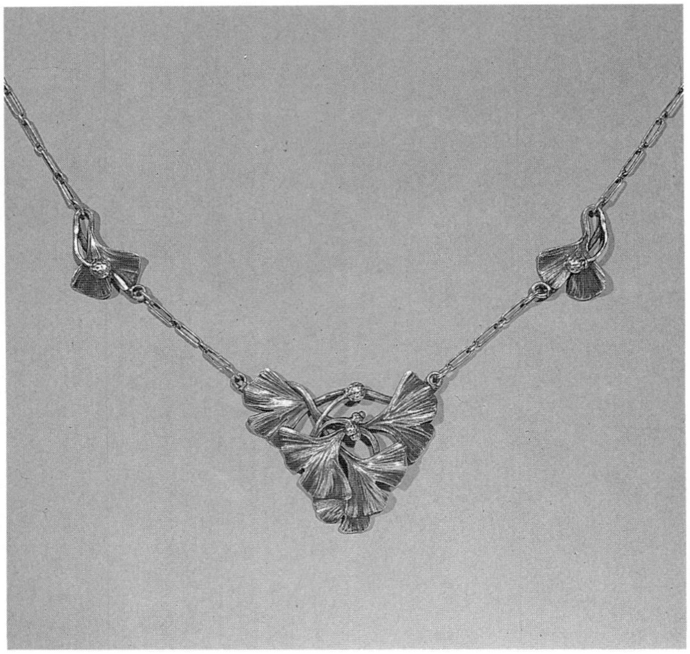

Abb. 13: Collier, Silber, Paris, um 1900.

sehr dekorativ, exakt, ja oft ganz naturalistisch ausgeführt sind. So bildet den Griff eines versilberten Petschaft ein ganz krautiger Strauß von Ginkgoblättern (Privatbesitz, s. Tafel 14).
Eine Gliederkette aus Silber mit sieben zur Mitte hin größer werdenden Ginkgoblättern stellt eine neue Variante dar: alternierend sind Blätter mit und ohne Samen zu erkennen (Privatbesitz, Abb. 12).
In deutschem Kunsthandel tauchte kürzlich eine 36 cm lange französische Silberkette mit Ginkgo-Anhänger auf (Pariser Punze, Meistermarke „E L" in Raute), der mit über dreißig dicht ineinander verschlungenen Ginkgoblättern einen Busch bildet. Eine weitere, 42 cm lange silberne Gliederkette besitzt zwei Zwischenstücke aus Ginkgoblättern und ein unteres Mittelstück aus fünf ineinander verschlungenen Ginkgoblättern mit Samen (800 gestempelt, Eberkopfunze u. nicht identifiziertes Meisterzeichen). Sie ist ein originelles Beispiel des Pariser Art Nouveau (Privatbesitz, Abb. 13).
Ein französischer, 5 cm hoher silberner Anhänger mit roten Glassteinen in Münchner Kunsthandel weist die Grundform einer nach unten hängenden Lyra auf, die mit fünf Ginkgoblättern belegt ist. Die in der Mitte verschlungenen Stiele krönt eine Kette von fünf Samen (s. Tafel 14).
Eine in Silber gehämmerte Brosche (Paris um 1900) ist im Entwurf phantasievoller und in der Ausführung differenzierter. Schwungvoll hängen zwei größere Blätter seitlich herab, während zwischen ihren Stielen zwei kleinere aufsteigen. Kleine Samen in Kleeblattanordnung aus Perlen und blauem Glasstein ragen in die oberen Zwischenräume. Das Gehänge bildet ein weiteres Ginkgoblatt mit Perle (Privatbesitz, Abb. 14).
Eine besonders kostbare Pariser Jungendstilbrosche (mit Punze und nicht identifiziertem Meisterzeichen) aus Gold, mit einer zentralen Perle und mit kleinen Brillanten als Samen, ist aus drei Ästen mit je drei Ginkgoblättern kunstvoll komponiert (Ø 3,5 cm) (Privatbesitz, s. Tafel 13).
Silberne Ginkgobroschen mit zwei bzw. fünf gehämmerten Ginkgoblättern und Samen als abgeschnittener Zweig geformt, sind häufiger, vor allem als Modellschmuck aus unedlen Metallen, u. a. mit Straß, auch Hutnadeln, Gürtelschließen und Armbänder (Privatbesitz und Kunsthandel, Abb. 15 bis 20).
Ein Beispiel dafür, daß in Frankreich noch in den dreißiger Jahren Ginkgoblätter auf Schmuck begegnen, ist eine 6 cm große Goldbrosche aus drei langstieligen, eingekerbten verschieden langen Ginkgoblättern mit drei Samen aus dunkelbraunen Halbedelsteinen (cabochons) in französischem Privatbesitz, Abb. 21 [39].

Abb. 14: Brosche, Silber, Perlen und blauer Glasstein, Paris, um 1900.

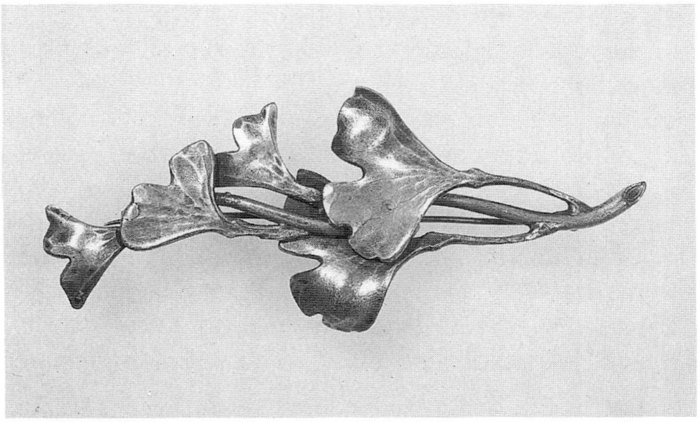

Abb. 15: Brosche, Silber, Paris, um 1900.

Abb. 16: Brosche, Metall versilbert, Straß, Paris, um 1900.

Abb. 17: Hutnadeln, Metall versilbert, Paris, um 1900.

Abb. 18: Gürtelschließe, Metall versilbert, Paris, um 1900.

Abb. 19: Kette, Metall versilbert, Detail, Paris, um 1900.

Abb. 20: Armreif, Metall vergoldet, Sign. Colot.

Deutsche Jugendstil-Objekte mit Ginkgo-Dekor

Im deutschen Jugendstil findet das Ginkgo-Motiv noch größere Beachtung als in Frankreich. Ihm widmen sich so bedeutende Designer wie Friedrich Adler und der Bildhauer Theodor von Gosen. Fr. Adler (1878–1942), einer der führenden deutschen Künstler des Jugendstils, hat eine 19 cm hohe (Ø 27 cm) Fruchtschale mit drei Henkeln und einem Einsatz für Obstmesser aus patiniertem Zinn 1903/04 ausgeführt (d. h. in der Zeit seiner Lehrtätigkeit an den Münchner Lehr- und Versuch-Ateliers für angewandte und freie Kunst, Wilhelm von Debschitz). Sie wurde in der Metallwarenfabrik für Kleinkunst Walter Scherf & Co Nürnberg hergestellt (Privatbesitz, Abb. 22) [40].

Eine weitere, Fr. Adler zugeschriebene Fruchtschale mit drei Henkeln aus Zinn (9 × 27 cm), auch 1903/04 in der Nürnberger Metallwarenfabrik Scherf & Co. gefertigt, wurde ebenfalls mit großflächig umlaufendem Ginkgo-Dekor verziert (Privatbesitz) [41].

Aus dem Atelier Engelbert Kayser Köln (Ausführung J. P. Kayser Sohn, Krefeld-Bockum) stammt eine zweihenkelige Zinn-Schale mit streng stilisiertem Ginkgo-Ornament (30,5 × 25,3 cm) des Berliner Kunstgewerbemuseums, die um 1910 entstanden ist [42].

Eine 35 cm hohe Kupferkanne mit Messinghenkel und Deckel im Stadtmuseum Weimar aus der Jugendstilepoche ist oben und unten friesartig verziert. Die Einzelglieder dieses Frieses bestehen alternierend aus einem stilisierten Ginkgoblatt und einem ornamentalen Element,

Abb. 21: Brosche, Gold und Halbedelsteine, Paris, um 1930.

Abb. 22: Friedrich Adler, Fruchtschale mit drei Henkeln, Zinn, 1903/1904.

Abb. 23: Kupferkanne mit Messinghenkel, um 1900, Stadtmuseum Weimar.

Abb. 24: Achatglasvase mit Messingmontierung, Fa. Rindskopf Söhne/Kosen, um 1900.

Abb. 25: Kleiner Silberbecher, deutsch, um 1900.

das jeweils im Zwischenraum so angeordnet ist, daß seine Spitze zwischen den Ginkgoblättern liegt (Abb. 23).
Eine 12,6 cm hohe Achatglasvase der Firma Rindskopf Söhne/Kosen (im Kunsthandel) ist ein interessantes Objekt. Der rhomboide Gefäßkörper aus farblosem Aventuringlas mit farbig streifenartig ausgezogenen Einschmelzungen auf hellviolettem, opalisierendem Unterfang ist vom Vasenhals bis zur Standfläche mit einer Montierung überlappt, die aus sehr naturalistischen, geradezu üppigen Ginkgozweigen besteht (Abb. 24) [43].
Hier fassen wir französischen Art Nouveau-Einfluß auf deutsches Kunsthandwerk, besonders, was die Metallmontierung mit naturalistischem Pflanzenornament betrifft.
Dem französischen Jugendstil verwandt ist auch der Ginkgo-Dekor eines kleinen Silberbechers deutscher Provenienz (Privatbesitz, Abb. 25).
Aus der Sammlung der Grazer Ginkgo-Liebhaberin Barbara Filipitsch († 1992) sollen hier wenigstens noch einige Objekte der Jugendstilepoche aus ihrem Katalog aufgeführt werden [44]: a) eine hohe blaue Glasschale mit versilberter Kupfermontierung, die in friesartiger großflächiger Anordnung stilisierte Ginkgoblätter mit Samen auf geschwungenen Stengeln in mehrfacher Wiederholung

Abb. 26: Glasschale mit versilberter Kupfermontierung, deutsch, Jugendstil.

Abb. 27: Ofenkachel, Steinzeug, deutsch, Jugendstil.

zeigt (Abb. 26). b) Ein rechteckiges Zigarettenetui aus Messing mit Ginkgo-Dekor auf allen Seiten. c) Eine metallne Dessertschale mit Henkel und zwei Glaseinsätzen, in die jeweils großlappige Ginkgoblätter mit vier herabhängenden Samentrauben eingeätzt sind. Sie erinnert an ein entsprechendes Objekt des Glasmuseums der Firma Lobmeyr/Wien mit geätztem Misteldekor, ebenfalls aus der Jugendstilepoche. d) Ein runder Untersatz aus Gußeisen mit vier, am Rand liegenden geschwungenen Ginkgoblätter mit Samen. Dazu treten im Wechsel Kelchblüten auf. e) Von der Beliebtheit des Ginkgo-Motivs zeugt besonders eine grünglasierte Ofenkachel des Jugendstils, in die von einem zum Kreis geformten Ast vier dekorativ aufgefächerte Blätter eingepaßt sind, während die Samen, von diesen wegschwingend, die Kachelecken füllen (Abb. 27). f) Ein Armband und eine Brosche des gleichen Motivs aus Silber, im Auftrag der Sammlerin gefertigt vom akad. Maler und Edelsteingraveur Hans Hauke/Graz-Mariatrost, steht noch in der Tradition des Wiener Jugendstils von Dagobert Peche [45]. Meißen, wenn auch erst in der Nachkriegsproduktion, greift Ginkgo biloba als Dekor für ein Kaffee- und Speiseservice auf, wie wir an einer Schale sehen (h 10 cm, Ø 21 cm). Der Servicekomplex „Großer Ausschnitt" wurde von Ludwig Zepner 1973 entwickelt. Das Dekor „Ginkgo" schuf 1984 Prof. Heinz Werner als Unterglasurdekoration (Abb. 28).

Ein Zierteller (Ø 26 cm) mit einem Ginkgozweig und vier einzelnen gelbgrünen Ginkgoblättern in Aufglasurmalerei gibt eher ein beiläufiges Zeugnis von der Beliebtheit des Motivs in Goethes Weimar, wo er Ende der dreißiger Jahre oder Anfang der vierziger von Dora Seligmüller bemalt worden ist (sign. „S"). (Bremer Privatbesitz, Abb. 29).

An jüngeren Beispielen, die in den letzten Jahrzehnten entstanden, seien hier noch genannt: ein Porzellan-Zierteller (Ø 39,5 cm), mit strengem Ginkgo-Dekor, des in Nürnberg lebenden Keramikers Erik Schreiber (geb. 1957 München). Schreiber, der 1982–1983 in Japan, zuerst bei dem dort lebenden bekannten deutschen Keramiker Gerd Knäpper, dann beim Keramikmeister Minami Sakurai in Tokyo arbeitete, bevor er sich 1984 mit eigener Werkstatt in Nürnberg niederließ, brachte seine Vorliebe für dieses Motiv aus Japan mit. Auf der Fahne des Tellers erscheinen im umlaufenden Band elf umrißhaft gezeichnete Ginkgoblätter, jedes mit vier kirschengroßen Samen (Privatbesitz, Abb. 30).

Seit den achtziger Jahren stellt die in Berlin schaffende

Abb. 28: Schale, Porzellan mit grüner Unterglasur-Bemalung, Meißen, 1984.

Keramikerin Wilfriede Maas Objekte mit Ginkgo-Dekor her, u. a. ein formschönes Teeservice, bemalt mit Gingkoblättern (Privatbesitz). Aus den frühen achtziger Jahren stammt auch eine Ginkgoschale der Keramikerin Antje Scharfe/Berlin. Diesen Arbeiten ließen sich weitere, bis in die jüngste Zeit entstandene, anfügen [46].

Auch auf dem Gebiet der Druckgrafik und des Linolschnitts begegnen uns Ginkgo-Motive vom Jugendstil bis heute. So wurden u. a. auf einer Ausstellung im Leipziger Kunstgewerbemuseum 1903 Schülerarbeiten zum Thema „Die Pflanze in ihrer dekorativen Verwertung" als „Übungen im Stilisieren und Entwerfen" aus der Kgl. Kunstgewerbeschule Dresden gezeigt. Von M. Weichelt, aus der Klasse von Prof. P. Naumann, stammt ein Blatt mit Variationen auf das Ginkgo-Motiv (Abb. 31) [47].
Schon einige Jahre zuvor, d. h. seit 1897/98, schmückte die bekannte, von Alexander Koch/Darmstadt herausgegebene Kunstzeitschrift „Deutsche Kunst und Dekoration" ihr Titelblatt mit einer senkrecht verlaufenden Ginkgoranke aus Blättern und Samen (Entwurf Josef Berchtold) (Abb. 32) [48].
Von Herbert Ost kennen wir aus den dreißiger Jahren ein Ex Libris (Holzschnitt auf Bütten) für Otto Hein. Um ein sich schräg ins Bildfeld auffächerndes Ginkgoblatt stehen die ersten Zeilen von Goethes Gedicht . . . „dieses Baums Blatt, der von Osten meinem Garten anvertraut" [49].
Der durch seine kraftvollen Schrifttafeln bekannte Josua Reichert (geb. 1937) hat in mehreren Varianten Goethes Gedicht „Gingo biloba" als Schrift in Verbindung mit

Abb. 29: Zierteller, Porzellan, Dekor in Aufglasurmalerei, von Dora Seligmüller, Weimar, um 1935.

Abb. 30: Zierteller, Porzellan, von Erik Schreiber Nürnberg, 1985.

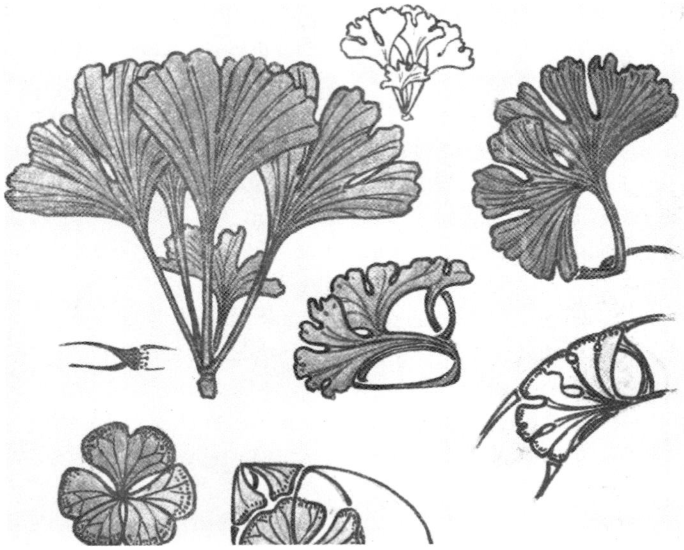

Abb. 31: Pflanzenstudien, M. Weichelt, Kunstgewerbeschule Dresden, 1903 (Schülerarbeit).

Abb. 32: Bucheinband, Entwurf Josef Berchtold, 1897.

Ginkgoblättern, meist einen Meter hoch, bildmäßig gestaltet. Hervorzuheben ist das Linolschnittblatt mit siebzehn goldgelben Ginkgoblättern, über die die Schrift der drei Strophen läuft (s. die Rückseite des Bucheinbandes) [50].

Schmuck aus Deutschland, Österreich und Böhmen

Jugendstilschmuck mit Ginkgo-Dekor in Deutschland und Frankreich ist meist sehr unterschiedlich gestaltet worden. Das mag auch an den verschiedenen Quellen liegen: Im deutschen Sprachraum war eine Wurzel Goethes Gedicht „Gingo biloba", wenn auch nur bei den literarisch Interessierten. In Frankreich war seit dem „Japonismus", wie oben dargelegt, das ostasiatische Formengut geläufig, weniger das Gedicht von Goethe.

Ein frühes deutsches Schmuckbeispiel, um 1900, ist ein 3,5 cm langer Silberanhänger (an originaler Gliederkette) von Theodor von Gosen (1873–1943) (sign. „T G" in Ligatur, sowie „geschützt" 800). Vier Ginkgoblätter mit sieben vergoldeten Samen bilden eine Rundform mit anhängender Perle (Abb. 33). Th. von Gosen war Bildhauer, seit 1900 auch Medailleur in München, bevor er 1905 durch Hans Poelzig als Professor für Metallguß und Metallbearbeitung an die Akademie für Kunst und Kunstgewerbe Breslau berufen wurde. Das sich in Münchner Privatbesitz befindende Schmuckstück dürfte noch aus seinen Münchner Jahren stammen.

Bescheidener, aber noch stärker stilisiert, ist ein kleiner Silber-Anhänger, der im Dreieck, in leichtem Relief, zwei sich in ihren Stielen überschneidende Ginkgoblätter und zwei herabhängende Samen zeigt (Privatbesitz, Abb. 34).

Eine 2 cm große, ringförmige Goldbrosche enthält in ihrer Mitte eine über einer Perle achsial aufstrebende Phantasiepflanze mit zwei Paaren sehr verschiedener Blätter. Die oberen können als Ginkgoblätter gedeutet werden (Privatbesitz, s. Tafel 14).

Drei Jugendstilbroschen mit „Skarabäen" bzw. Phantasiekäfern auf silbrig oxidierten Ginkgoblättern sind nicht exakt zu lokalisieren: auf zweien davon sitzt jeweils ein grünschillernder Käfer mit emailliertem Rückenpanzer und braunen, über Kopf und Panzer gelegten Beinen und langausgestreckten Fühlern. Es handelt sich hier um drei unterschiedliche Varianten des gleichen Motivs (eine davon in Privatbesitz, zwei im Kunsthandel, s. Tafel 14).

Eine besondere Species von Ginkgo-Schmuck ist der mit böhmischen Granaten aus der Jugendstilepoche. Beson-

Abb. 33: Kette mit Anhänger, Th. v. Gosen, Silber vergoldet.

Abb. 34: Anhänger, Silber, deutsch, Jugendstil.

ders prunkvoll wurde ein 41,5 cm langes Collier gearbeitet mit zierlichen Ginkgoblättern aus Gold und Samen aus böhmischen Granaten sowie Gehängen in drei Etagen (s. Tafel 11). Eine doppelreihige Kette aus Granatkugeln endet in zwei goldenen Ginkgoblättern als Halterung für das prachtvolle Gehänge mit zwei weiteren Ginkgoblättern und -samen, an dem wiederum ein kleines Ginkgo-Gehänge angebracht ist.
Da der traditionelle Granatschmuck — auch im Jugendstil — meist auf florale Muster verzichtet, ist dies ein rares Beispiel eines kostbaren Colliers mit vegetabilischen Elementen, in diesem Fall mit insgesamt mindestens zwölf goldenen Ginkgoblättern. Entstanden um 1904, bez. mit Prager Silberpunze u. dem Meisterzeichen „VN" (Václav Němec; Privatbesitz) [51].
In der Fachschule Turnau/Turnov in Böhmen wurden Broschen um und nach 1900 gefertigt, die ebenfalls Ginkgoblätter als Motiv tragen: z. B. eine 3,8 cm große Brosche von Alfred Bergmann, die sich heute im Kunstgewerbemuseum Prag befindet. Sie zeigt auf einem Reif im oberen Teil zu beiden Seiten waagerecht wegstrebende tief gespaltene goldene Ginkgoblätter mit je drei roten herabhängenden Granaten. Ovale Almandine ergänzen das Ensemble (s. Tafel 12) [52].
Eine weitere Goldbrosche der Fachschule Turnau zeigt zwei Ginkgoblätter mit böhmischen Granaten und Chrysopras sowie einen Perlmuttanhänger aus der Zeit nach 1900. Die Stengel der Ginkgoblätter bilden den runden Rahmen, in dem sich die Blätter kreuzend entfalten (Besitz Fachschule Turnau; s. Tafel 12) [53].
Ebenfalls aus der Fachschule Turnau stammen zwei Anhänger in Form einer Amphora aus geschliffenem Rauch-

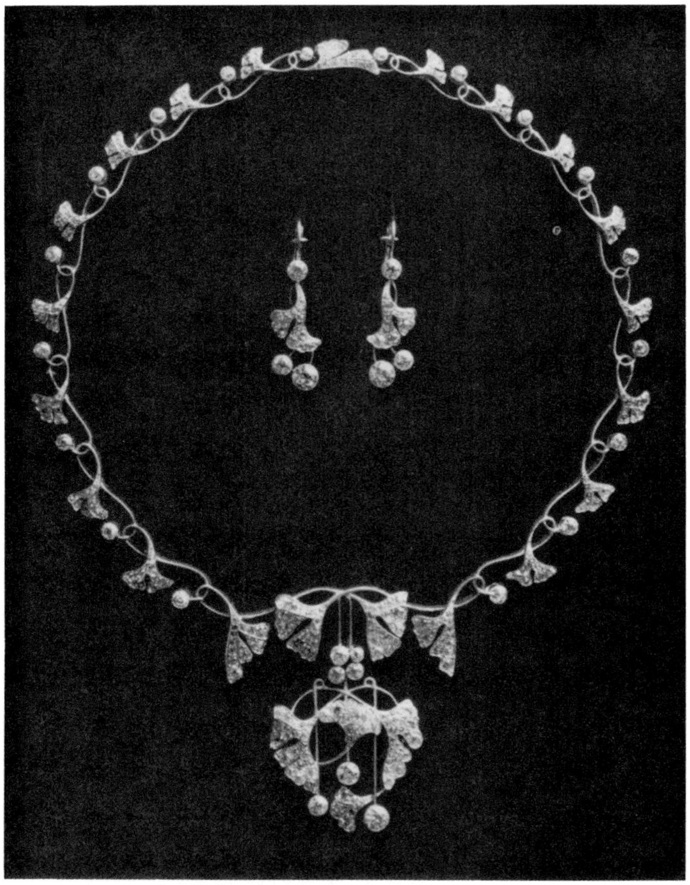

Abb. 35: Brillantcollier, Wien um 1900, Roset & Fischmeister.

quarz, mit Rubinen als Samen. Der 7,3 cm lange (mit „T S" und Prager Goldpunze bezeichnete) Anhänger wird von einer Montierung aus goldenen Ginkgoblättern gehalten (Besitz der Fachschule Turnau) [54]. Ein zweiter Flacon-Anhänger der Fachschule Turnau von 1912, 7 cm lang, Rauchquarz, stammt aus der Klasse von Josef Cettel und Emil Horna. Auch er hat als Halterung des Flacons zwei stärker stilisierte Ginkgoblätter sowie Perlen und Lapislazuli. (Bez. „T S" und Prager Goldpunze, s. Tafel 12) [55].

Als Besonderheit aus der Zeit des Jugendstils dürfen zwei goldene, mit Granaten besetzte Eheringe und ihr Zinn-Modell — entworfen von Franta Anyz um 1900 — gelten. Die beiden Goldringe (Meisterzeichen „A R" und Prager Goldpunze) wurden nach dem Modell von F. Anyz erst 1929 von Antonin Ritter ausgeführt [56] (Prager Kunstgewerbemuseum, Slg. Anyz, s. Tafel 12). Übrigens fertigten erst in den letzten Jahren Goldschmiede wieder Ringe mit Ginkgoblättern, jedoch ohne rote Granate, aber gelegentlich mit Brillanten (siehe unten Beispiel der Fa. Ehinger & Schwarz, München).

Von Franta Anyz sind noch über dreißig farbig angelegte Schmuckentwürfe aus den Jahren 1900–1910 in Privatbesitz erhalten, worunter sich zwei weitere Broschen mit stilisierten Ginkgoblättern und Steinbesatz befinden [57].

Aus Wien sind uns als Schmuck mit Ginkgoblatt-Dekor bekannt geworden: eine aparte Brosche aus einem gespaltenen, feinnervigen Blatt (Silber vergoldet) mit einem Opal als Samen von G. A. Scheid (s. Tafel 14) [58] und ein Collier mit Ohrgehängen der bekannten Wiener Juwelier-Firma Roset & Fischmeister, bestehend aus verschieden großen Ginkgoblättern und -samen mit Platinstielen und Diamanten. Die zur Mitte der Colliers größer werdenden Blätter sind so gestaltet, daß jeweils ein Blatt mit einem Samen zusammen ein Kettenglied bildet, in das das nächstfolgende — wie spielerisch — eingehängt ist. Das Collier besteht aus einundzwanzig Blättern — die in symmetrischer Anordnung aufeinander zulaufen und sich in der Mitte in vier Blättern treffen, mit vier herabhängenden Samen und einem, wohl auch als Brosche zu tragenden Anhänger aus weiteren vier Blättern, mit drei an senkrechten Stäben hängenden weiteren Samen. Das Brillant-Collier stellt wohl in Material und Ausführung das kostbarste Schmuck-Beispiel mit Ginkgo-Dekor dar, das bisher bekannt wurde (Abb. 35). W. Fred schreibt hierüber, daß Diamantrosen nach meist einfachem Design oder vielfach als Kopien in Neorenaissance oder im Barockstil zu allen Zeiten verwendet wurden, aber ohne eigentlichen künstlerischen Wert. Nur ein außergewöhnlich gutes Design garantiert die künstlerische Qualität. Hierzu gehört nach W. Fred [59] das besprochene Collier (mit Ohrgehängen) von Roset & Fischmeister "as examples of the best style of ornement in which precious stones are used. In them the natural form, which has been the motive from which the design was evolved, was the fruit and leaf of the rare plant known in Germany as the Ginkgopflanze. The delicate spiral stems are worked in dull gold (Mattgold), and the way the joining is managed cannot fail to be admired, whilst the single stems are in platinum. The charm and distinction of this piece of jewellery is due above all to the precious stones with which it is set which makes it a worthy possession, but skill with the motive has been worked out."

Jugendstil-Schmuck aus Pforzheim

Mit dem großartigen Jugendstil-Schmuck der Slg. K. A. Citroen/Amsterdam kam auch industrieller Modeschmuck (aus Silber oder Golddoublé, mit Farbsteinen oder Zuchtperlen) in das Hessische Landesmuseum Darmstadt. Darunter befinden sich elf Broschen, die nach 1945 in den Trümmern eines Kölner Juweliergeschäftes gefunden wurden, aus Pforzheim. In dieser Kollektion gibt es eine mit Ginkgoblatt-Dekor. Die beiden Blätter sind dabei in einen fast rhomboiden Rahmen symmetrisch eingepaßt, ihn dekorativ füllend (Abb. 36) [60].
Ein Ginkgoanhänger der Pforzheimer Firma Friedrich Speidel, um 1900, aus vergoldetem Silber (4,5 cm hoch) ist so gearbeitet, daß sich leuchtend grüngold emaillierte Ginkgoblätter schwungvoll in den Stielen überkreuzen, eine Lemniskate bildend. Diese schließt im unteren Teil einen blauen Glasstein ein. Ein weiterer kurzer, von der Aufhängeöse herabschwingender Stiel mit zwei kleinen Ginkgoblättern trägt je eine Perle als Samen. Drei Perlen an verzweigten Stielen bilden den Abschluß (s. Tafel 13) [61]. Auch die von der gleichen Werkstatt gearbeitete Brosche aus den Jahren 1900–1902, aus Gold, Perlen und Email, schmückt ein grün emailliertes Ginkgoblatt. Sein Stengel, von dem drei Perlen als Samen hängen, bildet eine liegende Acht (s. Tafel 13) [62].
Bei einem Schmuckkamm der Firma F. Zerrenner Pforzheim aus Schildpatt, Gold, mit Türkis und Perlen (4,9 cm breit), um 1900–1902, zeigt die Bekrönung in symmetrischer Anordnung zwei lappig geformte Blätter und jeweils vier Perlen auf Goldstielen. Obwohl Blätter und „Früchte" nicht exakt botanisch wiedergegeben sind, könnte es sich hierbei um Ginkgo handeln (s. Tafel 13) [63].
Eine weitere Pforzheimer Arbeit aus den Jahren um 1900 (vermutlich der Firma Levinger und Bissinger) mit Ginkgo-Dekor ist eine vergoldete Brosche (900 gestempelt) mit zwei Almandinen als Samen (cabochons). Zwei, in ihren Stielen verschlungene Blätter fächern sich zu beiden Seiten hin auf. Dieser Brosche steht eine Gürtelschließe mit Ginkgoblättern im Museum für angewandte Kunst/Wien nahe, wobei die roten Samen ebenfalls von zwei dekorativen Blättern umrahmt sind (Privatbesitz, Abb. 37).

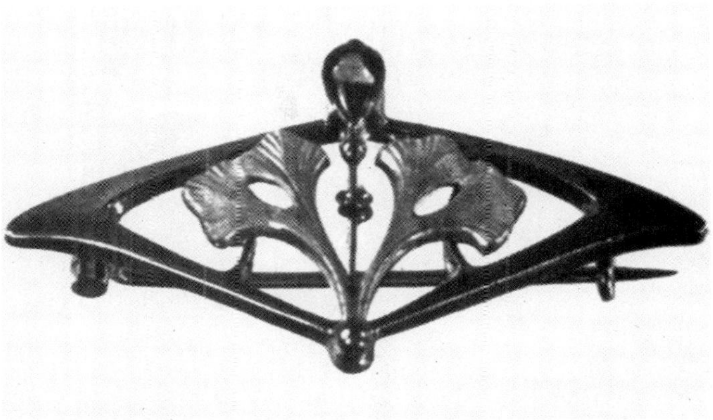

Abb. 36: Brosche, Metall vergoldet, Pforzheim, um 1900.

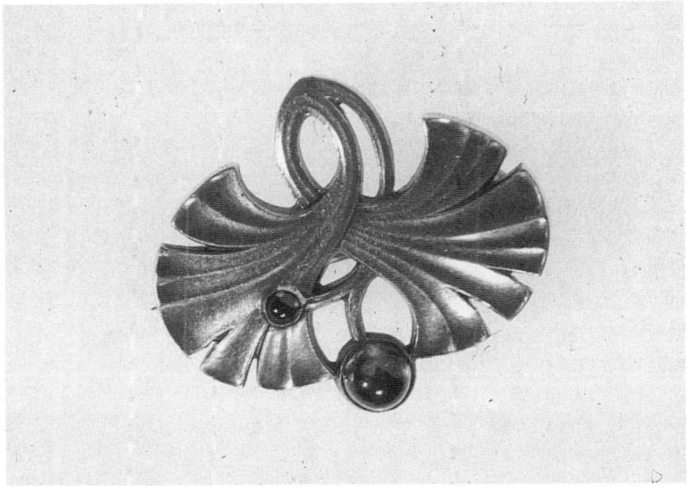

Abb. 37: Gürtelschließe, Pforzheim?

Schmuck zwischen 1930 und heute

Aus den dreißiger Jahren stammt ein goldener Flaschenkorkenhalter mit Ginkgoblatt, der später zur Brosche umgearbeitet wurde. Der Schmuck besteht aus zwei langstieligen Ginkgoblättern mit einem Samen. Signiert mit dem Meisterzeichen „L" des Goldschmieds Ludwig (1885 in Magdeburg geboren), der 1927/28 zunächst dort bei Franz Willecke-Juwelen tätig war, bevor er sich um 1930 in Erfurt selbständig machte. Die schöne Goldschmiedearbeit dokumentiert das Weiterleben des Ginkgo-Motivs besonders im thüringisch-sächsischen Bereich auch lange nach der Jugendstilzeit, die eine ausgesprochene Vorliebe für vegetabilische Dekore entwickelte (s. Tafel 14).
Von Elisabeth Treskow (geb. 1898 in Bochum) sind mehrere Goldbroschen noch aus den Kriegsjahren, um 1943, erhalten, wovon eine mit fächerförmigem Blatt und drei „Früchten" aus Saphiren und einer Perle einem Ginkgoblatt ähnelt. Die Blätter der anderen Broschen gleichen dagegen eher Lindenblättern [64].

Abb. 38: Brosche, Gold und Elfenbein, von Vera Richter, Berlin.

In den siebziger Jahren formte Vera Richter (geb. 1940 in Düsseldorf, seit 1970 Goldschmiedemeisterin in Berlin) eine strenge Brosche aus Elfenbein und Gelbgold. Aus einer halbrunden Scheibe aus Elfenbein wächst ein Ast mit vier großflächigen, paarweise hintereinander angeordneten gespaltenen Ginkgoblättern, wobei die größeren aufragen, die kleineren sich seitlich neigen. Zur geometrischen Halbkreisform der Basis aus Elfenbein stimmen die vereinfacht stilisierten Blätter. Diese Arbeit wurde mit einem Preis des Landes Berlin für das gestaltende Handwerk 1979 ausgezeichnet, und eine Farbabbildung schmückt das Titelblatt des entsprechenden Katalogs (Abb. 38) [65].
Von Schnitzern der traditionsreichen Erbacher Elfenbeinschnitzschule im Odenwald wurden noch in jüngerer Zeit Ginkgoblätter als Anhänger und Broschen ausgeführt (Abb. 39), ähnlich wie die in Weimar bis heute produzierten silbernen und goldenen, die sich allgemeiner Beliebtheit erfreuen (Abb. 40 und 41).
Von dem Münchner Goldschmied Michael Töttermann (geb. 1924) wurde schon auf der Wettbewerbsausstellung zum Thema „Ginkgo biloba", den die Firma Dr. Willmar Schwabe 1985 in Karlsruhe veranstaltete, ein Ginkgo-Halsschmuck ausgestellt. Acht silberne, feuerver-

Abb. 39: Elfenbeinanhänger und -broschen, Erbach/Odenwald.

Abb. 40: Anhänger, Weimar, ca. 1990.

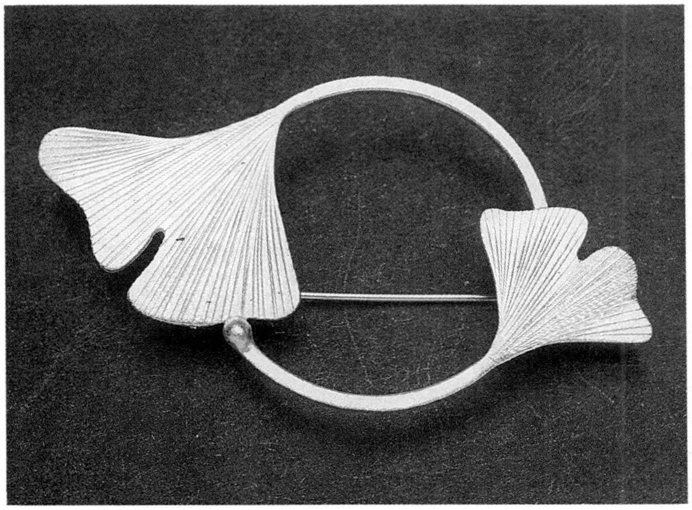

Abb. 41: Brosche, Weimar, ca. 1990.

Abb. 42: Anhänger, Metall, vergoldet, Jugendstil.

goldete Ginkgoblätter von verschiedener Gestalt, zwei davon mit tiefem Spalt, bilden in dichter Reihung auf der Schauseite den Schmuck des Halsreifs zusammen mit Perlen als Samen. (Bez. 925 Ag.) [66].
In München schuf vor einigen Jahren auch Karin Kümpfel in der Goldschmiedewerkstatt Nikita Heckner Ginkgoschmuck, u. a. silberne Ohrgehänge mit drei untereinanderhängenden Ginkgoblättern.
Zu den jüngsten Schmuckkreationen mit Ginkgoblättern gehört ein kostbarer Schmucksatz der Firma Ehinger und Schwarz/München von 1992/93. Er besteht aus einem Collier, einem Armband und einem Ring. Das Collier gliedert sich in fünfundzwanzig verschiedene, zur Mitte hin größer werdende, naturalistisch geformte Ginkgoblätter aus massivem Gold. Auch das Armband und der Ring haben Ginkgoblattschmuck und Brillantenbesatz. Das kostbare Ensemble wurde von Wolf-Peter Schwarz entworfen (sign. ~~o-o~~ Punze) (s. Tafel 10) [67].
Aus den achtziger Jahren wurde die Modeschmuck-Kette aus vergoldetem Messing der Firma Dior/Paris bekannt, die in zwanzig Gliedern stark stilisierte, aber lebhaft gewellte, an Ginkgoblätter erinnernde Einzelformen zeigt. Sie wirkt durch die Lichteffekte der schräggestellten, plastisch aufgefächerten Blattelemente.
Da der Frauenhaarfarn (Adiantum capillus-veneris) dem Ginkgoblatt ähnelt, diente dieser gleichermaßen als Motiv in der gestaltenden Kunst. Beide Motive können miteinander verwechselt werden, wie drei Beispiele demonstrieren mögen (Abb. 42 bis 44). Während das Ginkgoblatt aus dem Holz eines Zweiges bzw. Kurztriebes wächst, sind die „Blätter" des Frauenhaarfarns —

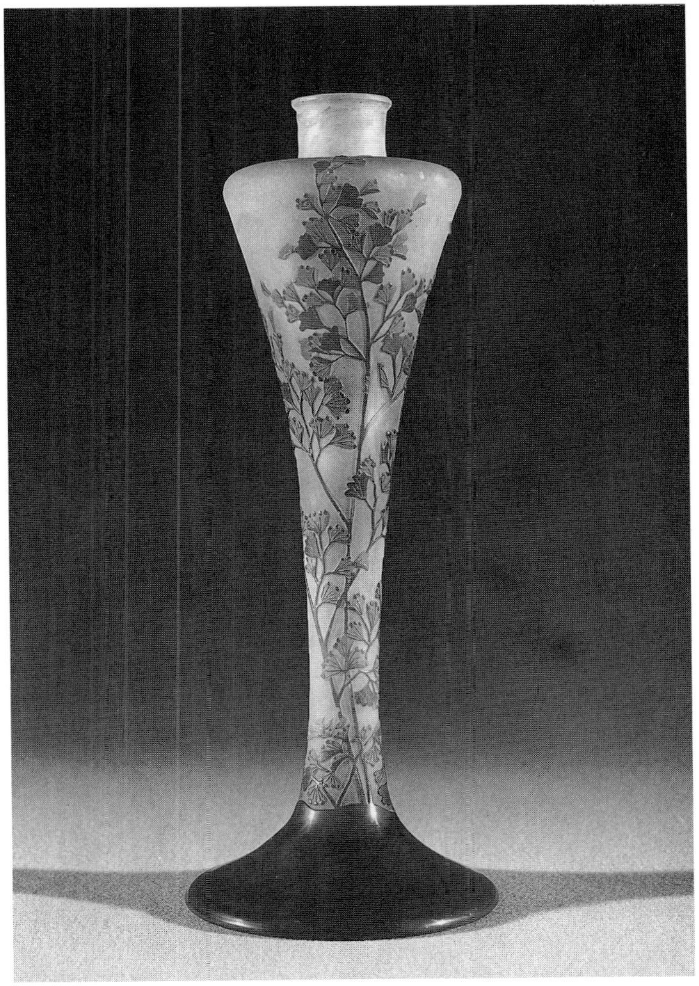

Abb. 43: Lampenfuß, E. Gallé, Nancy, Überfangglas, Art Nouveau.

Abb. 44: Vase, Porzellan, Meißen, Jugendstil.

botanisch betrachtet — die Blättchen eines großen zusammengesetzten Blattes. Deshalb ist das Frauenhaarfarn-Motiv graziler als das Ginkgo-Motiv. Im übrigen fehlen dem Frauenhaarfarn die Samen.

Der Überblick zeigt, daß Schmuck mit Ginkgo-Motiven in der Epoche des Jugendstils in Frankreich und Deutschland zu vielgestaltigen Lösungen führte. Die französischen Beispiele pflegen in der Regel die naturalistische Wiedergabe des Ginkgoblattes im Rahmen oft elegantzierlicher Formen. In Deutschland, Österreich und Böhmen tritt dagegen noch eine größere Vielfalt auf und eine stärkere Neigung zur Stilisierung. Das herausragendste Schmuckstück ist das Wiener Ginkgoblätter-Collier der Juweliere Roset und Fischmeister.

Anmerkungen und Literatur

[1] Brief von Prof. Dr. Dietrich Seckel, Universität Heidelberg, an Prof. Dr. J. A. Schmoll gen. Eisenwerth, München vom 22. 11. 1993.

[2] Japanisches Album mit Wappenmotiven. Hrsg. Nakao Genjiro. Yamamoto Verlag, Kyoto. 27. Aufl. 1952, Abb. S. 13.

[3] J. A. Hillier (Hrsg.): Japanische Farbholzschnitte. Pawlak Verlag, Herrsching am Ammersee, o. J.

[4] Die Landesfürsten (Da myo) und die Ritter (Samurai) hatten das Recht und die Pflicht, zwei Schwerter zu führen, ein kurzes und ein langes. Auch der nächste Stand, die Bauern, behielten in der Tokugawa-Zeit (d. h. bis nach Mitte 19. Jahrhundert) ihr Schwert. Ihnen gleichgeachtet waren die Handwerker. So waren z. B. die Schwertschmiede hochgeachtete Künstler. Das Schmieden der Klinge galt als heilige Handlung, die im Feiertagsgewand vollzogen wurde. Die Vielzahl der Schwerter läßt die künstlerische Vielgestaltigkeit ihrer Zier ahnen. Siehe Werner Speiser: Die Kunst Ostasiens. Berlin 1956, S. 267 f., Kap. VIII „Das Zeitalter der Versenkung in Japan" und Kap. X „Das Zeitalter der Durchformung in Japan", S. 341 f.

[5] Kat. Japanisches Ornament, Bd. 16 „Herbstpflanzen". Staatliches Museum Tokyo 1988, Abb. S. 36.

[6] Ausst. Kat. Japanische Keramik und Porzellan. Staatl. National-Museum Tokyo 1985, Abb. 273, S. 145.

[7] Die diesbezüglichen Informationen verdanken wir Dr. Erasmus Hultzsch, Jena.

[8] William Anderson: Japanese Wood Engravings, their History, Technique and Charakteristics. London und New York 1895.

[9] Sir Albert C. Seward: Plant Life through the Ages, a geological and botanical Retrospect. Cambridge, University Press 1931.

[10] Ausst. Kat. Johannes Itten und die höhere Fachschule für textile Flächenkunst in Krefeld. Krefeld 1992, Nr. 53, Abb. VI. Druckstoff von Heinz Trökes, 1932–38, Motiv Ginkgoblatt, Spritzdruck (Schenkung Annelies Itten).

[11] „textilkunst", informationen für kreatives gestalten. Hannover, 14. Jg., 2, Juni 1986, Abb. „Druckcoupon mit Ginkgo-Blatt-Motiven" von U. Dübel, Titelblatt-Abb.; ferner op.cit. Helene Blum-Spicker; Extravagante Mode-Textildrucke auf Seide von Ursula Dübel, S. 59 f. m. Abb. — Katrin Paul; Ein Ginkgo-Blatt und die Folgen. Der Seidenmalerin und Textildesignerin Ursula Dübel aus Krefeld über die Schulter geschaut. In: Christ sein Heute. 99. Jg., Nr. 23, Witten, Juni 1992, S. 24 f. m. Abb.

[12] Kat. Kunst der Jahrhundertwende und der zwanziger Jahre. Sammlung Karl H. Bröhan. Berlin, Bd. II, Teil I, 1976, S. 316 u. Kat. Nr. 445 m. Abb.

[13] Nach B. Hakenjos u. E. Klinge — Ausst. Kat. Europäische Keramik des Jugendstils, Modern style, Art Nouveau. Hetjens Museum Düsseldorf 1974, Nr. 184 m. Abb. — gelang Wennerberg mit der Sgraffitotechnik, den naturalistisch gestalteten Dekoren auf schlichten, aber überzeugenden Gefäßformen, ein wesentlicher Beitrag zum schwedischen Jugendstil.

[14] Ausst. Kat. Werke um 1900. Kunstgewerbemuseum Berlin. (Bearb. W. Scheffler), Berlin 1966, Kat. Nr. 92 m. Abb., Vase von Alf Wallander/Rörstrand 1897, mit grünem Frauenhaarfarn-Dekor in Unterglasurmalerei; Kat. Nr. 79 m. Abb. Vase in Flaschenform/Kgl. Kopenhagen 1897, mit Frauenhaarfarn in grau-grüner Unterglasurmalerei.

[15] Weitere Namen für Ginkgo kamen in England und Deutschland auf, ohne sich durchsetzen zu können. So nannte J. F. Smith den Ginkgo „Salisburia adiantifolia", nach dem Botaniker A. Salisbury und dem Farn „Adiantum". Vgl. Hartwig Gäbler: Ginkgo biloba, Rückblick nach vorn. Dr. Willmar Schwabe, Karlsruhe 1988, S. 22.

[16] Deutsche Kunst und Dekoration, Bd. 6, 1900, Abb. S. 102. — Dekorative Kunst III, Jg. 5, München Febr. 1900, Abb. S. 211. — Kat. Räume und Meisterwerke der Jugendstilsammlung. Museum für Kunst

und Gewerbe Hamburg (Bearb. H. Spielmann), 1977, Kat. Nr. 32, Abb. S. 79. — Slg. Dr. P. Tauchner, München.

[17] Als „Markenzeichen" Dalpayrats galten seit 1892 seine unverwechselbaren charakteristischen geflammten Farben, dem „Rouge Dalpayrats" mit grünen und blauen Flecken auf grauem Grund, wofür die „Hamburger Vase" ein gutes Beispiel ist.

[18] Walter Scheidig: Emile Gallé in Weimar. Keramos, Heft 59, Jan. 1973, S. 52f.

[19] Therèse Charpentier: Un Japonais à Nancy. In: Pays lorrain, T. I, Nancy 1979, S. 1–2.

[20] T. Takasima u. Marouyama: Rapport sur la distribution naturelle des assences forestières au Japon. Tokyo 1878; u. La Lorrraine Artiste 6, Nancy 1888 (8), S. 27.

[21] Cat. spécial des plantes d'ornement exposées à l'Exposition Universelle de 1889 à Paris par le Jardin des Plantes attenant à l'Université de Tokio, Paris 1889.

[22] E. Gallé war mit dem Sachgebiet des Pflanzenimports bestens vertraut, wie sein bereits 1880 verfaßter Katalog „des végétaux plus ou moins récemment introduits en Europe et présentés au Congrès Nationale Français de Geographie par la Société Centrale d'Horticulture de Nancy", in: Bulletin Soc. Centrale d'Horticulture de Nancy 4, 1880 (4) S. 105–167 beweist.

[23] Ein, um 1925 vom Gallé-Enkel, dem Naturwissenschaftler M. Jean Bourgogne Paris, gezeichneter Plan des Gartens in Nancy dokumentiert den alten Baumbestand.

[24] Bei der 1986 im Deutschen Apotheken-Museum, Heidelberg, gezeigten Ausstellung „Die Mistel" sowie im die Ausstellung begleitenden Buch von H. Becker/H. Schmoll g. E., Wissenschaftliche Verlagsgesellschaft Stuttgart 1986, war auffällig, daß neben den zahlreichen Exponaten mit Mistel-Dekoren aus der „Ecole de Nancy" Emile Gallé fehlte, der doch zweifellos mit diesem Motiv allen vorangegangen sein mußte. Nach Ablauf der Ausstellung, als das Interesse für Mistel-Motive geweckt war, tauchten dann auch erstmals drei Frühwerke E. Gallés mit Mistel-Dekor auf (München, Privatbesitz), die vor allem der Manufaktur Daum/Nancy als Vorbilder für ihre zahlreichen Mistel-Dekore auf Vasen, Bechern, Schalen, Aschenbecher etc. gedient haben dürften.

[25] Klaus Berger: Japonismus in der westlichen Malerei 1860–1920. München 1980, S. 111: Nach dem Triumph des dekorativen japanischen Kunsthandwerks auf der Weltausstellung Paris 1878 und der Krise des „direkten" Japonismus 1889 im Absinken der Qualität, vermerkt Berger: „Nur eine Ausnahme muß zugegeben werden: Emile Gallé, der unermüdliche Erfinder moderner dekorativer Formen aus dem Geiste Japans!"

[26] Gérard Klopp (Hrsg.): Nancy 1900. Rayonnement de l'art Nouveau. Thionville 1989, Abb. S. 139. — Francis Roussel: NANCY Architecture 1900, Inventaire général des monuments et des richesses artistiques de la France. Metz 1992, T. I, Abb. S. 53 oben.

[27] Wilhelm Ahles: Der Ginkgo-Baum. In Westermanns Monatshefte, Bd. 46 (Hrsg. Friedr. Spielhagen), S. 206/207. Für das Zugänglichmachen des für seine Zeit sehr fundierten Artikels bin ich Herrn Friedrich Werner, Weilheim, zu Dank verpflichtet.

[28] Für den freundlichen Hinweis auf das bisher nicht publizierte „Maison Ginkgo biloba" in Nancy und die fotografischen Aufnahmen danke ich Mme. Marie-France Jacops, conservateur du patrimoine Nancy, sehr herzlich.

[29] Francis Roussel, op. cit. T. III. S. 40, Abb. S. 41 (Tür u. Detail mit Ginkgoranke).

[30] Für Hinweis und fotografische Aufnahmen habe ich M.-F. Jacops, Nancy, und M.-Emanuelle Meyer, conservateur du Musée de la Princerie, Verdun, zu danken.

[31] Francis Roussel, op. cit. T. III, S. 20–23, Abb. S. 22.

[32] Kat. NANCY 1900. Jugendstil in Lothringen zwischen Historismus und Art Déco. (Keramik, Glas, Möbel, Gemälde, Plastik, Schmuck, Plakate) (Bearb. J. A. und Helga Schmoll gen. Eisenwerth). Münchner Stadtmuseum 1980/81, Nr. 510 m. Abb. — Helga Hilschenz-Mlynek u. Helmut Ricke: Glas. Historismus. Jugendstil. Art Déco. Bd. I, Frankreich. Die Slg. Hentrich im Kunstmuseum Düsseldorf. München 1985, Kat. Nr. 64 m. Abb.

[33] Nach H. Hilschenz/Ricke, op. cit. ist die hier angebrachte Signatur identisch mit Kat. Nr. 61, d. h. die Vase m. blauem Ginkgodekor ist auf 1905 zu datieren.

[34] Kat. NANCY 1900. op. cit. 1980/81, Kat. Nr. 595, Abb. S. 432.

[35] Brigitte Klesse, Hans Mayr: Glas vom Jugendstil bis heute. Sammlung Gertrud und Dr. Karl Funke-Kaiser. Köln 1981, S. 72/73, Nr. 4 m. Abb.

[36] Vgl. Ausst. Kat. Pariser Schmuck vom zweiten Kaiserreich zur Belle Epoque. Bayer. Nat. Museum München 1989/90 mit zahlreichen Beispielen der bekanntesten Pariser Schmuck-Designer.

[37] Anzeiger des German. Nat. Mus. Nürnberg, 1968, S. 174, Abb. 15, S. 173. Ausst. Kat. Der Verschluß, eine künstlerische Aufgabe des Goldschmucks. Historische und zeitgenössische Beispiele. Hrsg. Bayer. Landesverband f. d. Gold- u. Silberschmiedehandwerk. Germ. Nat. Mus. Nürnberg 1981, Kat. Nr. 63, Abb. S. 21.

[38] Ausst. Kat. Pariser Schmuck, op. cit., Kat. Nr. 78 m. Abb. (dort fälschlicherweise mit Brosche „Adlerköpfe" bezeichnet).

[39] Für freundliche Auskünfte und die fotografische Aufnahme bin ich Mme. Madeleine Huillier d'Istria, docteur ès lettres, Montauban, zu Dank verpflichtet.

[40] Ausst. Kat. Friedrich Adler. Zwischen Jugendstil und Art Déco. Münchner Stadtmuseum und Forum für europäische Kunst und Kultur. Arnoldsche Verlagsanstalt Stuttgart 1994, Kap. Cl. Pese, S. 150f., Kat. Nr. ME 54 m. Abb.

[41] Ausst. Kat. Fr. Adler, op. cit. Kat. Nr. 53 m. Abb.

[42] Kat. Werke um 1900. Kunstgewerbemuseum Berlin. (Bearb. W. Scheffler). Berlin 1966, Kat. Nr. 54 m. Abb.

[43] Aukt. Kat. Schloß Ahlden. Aukt. 79/80, 20./21. Nov. 1992, Nr. 184 m. Abb.

[44] Kat. Ginkgo biloba-Baum. Gesammelte Raritäten. 3. Aufl. Graz 1986, (Druck A. Bauer, Graz), Abb. S. , S. 18, S. 46, S. 20, S. 45, S. 42. Nicht alle hier abgebildeten Objekte sind „echte Ginkgo"-Dokumentationen: so handelt es sich b. d. Serviettenring S. 17 um Pinien mit Zapfen, Beim Messinguntersatz S. 23 um Blumendekor.

[45] Zu Wiener Jugendstilschmuck vgl. u. a. Werner G. Schweiger, Wiener Werkstätte, Kunst und Handwerk 1903–1932. Wien 1982, S. 212–219, bes. S. 215 u. S. 219 (Anhänger mit Blättern).

[46] Auf diese und weitere Arbeiten im Zusammenhang mit dem Thema „Ginkgo biloba" machte mich seit Januar 1990 Christian Pixis/ München–Berlin freundlicherweise aufmerksam, der u. a. ein Exemplar des Teeservices von W. Maas besitzt.

[47] Albrecht Kurzwelly: Die Pflanze in ihrer dekorativen Verwertung. In: Kunstgewerbeblatt, N. F., Jg. XIV., Heft 7, Leipzig April 1903, Abb. D. 141.

[48] Ausst. Kat. Stilkunst um 1900 in Deutschland. Berlin (Ost) 1972, Kat. Nr. 236 m. Abb.

[49] Ausst. Kat. Burg Giebichenstein. Die Hallesche Kunstschule von den Anfängen bis zur Gegenwart. Staatliche Galerie Moritzburg, Halle, u. Badisches Landesmuseum Karlsruhe, 1993, S. 392 m. Abb.

[50] Ausst. Kat. zum Künstlerwettbewerb Ginkgo biloba. Stadthalle Karlsruhe 1985. Dort 2 Varianten Kat. Nr. 76 und 77 mit Abb.

[51] Ausst. Kat. Prager Jugendstil. Museum für Kunst und Kulturgeschichte der Stadt Dortmund. 1992, Kat. Nr. 130 m. Farbabb. auf d. Titelblatt.

[52] Siehe Anm. 51, Kat. Nr. 147 m. Abb.

[53] Siehe Anm. 51, Kat. Nr. 133 m. Abb.

[54] Siehe Anm. 51, Kat. Nr. 145 m. Abb.

[55] Siehe Anm. 51, Kat. Nr. 144 m. Abb.

[56] Siehe Anm. 51, Kat. Nr. 108 m. Abb.

[57] Siehe Anm. 51, Kat. Nr. 321 m. Abb.

[58] Den freundlichen Hinweis auf diese Wiener Ginkgo-Brosche verdanke ich Herrn Dr. Graham Dry/München.
[59] W. Fred: Modern Austrian Jewellery. In: Gabriel Mourey, Aymer Vallance u. a.: Art Nouveau Jewellery & Fans. New York 1973, S. 97f., bes. S. 100 u. Abb. S. 106.
[60] Ausst. Kat. Jugendstil. Sammlung K. A. Citroen Amsterdam. Hessisches Landesmuseum Darmstadt 1962, S. 48, Kat. Nr. 113 a–l, Abb. S. 49.
[61] Fritz Falk: Europäischer Schmuck. Schmuckmuseum Pforzheim. Vom Historismus bis zum Jugendstil. Königsbach-Stein 1985, Kat. Nr. 164 m. Abb.
[62] Siehe Anm. 61, Kat. Nr. 168 m. Abb.
[63] Siehe Anm. 61, Kat. Nr. 172 m. Abb.
[64] Ausst. Kat. Elisabeth Treskow. Goldschmiedekunst des 20. Jahrhunderts. Bearb. Rüdiger Joppien. Museum für angewandte Kunst, Köln, u. Deutsches Goldschmiedehaus, Hanau 1990, Kat. Nr. 108 m. Abb.
[65] Ausst. Kat. Gestaltendes Handwerk. Preis des Landes Berlin für das Gestaltende Handwerk. Ausst. in Zusammenarbeit mit dem Kunstgewerbemuseum u. der Handwerkskammer Berlin in der Akademie der Künste, Berlin 1979, S. 30 m. Abb. u. Titelblatt.
[66] Ausst. Kat. zum Künstlerwettbewerb Ginkgo biloba. Stadthalle Karlsruhe. Dr. Willmar Schwabe Karlsruhe 1985, S. 97 m. Abb.
[67] Siehe Ehinger-Schwarz-Edition 1993. Herrn R. Leitner, Fa. Ehinger-Schwarz, Schmuck-Ideen-Gestaltung, München, danken wir für die freundliche Erlaubnis zum Fotografieren.

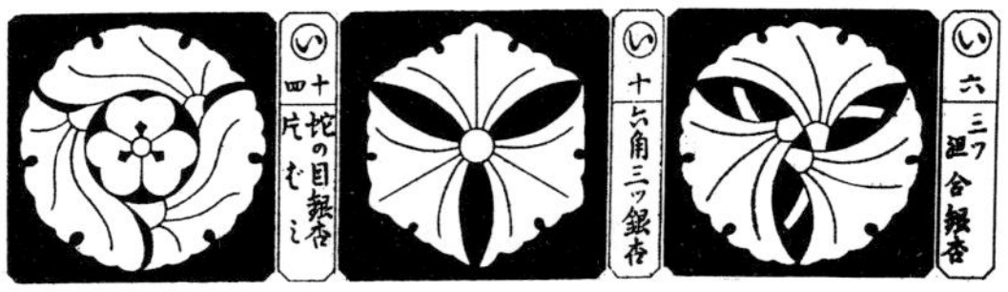

Ginkgo biloba
in Dichtung und bildender Kunst der Moderne

Von J. A. Schmoll genannt Eisenwerth

Literarische Zeugnisse nach Goethe

Der „Baum von Osten", wie Goethe die Ginkgo in seinem berühmten Gedicht nennt, wurde erst im Laufe des 18. und frühen 19. Jahrhunderts in Europa bekannt. Man darf sich ein wenig wundern, daß der Naturwissenschaftler Goethe, der die Idee der Urpflanze intensiv verfolgte, offensichtlich nur die von ihm als symbolisch empfundene Form des zweiteiligen („biloba") Blattes als Inspiration aufnahm. Sie war ihm Gleichnis für das tief erlebte „Zwei in Eins" und „Eins in Zwei" seiner späten Liebesromanze mit der dichterisch begabten Marianne von Willemer [1].

Ihn interessierten aber nicht die weiteren Besonderheiten dieses „Urbaums", die damals z. T. auch noch nicht bekannt waren: die Verwandtschaft mit den Koniferen, die das Fächerblatt mit seinen nadelartigen Nerven und teilweise tiefen Einschnitten — dem Wissenden — offenbart; die eigentümliche Zweigeschlechtlichkeit; die seltsame Befruchtungsart; die äußerst langsame Wachstumsentwicklung; das besondere Zellensystem, das den Baum Wasser speichern läßt und gegen Feuer widerstandsfähig macht. Es hätte Goethe sicher gefesselt, all dies zu erfahren und für seine Gedanken zur Botanik, zur Biologie im allgemeinen und zur beginnenden Entwicklungstheorie im besonderen auszuwerten.

Goethe besaß zwar keine genaueren Kenntnisse über den „Baum von Osten", aber ohne Goethes Gedicht wäre dieser Baum und vor allem sein etwa herzförmiges Fächerblatt in Deutschland sicher weniger beachtet worden: Die wachsende Goethe-Verehrung, die so viele Details und Motive aus Goethes Werken und Lebensgeschichte in unser Bewußtsein hob, ließ das Ginkgoblatt nicht welken und rückte es immer wieder ins Licht. So schrieb der klassische Philologe und als Münchner Universitätsprofessor zuletzt noch Präsident der Bayerischen Akademie der Wissenschaften, Otto Crusius (1857 bis 1918), ein Gedicht in der Nachfolge des Goetheschen „Gingo biloba", vermutlich angeregt durch Goethes Reinschrift seiner Verse mit den gekreuzt angehefteten Ginkgoblättern (s. Tafel 3):

Die beiden Ginkgoblätter

Sommermüde Ginkgoblätter,
Leuchtend wie Zitronenfalter
Flattern auf die Bank hernieder,
Rauschen, wispern:
„Weißt du noch?"

„Denkst du noch?" —
So singt das eine
Doppelstimmig — „jener Tage,
Wo zwei Seelen, die sich suchten,
Zur Zweieinigkeit gefunden?

Schau mich an!
Ihr Geist erschuf mich
Ohne Riß- und Scheidegrenze
Sanft umsäumt von Wellenlinien,
Herzen, zweifach und verschmolzen."

Doch die andre Doppelstimme
Raunt mir zu:
„Denkst du der grauen
Schicksalstage, die euch trennten?
Ich erwuchs in ihrem Zeichen.

Tief gespalten, losgerissen
Eine Hälfte von der andern —

Schau mich an — unlöslich bleiben
Beide Herzen doch verbunden."

Sommermüde Ginkgoblätter,
Leuchtend wie Zitronenfalter
Flattern auf die Bank hernieder,
Rauschen, wispern:
„Weißt du noch?"

Crusius war vor seiner Münchner Zeit von 1898 bis 1903 Universitätsprofessor in Heidelberg. Sicher hat er wie viele Besucher des Schloßgartens an Goethes Ginkgo gedacht. Aber man weiß, daß diese zwar 1860 noch gestanden haben soll, als Marianne von Willemer als alte Frau den Ort der Erinnerung zum letzten Mal aufsuchte, doch vermutlich bereits um 1895 gab es die Goethe-Ginkgo dort nicht mehr. Wie dem auch sei, Crusius wird sowohl der Schloßparkbank, auf der Goethe gerne gesessen haben soll, als auch einer Ginkgo in der Nähe seine Reverenz erwiesen haben. Sein Gedicht zieht die Assoziationen an Goethes Ginkgoblatt-Erlebnis zusammen, um sie zu verdoppeln. Ob er auch Kenntnisse von dem chinesischen Volksmärchen „Die Ginkgofee" hatte? Darin wird ein Mädchen in einen Ginkgobaum verwandelt, — eine Parallele zum altgriechischen Mythos von der Verwandlung der Daphne in den Lorbeerbaum [2]. Immerhin war Crusius auch Erforscher antiker Sagen und Märchen.

Vom Stoff her ist der Goethe-Roman des deutschen Schriftstellers Hans Franck (1879–1964) „Marianne" von 1953 naturgemäß noch näher mit der Begegnung Goethes mit Marianne von Willemer und deren poetischem Zeugnis, dem Gedicht „Gingo biloba" verbunden. In diesem biographisch-historischen Buch läßt der Autor den Reichsfreiherrn vom und zum Stein seinem Gast Goethe 1815 das Märchen vom wahren „Weltenbaum" Gingo biloba berichten. Die von Franck erfundene Legende stellt abermals ein Weiterspinnen der Gedanken Goethes dar, aber so, als seien sie durch eine ostasiatische Überlieferung zu einer Art Schöpfungsgeschichte verwandelt (vgl. Abb. 1):

Abb. 1: Luise Neupert. 1926. Lebt in Schmölln.
Der Weltenbaum. Illustration zum Märchen vom Ginkgo biloba, erzählt vom Freiherrn vom und zum Stein, in: Hans Franck, Marianne, Goethe-Roman (Darmstadt 1953).
Scherenschnitt — schwarz/weiß/dunkelgrau, 64 × 45 cm.

„Der östliche Gingo biloba, nicht die nordische Esche, ist der Weltenbaum. Auf ihm sind die ersten Menschen gewachsen. Und sie waren, gleich diesen Blättern, unterwärts zusammengewachsen, oberwärts getrennt. Mann und Frau bildeten, wie das Blatt, welches jetzt auf meiner Hand liegt, zugleich eine erscheinungshafte Einheit und eine wesensgemäße Zweiheit. ... Wodurch sich der Urzustand geändert hat, wie die Zweiteilung des Menschen zustande gekommen ist, vermag ich eindeutig nicht zu berichten. ... Mag nun ein ungeheurer Sturm, welcher den Weltenbaum mit einer Gewalt schüttelte, daß er bis in seine letzten Wurzelfasern erzitterte, die Ursache gewesen sein; mag Glücksüberdruß, Erlebnishunger des trotz seiner Zweigeschlechtlichkeit zusammengewachsenen Menschen die Schuld tragen, jedenfalls: An dem Ausgang dieser Nacht befanden sich sämtliche vom Weltenbaum herabgeschüttelten oder herabgesprungenen menschlichen Wesen als Mann und Frau auf der Erde. Ihre körperliche Verbindung war zerrissen. Sie wurden Zwei. Und müssen nun stets von Neuem sich suchen. ... Die Menschen trieben es auf der sich ständig mehr bevölkernden Erde in Liebe und Haß, mit Einung und Trennung so, wie Mann und Frau es bis auf den heutigen Tag, um die Tatsache oder den Schein der einstigen Einheit wiederherzustellen, notgedrungen treiben müssen. Der Gingo biloba jedoch reckte anklagend die kahlen Ast-Arme in den Himmel hinauf. Und Gott erbarmte sich seiner Verlassenheit, die für den Weltenbaum Tod bedeutet hätte. Er ließ, statt der Menschen, die bisher darauf gelebt hatten, aus seinen Zweigen Blätter hervorgehen, welche — wie es an dem Baum vor unseren Augen vielhundertfach zu sehen ist — den Urzustand des Menschengeschlechtes für immer versinnlichen, da sie — unterwärts zusammengewachsen, oberwärts getrennt — eine lebendige Zweieinigkeit bilden: das irdische Abbild der göttlichen Dreieinigkeit."

In dieser modernen Fabel mischen sich antike Vorstellungen mit der Symbolik, die Goethe im Ginkgoblatt intuitiv erkannte.

Der zeitgenössische deutsche Schriftsteller Peter Härtling (geboren 1933 in Chemnitz) besingt und befragt den von ihm gepflanzten Ginkgobaum in dem folgenden Gedicht:

An den Ginkgo vor der Tür

Wenn ich hinaus geh
vor die Tür,
geh
und den seltenen Baum —
daß ich Eins und
doppelt bin —
den ich vor Jahren
gepflanzt habe,
betrachte,
den Ginkgo
(bei Sabine L. las ich,
er werde New York überdauern,
diese Stadt),
dann frage ich mich
oder frage ihn:
Baum,
warum wächst du nicht?
Baum,
warum hältst du
den Frühling hinaus?
Baum,
warum überläßt du
den Sommer andern?
Baum,
warum überwinterst
du
leichter als ich
und nimmst mein
Gedicht vorweg.
Du bist schlau,
Baum.

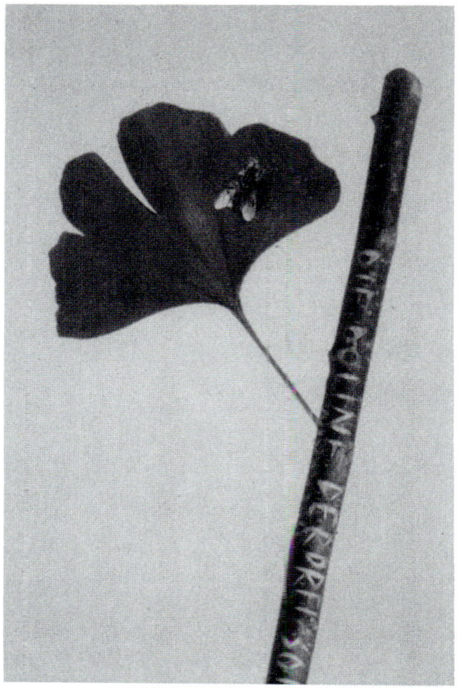

Abb. 2: Plakat der Burgtheater Wiener Festwochen 1992, zu Peter Handke: „Die Stunde, da wir nicht voneinander wußten." Länge 140cm.

Ein deutscher Dichter nach Goethe kann die Ginkgo nicht anrufen, ohne des „Eins-und-Doppelt-Seins" zu bedenken. Und der moderne Schriftsteller weiß auch, daß dieser Baum „ein lebendes Fossil" ist, im Sinne Darwins (1809–1882). Und daß er gegen die Abgase selbst der Millionenstädte wie New York resistent bleibt. Und er beobachtet seinen ihm eigenen Rhythmus des späten Blättertreibens, des Blattabfalls im Herbst, des langen Kahlseins und des langsamen Wachstums im Laufe vieler Jahre und Jahreszeiten.

Immer wenn ein Blatt vom Ginkgobaum auftaucht, besonders die frischgrünen oder auch die herabwirbelnden goldgelben im Herbst, wird für uns Heutige seine ganze Geschichte lebendig, samt Urzeit, Goethe und Widerstandskraft. So wird der Name des Baums auch zum symbolhaften Fragment in der Prosa des österreichischen

Dichters Peter Handke (geb. 1942). In seinem „Versuch über den geglückten Tag" (1991/1994) wird innerhalb einer Aufzählung von Erinnerungsfetzen auch „Das Ginkgoblatt auf dem Felsblock im Garten des ‚Cinema La Pagode'" erwähnt. Es ist ein „Bericht" aus Handkes französischer Wahlheimat. Und unwillkürlich verbinden sich die fernöstlichen Vokabeln Ginkgo und Pagode zur Assoziation einer bruchstückhaften Vision chinesisch-japanischer Atmosphäre mitten in Frankreich.

Bildnerische Dokumente der Moderne

Sprechen wir von bildnerischen Dokumenten der Ginkgo in der Moderne, so müssen wir daran erinnern, daß es eine erste Welle des „Ginkgoismus" im Jugendstil gab (siehe den Beitrag „Ginkgo biloba im Kunsthandwerk Ostasiens und Europas", S. 97). Danach, zwischen den beiden Weltkriegen, ist das Ginkgo-Motiv selten verwendet worden. Aber nach „Hiroshima" taucht es wieder auf. Der Grund liegt darin, daß nach dem fürchterlichen Ereignis der Atombombenexplosion mehrere Ginkgobäume als erste nach der Katastrophe in der Wüste der Vernichtung wieder Triebe und grüne Blätter zeigten: ein Hoffnungsschimmer und Hinweis auf an-

Abb. 3: Joachim Lehmann. 1935. Lebt in Cospeda bei Jena. Akt. 1994. Monotypie, 50 × 50 cm.

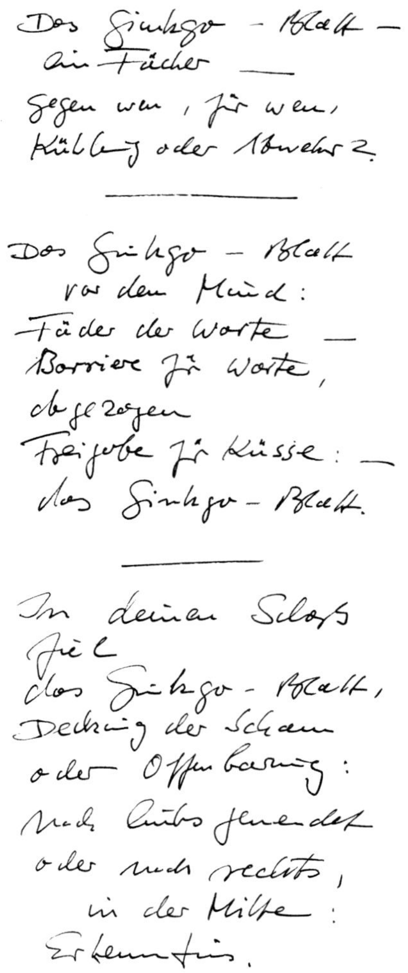

Das Ginkgo-Blatt –
ein Fächer –
gegen wen, für wen,
Kühlung oder Abwehr?

Das Ginkgo-Blatt
vor dem Mund:
Fächer der Worte –
Barriere für Worte,
abgezogen
Freigabe für Küsse: –
das Ginkgo-Blatt.

In deinen Schoß
fiel
das Ginkgo-Blatt,
Deckung der Scham
oder Offenbarung:
nach links gewendet
oder nach rechts,
in der Mitte:
Erkenntnis.

Abb. 4: Gedichte von Joachim Lehmann:

Das Ginkgo-Blatt —
ein Fächer —
gegen wen, für wen,
Kühlung oder Abwehr?

Das Ginkgo-Blatt
vor dem Mund:
Fächer der Worte —
Barriere für Worte,
abgezogen
Freigabe für Küsse: —
das Ginkgo-Blatt.

In deinen Schoß
fiel
das Ginkgo-Blatt,
Deckung der Scham
oder Offenbarung:
nach links gewendet
oder nach rechts,
in der Mitte:
Erkenntnis.

scheinend unzerstörbare Kräfte der Natur. Der erste Ginkgobaum von Hiroshima, der wieder grünte, war ein halbverbrannter (s. Tafel 7). Sein Bild ging um die Welt. Wie ein Invalide auf dem Schlachtfeld mit schwersten Verletzungen an Beinen und Armen erwachte er zu neuem Leben.

Es war wie ein Wunder, und so kamen auch die alten Legenden um den heiligen Baum der chinesischen und japanischen Tempel und Schreine erneut ins Gedächtnis. Bald bemächtigte sich das Kunsthandwerk des Ginkgoblatt-Motivs, sowohl in Japan als auch in Europa: Porzellanservice, Serviettenringe aus Silber und Bronze, Schmuck aller Art wurde mit Ginkgoblättern verziert. Und als die Pharmaindustrie aus Ginkgoblatt-Extrakten Medikamente entwickelte, trat die Werbung hinzu, um mit Fotodokumenten und stilisierten Darstellungen vom Ginkgobaum und Ginkgoblatt für die neuen Produkte zu werben. Das führte zu einer Popularisierung des dekorativen Blatt-Motivs, das über die Medikamenten-Inserate hinaus zum Sinnzeichen naturverdankter Überlebenschancen wurde. So war es kein Zufall, daß auch Joseph Beuys (geb. 1921 in Krefeld, gest. 1986), der führende Aktions- und Konzeptkünstler seiner Zeit, sich dem Ginkgoblatt als Symbol vielschichtiger mythischer Bedeutung und Urkräfte der Natur widmete. Daß es in Krefeld zwei Alleen mit Ginkgobäumen gibt, sei als Hinweis auf eventuelle Jugendeindrücke von Beuys erwähnt, der immer biographischen Elementen in seinen Gestaltungen viel Platz einräumte.

Die jüngste Welle einer Wiederaufnahme von Ginkgo-Themen läßt sich grob in folgende Gruppen einteilen:

- Bezugnahme auf das Goethegedicht und damit auf die darin ausgedrückte Symbolik des Ginkgoblattes für „Eins und Doppelt", Trennung und Paarung — auch im weitesten Sinne;
- Anwendung des Ginkgoblattes mit oder ohne Zweig und Samen als allgemeines vegetabilisches Motiv, einmal naturalistisch oder naturnah-illustrativ, ein andermal mehr dekorativ;
- ausgehend vom Ginkgobaum in Hiroshima: Ginkgo als Mahnung in Erinnerung an die Atombombenexplosion, z. B. als konzeptuelle Gestaltung;
- ausgehend von der fernöstlichen Heimat der Ginkgo und von ihrer besonderen Struktur in Blatt und Holz sowie unter Verweis auf die erdgeschichtliche Dauer: Ginkgo als Symbol besonderer Naturkräfte.

Der so geordneten Disposition folgend, sei mit einer harmlosen, aber witzigen farbig angelegten Federzeichnung von Eberhard Dietzsch begonnen (Abb. 5): Der alte Geheimrat Goethe sitzt im dunkelblauen Morgenrock barfuß im Sessel und beobachtet sorgenvoll eine an der Zimmerdecke hockende Fliege oder Mücke. In der rechten Hand hält er als Fliegenklatsche ein übergroßes Ginkgoblatt mit dem charakteristischen halbgespaltenen Umriß. Wartet er auf eine zweite Fliege, um „zwei mit einer Klappe zu schlagen"? Das wäre also das triviale Ende des Ginkgo-Liebessymbols vom „Eins und Doppelt" in Goethes Gedicht . . .

Abb. 5: Eberhard Dietzsch. 1938. Lebt in Gera.
o. T. 1994. Tusche/Feder, Gouache, 51,7 × 31,5 cm.

Gerd Mackensen hat ein Kartenspielblatt, einen „Joker" radiert und farbig ergänzt, das Glücksblatt beim Poker (s. Tafel 21): Aber statt der Herzen sind zwei Ginkgoblätter, die ja auch an die Herzform erinnern, in die Ecken gesetzt, oben links dumpfgrün und groß, unten rechts klein und noch dunkler. Sie zeigen mit ihren Stengelspit-

zen ins Innere des Bildfelds. Die Hauptspielkartenfigur ist ein liegender weiblicher Akt mit männlichen Zügen. Die lockere Rahmung um die Brüste erinnert wiederum an die Gestalt des Ginkgoblattes. Eine zweite Arbeit von Mackensen mit dem Titel „Doppelkopf" läßt die Assoziation an Goethes „Zwei in Eins" (um es kurz zu sagen) zu: Zwei schmächtige Figuren, fast Strichmännchen, sind in einer Doppelgestalt mit zwei Köpfen zusammengefaßt. Dazu tauchen seitlich noch schemenhafte Körper auf.
Das Motto „Zwei in Eins" steht auch über einer Vierfarbenserigraphie des aus Böhmen stammenden, in Westdeutschland zu einer führenden künstlerischen Kraft aufgestiegenen Bildhauers, Malers und Designers Otto Herbert Hajek (s. Tafel 24). Er führte das Blatt als Hochzeitsanzeige 1975 für ein befreundetes Paar in den Symbolfarben Blau und Rot für Frau und Mann auf Silbergrund mit dünner Goldumrahmung aus: In neokonstruktivistischer Blockform sind die Partner wie beim Kuß nebeneinandergestellt und durchdringen sich mit den verlängerten Armen in der Körpermitte. In der abstrakten Figuration darf eine Variante ohne direkten Ginkgobezug auf Goethes symbolisches „Eins und Doppelt" gesehen werden.
Auch Roger Bonnard verbindet seine Hauptthematik einer impulsiven Aktdarstellung mit leuchtenden Farben mit der „Zwei in Eins"-Symbolik, wenn er seinen „Weißen Akt" wie eine Wolke lagert, über die vor rotem Grund schemenhaft ein Liebender naht (s. Tafel 21).
Dicht an der Natur des Ginkgoblattes bleiben mehrere Bilder, so auch die Lithographie „Weiser Ginkgo" von Ernst August Zimmermann (s. Tafel 21). Die 1993 entstandene Arbeit auf Bütten integriert den Naturselbstdruck eines Ginkgoblattes auf Gewebe. Die zarte Farbigkeit akzentuiert die Poesie der schlichten Erscheinung.
An dieser Stelle ist an eine Ausstellung zu erinnern, die die Arzneimittelfirma Dr. Willmar Schwabe in Karlsruhe 1985 in der dortigen Stadthalle veranstaltete. Sie war künstlerischen Gestaltungen des Themas Ginkgo biloba gewidmet. Man hatte dazu zeitgenössische Künstlerinnen und Künstler aufgefordert, und der Katalog (betreut von A. Vowinckel, Leiter des Badischen Kunstvereins) verzeichnet 112 Arbeiten in den verschiedensten Techniken, überwiegend Malerei und Graphik, aber auch Plastik und konzeptionelle Experimente [3]. Die meisten Exponate gingen von der Form des Ginkgoblattes aus, das offensichtlich die Phantasie immer wieder beschäftigt und inspiriert. Manche der Aquarelle und Gemälde operierten allerdings sehr frei mit der Naturform, die Variationsbreite war erstaunlich. So ist es mit der Ginkgoblatt-

Abb. 6: Haidelis Jacob-Kalähne. 1942. Lebt in Syke-Gessel. Ginkgobaumblatt. 1988. Scherenschnitt, 34,5 × 45,5 cm.

Thematik bis heute geblieben. Dafür stehen einige weitere Beispiele.
Ein besonderes Erlebnis mit einem Ginkgobaum war auslösend für eine Serie von Aquarellen der Tochter des bekannten österreichischen Bildhauers Karl Prantl und seiner Frau, einer Malerin, der jungen Katharina Prantl (s. Tafel 22). Sie nahm an einer Künstler-Klausur „Meditation 1987" vor sieben Jahren teil (sie war damals dreiunddreißig Jahre alt). Dieser Klausurkurs fand in Schloß Poppendorf in der Oststeiermark, nahe der slowenischen Grenze statt. Sie notierte: „Ankunft Spätsommer im Garten des verwunschenen Schlosses Poppendorf, nach der langen Reise einen schattigen Parkplatz suchend, fand ich mich vor einem alten großen Baum, entdeckte ein Schild ‚Der Ginkgo-Baum aus China' . . . Am nächsten Tag Suche nach einem geeigneten Atelier für drei Wochen. Ich fand mich wieder an dem Ausgangspunkt und verbrachte fast die ganze Zeit malend auf einem Tisch unter dem Ginkgobaum, der für die Klausur mein Thema war. Es folgte eine Ausstellung der entstandenen Arbei-

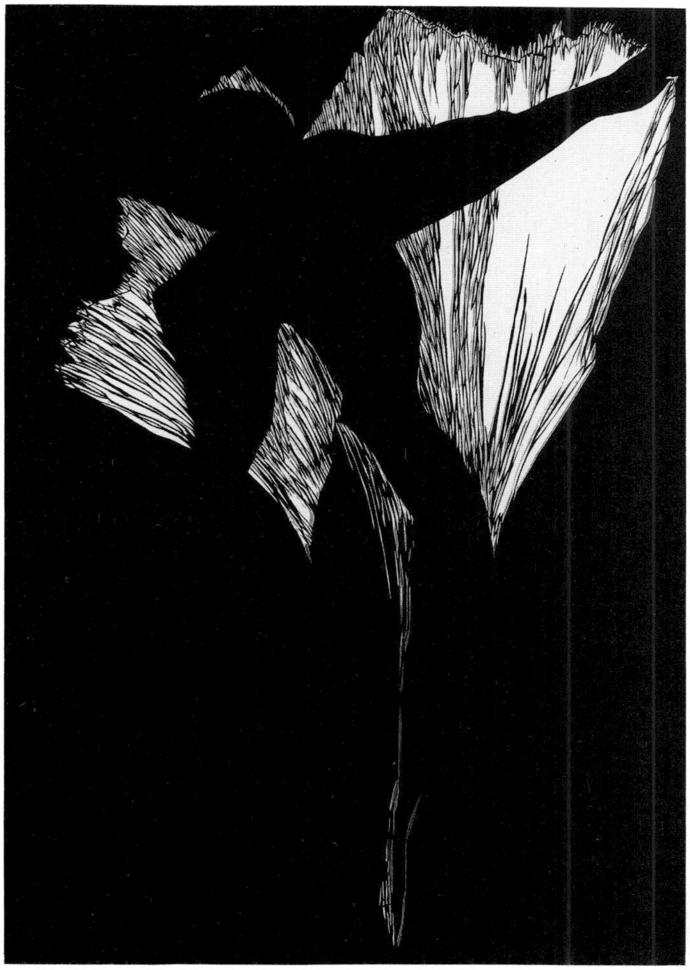

Abb. 7: Haidelis Jacob-Kalähne.
Höhenflug. 1994. Scherenschnitt, 70 × 50 cm.

ten im Kloster bei den Minoriten, Graz. Da sich Freundschaften entwickelten, trafen wir uns ein Jahr später wieder im Schloß Poppendorf, und ich mußte entsetzt feststellen, mein Thema, der alte Ginkgobaum, war nicht mehr da." Katharina Prantl nahm Strukturen wahr, die Borke des Ginkgostammes und die Umrisse des Ginkgoblattes, aus denen sie ihre Aquarellkompositionen formte, getuscht auf philippinischem Papier in zarten Herbstfarben, — Erinnerungszeichen.
In einer ganz anderen Technik, aber mit graphischem Effekt, arbeitet die Meisterin des Scherenschnitts Haidelis Jacob-Kalähne. Sie hat die alte Tradition der ausgeschnittenen Silhouettenbilder neu belebt und sowohl in genau beobachtete Pflanzen-, Blumen-, auch Tier- und Architekturdarstellungen als auch in mehrschichtige leicht surreale Visionen übertragen. Dem Ginkgomotiv hat sie mehrmals große Scherenschnitte gewidmet wie im „Ginkgobaumblatt" (Abb. 6) oder im „Höhenflug" (Abb. 7). Im erstgenannten Schwarz-weiß-Schnitt wird der Stiel des Ginkgoblattes zum Stamm eines Baumes, dessen Krone das Ginkgoblatt selbst ist, in dem weitere weiß ausgesparte Ginkgoblätter erscheinen. Diesen Scherenschnitt wählte die Künstlerin zum Signet ihres Ateliers. Sie selbst schreibt: „Meine bevorzugten Themen sind Mensch und Natur. Als Botanikerin habe ich Pflanzen für wissenschaftliche Zwecke gezeichnet, als Künstlerin bin ich im Laufe meiner Entwicklung über die Oberfläche der Naturerscheinungen zu deren Wesen vorgedrungen. Dabei löste ich mich immer mehr vom Gegenständlichen ab und gab meinen Kompositionen ein größeres formales Gewicht und ihren inhaltlichen Aussagen eine größere Offenheit. Durch mein Wissen um die Baugesetze und innere Ordnung der Natur schlage ich Brücken zwischen der menschlichen und pflanzlichen Natur in atmosphärischen Bildräumen mit mehreren Ebenen. Die Einfachheit des Mediums führt zu meditativer Ruhe."
Auch in den Lederarbeiten der Gabriele Trillhase kommt unser Motiv vor. Seit 1989 gestaltet sie Lederschmuck und freie Kompositionen in Ledermaterial, darunter das Thema „Ginkgo biloba I" mit dem charakteristischen Blattumriß (Abb. 8).

Abb. 8: Gabriele Trillhase. 1950. Lebt in Berlin.
Ginkgo biloba I. Leder, 80 × 80 cm.

Abb. 9: Horst Gläsker. 1949. Lebt in Düsseldorf.
Wand- und Brunnenmosaik in der Landeszentralbank Frankfurt am Main. 1984–1988.

Zu den Techniken mit gemischten Darstellungsmitteln ist auch die mit Gouache übermalte eigene Lithographie von Gisela Richter zu rechnen. Sie trägt den Titel „Bist du es, mein Freund?", womit die übermalte Druckgraphik wieder die Ginkgo-Symbolik Goethes mit der Formel „Eins und Doppelt" streift (s. Tafel 21).

Stärker ins Dekorative führt die Collage von Alfred Traugott Moerstedt. Er fügte zwei originale Ginkgoblätter, die vorherbstlich grünbeige gefärbt sind, als Hauptmotiv in seine Komposition aus Aquarellstift und Tusche mit kleinteiligen zeichnerischen Formen und lindgrünen abgerissenen Papierformularfragmenten (s. Tafel 21). Dagegen gibt seine 1992 in Mischtechnik mit Aquarell und Gouache ausgeführte „Narrenkoalition" zunächst Rätsel auf. Sie entpuppt sich schließlich als eine Verbindung zweier gegensätzlicher Komplexe von Schwarz und Rot vor chaotischer Folie. Da winkt von Ferne die Ginkgoblattsymbolik.

Jutta Schwalbach beteiligte sich 1985 an der erwähnten Karlsruher „Ginkgo-Kunstausstellung" mit einer Collage aus Papier und Holz mit Übermalungen, die sie „Blatt-Ginkgo-Platt" nannte (s. Tafel 20). Das durch sein gedämpftes Ziegelrot des Ginkgoblattes vor gelblichem Grund mit schwarzen und wenigen hellen Pinselstrukturen lebhaft ansprechende Bild vermittelt einen tragischen Aspekt, der auf Vernichtung (durch die Atombombe?) verweist, wenn man die schwarzen Formen im Blattspalt und auf der linken Blatthälfte (hier ein abgeknickter Kreuzpfahl vor sargartigem Balken) richtig deutet.

Im großen dekorativen Stil hat Horst Gläsker das zehn Meter breite und fünf Meter hohe Mosaik (mit davorliegendem Wasserbecken) in der Empfangshalle der Landeszentralbank in Frankfurt am Main von 1984 bis 1988 geschaffen (Abb. 9). Der Bauherr wünschte einen Bezug des Frankfurter Standorts des Geldinstituts zu Goethe als dem größten Sohn der Stadt und wies den Künstler auf „Faust II" hin. Hier fand der Maler (wie einst Max Beckmann in seinen Faust-Illustrationen) das Motto für seine Arbeit: „Am farbigen Abglanz haben wir das Leben." Er wählte eine mächtige, strahlende Sonne als zentrales Symbol (wie einst Edvard Munch in seinen Wandbildern in der Osloer Universität). Die Strahlen des lebenspendenden Gestirns verbreiten sich über die gesamte Bildfläche. Davor steigen neunundzwanzig stilisierte Ginkgoblätter an langen stabartigen Stielen rhythmisch verteilt auf. Ihre Blattflächen enthalten neunundzwanzig verschiedene Motive, Figuren und Sinnzeichen des Lebens: Kosmisches, Tierkreiszeichen, Irdisches, Mythisches im bunten Wechsel, Sirenen, Greifen, Götter, Pflanzen usw. Zuoberst links erscheint das Ginkgoblatt selbst ohne Binnenbild als Urbaumblatt mit der Fächerstruktur. Man könnte über das Mosaik als weiteres Motto auch noch ein anderes Wort Goethes stellen: „Wär' nicht das Auge sonnenhaft, die Sonne könnt' es nicht erblicken." Und in Verbindung mit diesem faustischen Wissen Goethes erinnern die vielen Ginkgoblätter auch an Goethes „Gingo biloba"-Gedicht und damit an des Frankfurter Dichters Liebessymbol [4].

Noch direkter in den Bereich des dekorativen Design gelangte Ursula Dübel, als sie für ihre Examensarbeit an der Fachhochschule Krefeld (um 1986) eine Grundform suchte und in den Krefelder Ginkgoalleen fündig wurde. Sie entwarf — nachdem schon die Japaner das Ginkgoblatt als Motiv für Kimonostoffe und dergleichen in der Edo-Zeit, d. h. im 18. und frühen 19. Jahrhundert, verwendet hatten — neue Stoffmuster mit Ginkgoblattfiguren im Rapport (siehe S. 99). Sie fanden alsbald großen Anklang und wurden in verschiedenen Varianten und unterschiedlichen Farben im Textildruck verwirklicht. Offensichtlich traf Frau Dübel damit ins Zentrum einer Tendenz, in der das Ginkgoblatt als Sinnzeichen für urtümliche Natur und ihre Widerstandskraft geschätzt wurde. Sogar die Gattin des Bundespräsidenten von Weizsäcker begeisterte sich für diese Ginkgo-Stoffmuster von Frau Dübel, und die Textilindustrie produzierte ihre Ginkgomuster in breiter Ausführungspalette [5].

Die ursprünglich zur Textildesignerin ausgebildete Dorothea Reese-Heim brach aus der „angewandten" in die freie Kunst auf und gestaltet seit etwa zehn Jahren autonome künstlerische Gebilde aus verschiedenen Materialien. Dabei verwendet sie auch aus Ginkgoblättern gewonnenes handgeschöpftes Papier und formt mit Hilfe der Grundform des Blattes von der Ginkgo biloba Phantasiekörper, die meist hohl sind. Sie nennt sie deshalb „Hüllen" oder auch „Inkrustationen" (s. Tafel 23). Diese Gebilde bestehen aus organoiden Strukturen, gelegentlich auch durchsetzt mit konstruktiven Gerüsten oder Gerippen aus Draht. Vielfach sind diese Körper diaphan, d. h. halbdurchsichtig, lichtdurchlässig. Die Installation „Das Prinzip der Hülle. Inkrustation — Ein Spiegelbild der Natur" von 1992 könnte man auch als „ginkgoide Mutation" bezeichnen, eine Verwandlung aus der Blattserie der Ginkgo zu Hohlkörpern palmenartiger schuppiger Hülsen aus — um es profan auszudrücken — ineinandergesteckten Ginkgoblatt-förmigen Papiertüten. Es sind reizvolle Raumkunstwerke eigenen Ausdrucks. Die Künstlerin selbst schreibt dazu:

„Die Verwandlung — der Gedanke der Prozeßhaftigkeit. Hülle, Haut, Hülse, Schale, Futteral sind in den Stufen des natürlichen Kreislaufes — wie Keimen, Wachsen, Werden und Vergehen — immanent. Die Zugehörigkeit zum Wachstumsprozeß und die übernommene Schutzfunktion — das Prinzip der Hülle — lassen eine Reihe von Assoziationen zu.

Die Grundform der Blatteile ist abgeleitet aus der Pflanze ‚Ginkgo biloba'. Der Ginkgo ist zweihäusig, weiblich und männlich, passiv und aktiv, ein Baumveteran, ein lebendes Fossil. Seine Blattform ist anders, zweilappig, mit gleichstarken Adern, die fast parallel verlaufen. Der Ginkgo steht für Vielfalt und für das Miteinander östlicher und westlicher Kulturen als Zeichen der Freundschaft.

Die Zweiteilung faszinierte schon Johann Wolfgang von Goethe. In seinem Weimarer Garten standen einige Ginkgos, er widmete Marianne von Willemer das Gedicht ‚Gingo biloba' im Westöstlichen Divan. Die Chinesen legten Ginkgoblätter zwischen die Buchseiten, um sie gegen papierfressende Insekten zu schützen."

Abb. 10: Heike Schäfer. 1957. Lebt in München.
Ginkgo-Boot. 1993/94. Eisendraht, Hanfschnur, Bernsteinlack, Champagnerkreide. 330 × 82 × 51 cm.
Ginkgoblatt. Naturstudie 1993. Eisendraht, Hanf. 120 × 100 cm.

Im Bereich der Installationen mit Ginkgo-Assoziation hat Heike Schaefer ein höchst originelles „Ginkgo-Boot" mit leichten Materialien geschaffen (Abb. 10): Eisendraht, Hanfschnur, Bernsteinlack und Champagnerkreide. Voraus ging die Naturstudie eines Ginkgoblatts, auch aus Eisendraht und Hanf. Daraus entwickelte die Künstlerin ihre Bootsidee. „Das Ginkgo-Boot" von 3,30 m Länge und 82 cm Breite ist sogar „wassertüchtig" und sehr leicht. Es symbolisiert „als Fahrzeug durch die Zeiten" die terrestrische Dauer der Ginkgo von hunderten von Millionen Jahren und mahnt zugleich „zur Rettung vor dem Untergang und zum Aufbruch zu neuen Ufern" in dinglich-bildhafter Weise, wie die Autorin notiert. Sie bemerkt außerdem: „Das Ginkgoblatt erinnert an die Spitze eines Bootes. Ich habe zwei Blätter gegenübergestellt und ihre Adern wie Kraftlinien miteinander verbunden. Das Eisendrahtgerüst folgt dem Bauprinzip des Ginkgoblattes. Die

Haut des Bootes ist gewebt aus Hanfschnur, abgedichtet mit Bernsteinlack und Kreide." Die ungewöhnliche Installation von Heike Schaefer wird verständlicher, wenn man ihre Vorliebe für Bootskörper kennt. Sie hat schon mehrfach Boote konstruiert, keine Fahrzeuge für Verkehr und Sport, sondern Symbolboote. Das „Ginkgo-Boot" will auch Sinnbild der Wiederanpflanzung der Ginkgobäume in Europa sein, insofern als im 18. und 19. Jahrhundert die Schiffe der Holländer und Engländer Setzlinge und Samen der Ginkgo aus Fernost über die Meere ins Abendland brachten.

Eine ebenfalls sinnschwere Installation hat Stefanie Unruh kürzlich gestaltet (s. Tafel 23). Sie erläutert: „Ausgangspunkt der Arbeit ‚6. 8. 1945' war die Geschichte eines Ginkgobaumes, der nach dem Atombombenabwurf am 6. 8. 1945 auf Hiroshima als erster Baum in der zerstörten Stadt wieder zu sprießen begann. Die Arbeit besteht aus 126 mit Goldfarbe bestrichenen Papierblättern. Auf 63 Blättern sind mit Schreibmaschine Berichte von Kindern getippt, die den Abwurf der Atombombe miterlebt haben. Die Berichte schildern den alltäglichen Beginn des Morgens vom 6. 8. 1945 der Kinder bis zu dem Moment der Explosion der Atombombe. Ihnen sind auf 63 weiteren Blättern mit Bleistift gezeichnete, traditionelle, japanische Familienwappen gegenübergestellt. Die Berichte sind nur aus bestimmten Blickwinkeln und unter bestimmten Lichtverhältnissen deutlich sichtbar und lesbar, darin korrespondierend mit der nicht sichtbaren Atomstrahlung sowie dem Nicht-Sichtbar-Machen des wirklichen Ausmaßes der destruktiven Kraft der Bombe durch die amerikanische und die japanische Regierung. Ebenso verschwiegen viele überlebende Atombombenopfer aus berechtigter Angst vor beruflicher wie auch persönlicher Diskriminierung ihr Schicksal."

Stefanie Unruh hat die 126 goldfarbenen Blätter, fast wie die Blätter eines Baumes (aber nicht direkt wie die der Ginkgo) so an die Wand geheftet, daß sie leicht schuppenartig übereinanderschwebend und dicht gereiht ein Ganzes bilden, etwa wie eine Baumkrone. Es handelt sich um ein ephemeres Mahnmal von eindringlicher Wirkung.

Der als Konzept- und Installationskünstler bekannte Ben Wargin hat sich öfter mit dem Ginkgobaum beschäftigt und ist mit einer „mumifizierten" Ginkgo-Baumkrone vertreten, die ihre eigene Geschichte hat (Abb. 11): Für die Bundesgartenschau 1985 wollte er einen bereits höher gewachsenen Ginkgobaum pflanzen. Am Morgen der Aktion fand er ihn in Stücke zersägt, ein barbarischer

Abb. 11: Ben Wargin. 1930. Lebt seit 1955 in Berlin. Mumifizierter Ginkgo. Ginkgo-Baumkrone. Mullbinden. Höhe ca. 450 cm.

Akt. Der Wurzelstumpf, den Ben Wargin an anderer Stelle einpflanzte, trieb in den nächsten Jahren wieder Zweige. Aber die enthauptete Baumkrone nahm Ben Wargin als Relikt und Reliquie. Er konservierte sie mit Mullbinden zur Mumie (wie die ägyptischen, mit getränkten Binden konservierten Mumienkörper). So gewann er ein als Mahnung zu verstehendes einbalsamiertes Ginkgo-Fragment, einen Ginkgo-Torso, dem, wenn nicht Verehrung, so doch Respekt gebührt. Darüber hinaus ist zu bedenken, daß sich die Ginkgobäume selten von selbst verbreiten: Sie können als gefährdete Art, trotz ihrer hohen Resistenz gegenüber Schädlingen und Umweltgiften, nur durch Kultivierung, also durch menschliche Pflege verbreitet und erhalten werden. Auch an diese Aufgabe will Ben Wargins Ginkgo-Objekt erinnern.
Vielleicht ist der Abdruck eines Ginkgoblattes in einer hellen, gebrannten Tonplatte gleichfalls als Mahnung

und Erinnerung zu verstehen, den die Kamerameisterin und Keramikerin Monika von Boch hinterließ (Abb. 12). Sie wollte eigentlich Forstwissenschaft studieren, da von Jugend an ihre Liebe den Bäumen galt und unter ihnen dem heimatlichen Ginkgobaum im Mettlacher Park der alten Abtei und späteren Keramikfabrik Villeroy und Boch. Sie wurde dann Photographin, studierte bei Otto Steinert, dem führenden Kopf der in den fünfziger Jahren avantgardistischen „subjektiven fotografie", wirkte auch als Werkphotographin und beschäftigte sich mit Keramik. Ihre Hauptleistung bestand in Serien experimenteller Photographie. Als ihre Sehkraft abnahm, formte sie im Alter Tonmodelle wie Tastobjekte. Das Verfahren, in die Tonreliefs Naturabdrücke zu integrieren, verglich sie gerne mit der Naturwiedergabe durch die Kamera. Durch Isolierung und meist ganz zurückhaltende Bearbeitung des formbaren Tons gestaltete sie Objekte, die ästhetisch reizvoll sind und von denen einige auch inhaltlich Bedeutung haben. So ist die Ginkgo-Platte als Hinweis auf die fossilen Zeugnisse in Versteinerungen, also auf das Alter des „Urzeitbaums" und auf die Notwendigkeit seiner kultivierenden Pflege durch den Menschen zu begreifen [6].

Ein Generationsgenosse von Monika von Boch ist als Kamerakünstler noch deutlicher hervorgetreten: Peter Keetman. Er zählte gleichfalls zu den avantgardistischen Photographen der fünfziger und sechziger Jahre, die sich um die Gruppe „fotoform" und Steinerts „subjektive fotografie" scharten. Keetman hat sowohl Industrieaufnahmen von bildstarker Präzision als auch experimentelle und Struktur-Photographie höchst erfolgreich betrieben, ohne in die laute Werbewelt vorzudringen. Er blieb ein stiller, beschaulicher Künstler, dem aber hohe Anerkennungen zuteil wurden (jüngst wurde er korrespondierendes Mitglied der Bayerischen Akademie der Schönen Künste). Keetman hat in den letzten Jahren Ginkgoblätter aufgenommen, die seine erstaunliche Einfühlung und seine Gestaltungskraft mit photographischen Mitteln beweisen (Abb. 14 und 15). Durch eine besondere Lichtführung gelingt es ihm, das zarte Relief eines Ginkgoblattes wie in Stein graviert erscheinen zu lassen. Form und Struktur der nervigen Blätter werden so zu photo-graphischen Kunstwerken. Ähnliches gab es schon in der Ausstellung „Ginkgo" (Foto-Arbeiten einer Klasse der Kunstakademie Stuttgart, angeregt durch Fa. Dr. Willmar Schwabe, 1987 [7]) — und doch nicht vergleichbar in

Abb. 12: Monika von Boch-Galhau. 1915–1992.
Ginkgo. Um 1987. Tonplatte mit rolliertem Ginkgoblatt, 17 × 12 cm.

Abb. 13: Germa Wundt. 1928. Lebt in Friolzheim.
Ginkgo. 1994. Radierung.

Abb. 16: Vito Oražem (geb. 1959) und Thomas Lück (geb. 1964), Holografielabor Osnabrück.
Ideenskizze für eine Installation aus mehrfarbigen Transmissionshologrammen, in der die künstliche Farbigkeit des Hologramms der natürlichen Form der Pflanze gegenübersteht.

Abb. 14 + 15: Peter Keetman. 1916. Lebt in Breitbrunn/Chiemsee.
Schwarz-weiß-Aufnahmen von Ginkgoblättern.
Nr. 642-22 Blatt (wie versteinert).
Nr. 642-7 2 Ginkgoblätter, mit überkreuzten Stengeln, wie versteinert (getrocknet). Je 23 × 30,5 cm.

Abb. 17: Peter Vogel. 1937. Lebt in Freiburg im Breisgau.
Zusammen & Auseinander. 1994. Interaktive Klangskulptur mit zwei Photozellen und zwei Lautsprechern, 14 × 91 cm.
Zwei identische Klangfolgen, die zusammenklingen, wenn beide Photozellen gleichzeitig abgeschaltet werden, die aber auseinanderlaufen, wenn die Abschaltung zeitlich versetzt erfolgt. ▽

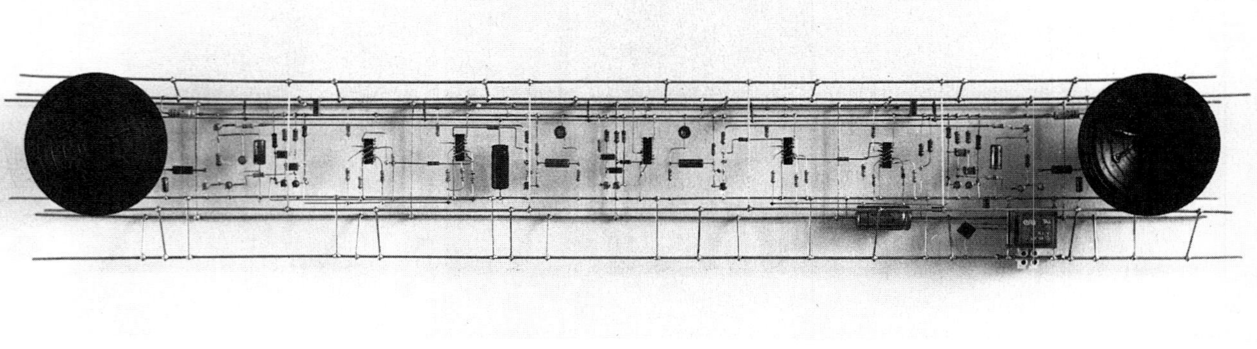

der Intensität mit den Kamerabildern von Keetman, die Naturform und abstrahierenden Gestaltungswillen im Medium der Schwarz-Weiß-Photographie konzentriert zum Ausdruck bringen.
Die über 150 Jahre alte Photographie erweiterte sich nicht nur zum Film und zur Videotechnik, sondern in einer speziellen Strömung auch zur modernen dreidimensional-wirkenden Holographie. Das bekannte Team Vito Oražem und Thomas Lück hat im „Holografielabor Osnabrück" mit dem Verfahren der „Bildplastik" durch Lichtwellensteuerung zahlreiche neuartige Arbeiten zur visuellen Kommunikation ausgeführt. Unter diesen entstanden neuerdings auch dreidimensionale Aufnahmen von Ginkgoblättern, die uns die Schönheit ihrer gewachsenen Formen in ein — wörtlich gemeint — neues Licht rücken und plastisch vorstellen (Abb. 16).
Nicht nur auf dem Bildsektor expandiert die moderne, der Kunst dienende Technik, sondern auch im musikalischen Bereich. Peter Vogel hat nach physikalischen, künstlerischen und psychologischen Studien seit etwa fünfundzwanzig Jahren für elektronische Musik und an kybernetischen Modellen gearbeitet. Mit der „Interaktiven Klangskulptur" des Titels „Zusammen & Auseinander" von 1994 gestaltete er ein sogenanntes Kommunikationsobjekt, das auf schattenwerfende Bewegungen des Besuchers reagiert und entsprechende Klänge sendet (Abb. 17). Der Betrachter und zugleich Hörer des Geräts kann die Töne im Rahmen einer akustischen Grundprogrammierung selbst modulieren, d. h. verstärken oder abschwächen, und darüber hinaus auch individuell rhythmisieren. „Ginkgo" ist dabei nur das Kennwort für „Zusammen- und Auseinanderklingen", also für die Goethe-Ginkgo-Formel von „Eins und Doppelt".
Da nun auch der musikalische Sektor dieser Überschau berührt wird, sei noch daran erinnert, daß es eine neuzeitliche Vertonung des Goethe-Gedichts „Gingo biloba" gibt. Helmut Tschöckell (früher Rudolstadt, jetzt Unterhain bei Schwarzburg/Thüringen) komponierte die Liedpartitur mit Begleitung durch Viola d'amore und Gitarre. Die Uraufführung fand am 19. Juni 1988 im Rahmen eines Kammermusikabends im Leipziger Gewandhaus statt. Die japanische Sängerin Tomoko Sakurai sang den Sopranpart. Eine Wiederaufführung fand am 2. Oktober 1994 im Romantikerhaus in Jena statt.
Die künstlerische Auseinandersetzung mit dem Ginkgo-Thema scheint unendlich vielgestaltig, und es ist zu erwarten, daß sie in Zukunft in weiteren Facetten gestalterischer Möglichkeiten produktiv sein wird.

Abb. 18: Ulli Wittich-Großkurth. 1932. Lebt in Jena. Medaille „Freundliches Begegnen". 1974. Böttger-Steinzeug, Porzellanmanufaktur Meißen. Ø 4 cm. Schrift: Renate Simon, Weimar.

Abb. 19: Postkarte mit Ginkgoblättern und -samen. Um 1925.

Literatur und Anmerkungen

[1] Günther Debon: Das Blatt von Osten — Gedanken zum Ginkgo-biloba-Gedicht. Euphorion 73, 227–236 (1979). — Ders.: Goethes Begegnung mit Heidelberg. 23 Studien und Miniaturen. Heidelberg 1992.

[2] Die Ginkgofee. Acht chinesische Volksmärchen aus der Provinz Schandung, übertragen und herausgegeben von Rainer Schwarz. Insel-Verlag, Leipzig 1978.

[3] Ausst. Kat. zum Künstlerwettbewerb Ginkgo biloba. Stadthalle Karlsruhe 1985.

[4] Vgl. Elke Trappschuh: „Am farbigen Abglanz haben wir das Leben" — zu Horst Gläskers Mosaik in der Frankfurter Landeszentralbank. Handelsblatt-Magazin, Juni 1988.

[5] Vgl.: „Design in Krefeld", Entwürfe von Studierenden der Krefelder Fachhochschule 1987, S. 52 f. — Katrin Paul: Ein Ginkgo-Blatt und die Folgen — Der Seidenmalerin und Textildesignerin Ursula Dübel aus Krefeld über die Schulter geschaut. In: Christ sein, Zeitschrift für Gemeinde und Familie, 99. Jg. Nr. 23 v. 7. 6. 1992, S. 24–26.

[6] J. A. Schmoll gen. Eisenwerth: Monika von Boch — Das fotografische Werk 1950–1980 . . . Dillingen/Saar 1982.

[7] Ausst. Kat. Ginkgo. Stadthalle Karlsruhe 1987.